从 中 原 到 中 国

王战营/主编

中华文脉

SINIC CONTEXT

从 中 原 到 中 国

王战营 / 主编

醉 白 之 路

品读白居易

陈才智 著

中原出版传媒集团
中原传媒股份公司

河南人民出版社

图书在版编目 （CIP）数据

醉白之路：品读白居易 / 陈才智著.—郑州：
河南人民出版社，2023.5
　（中华文脉：从中原到中国）
　ISBN 978-7-215-13341-9

　Ⅰ.①醉… Ⅱ.①陈… Ⅲ．①白居易（772-846）—
人物研究 Ⅳ．①K825.6

　中国版本图书馆CIP数据核字(2023)第090994号

醉白之路：品读白居易

陈才智 著

出 版 人：李向午
选题统筹：温新豪　杨　光
责任编辑：张珺楠
封面设计：张　坦
责任校对：郑晓慧

出版发行：河南人民出版社（郑州市郑东新区祥盛街27号　邮政编码　450016）
　　　　　　发行部　0371-65788036

经　　销：各地新华书店经销
印　　刷：河南新华印刷集团有限公司
开　　本：720mm×1020mm　1/16
印　　张：18.75
字　　数：225千字
版　　次：2023年5月第1版　2023年5月第1次印刷
定　　价：68.00元

目录

入
话

　　白居易是名人，不像陈才智，还需要自我介绍。白居易不需要介绍，他是闻名天下的大诗人。大到什么程度呢？不妨与诗仙李白、诗圣杜甫做个参照。诗坛流行的排行次序是李、杜、白，就像现代文学的鲁、郭、茅。不过在一衣带水的东瀛，这一次序颇有不同。在日本，白居易一向被排在最前面。就像《昭明文选》可简称为《文选》；在日本，白居易的集子《白氏文集》可简称为《文集》，地位之尊，可见一斑。为什么呢？

　　因为数量吗？确实，若论总量和篇帙，白居易超过李、杜在内的所有唐代文人。而就文体之全面、诗文之并擅而言，白居易的成就，也绝不在李、杜之下。白居易的文章，包括诗歌，无论表现内容的广泛性、深刻性，还是艺术成就的鲜明与个性，都不逊于其他任何一位唐代作家。作为唐代最高产的作家，白居易各体兼擅，取材广泛，加之精励刻苦，故作品数量之多，在唐代首屈一指；他的集子也是唐代保存最完整的诗文集，今存白居易散文 866 篇，诗歌 2830 首。

因为质量吗？在质量上，白居易也堪称大家，不仅在当时文坛地位很高，对后代文坛影响也很大。白居易在世之际，不仅大唐妇孺皆知，雅俗通吃，而且其诗作走出中国，传至东南亚，堪称"中国文化走出去"的典范和先行者；去世以后，仰慕尊崇、效仿学习者不绝如缕，对东亚文化圈乃至欧美和全世界影响也很大，堪称世界级文化名人。晚唐诗人张为的《诗人主客图》称白居易为"广大教化主"，可谓恰如其分。

以上答案自然都是对的，但还有一点更为重要，那就是，白居易所独具的人格范式。诗品出于人品，白居易不仅是一位伟大的诗人，更是文化名人。作为中国文人的典型代表，乐天型文化范式，与传统儒释道三教思想和文化联系密切而广泛。白居易前期主张为政治为人生的文学观，是平民知识分子的代表；后期乐天知命，对孟子"穷则独善其身，达则兼济天下"的思想加以实践、发挥和改造，成为后代知识分子重要的思想财富，其人格范式滋养了中国后世文人的精神家园。宋人早有"李白为天才绝，白居易为人才绝"（钱易《南部新书》卷丙）的说法。最接地气的乐天型人格范式，上承陶渊明，下启苏东坡，是中国文人三大人格范式中的重要一环。白居易曾自比"异世陶元亮"（《醉中得上都亲友书……咏而报之》），其实陶渊明，晋代之白乐天也；苏东坡，宋朝之白居易也。

可以毫不夸张地说，在盛唐李杜之后，白居易竖起又一座唐诗丰碑，具有诗歌史和文化史上"第三极"的意义。李白代表天上人间、神龙见首不见尾的诗界典型，追求狂放自由的人格形象，杜甫留下沉郁顿挫、晚节渐于诗律细的诗学风范，济世难成的悲壮之歌。在日月争辉的李杜之外，步入中唐的白居易，更加注目于大地人间，不仅兼纳李杜之光，而且开出融风流于日常的新路。与"气岸遥凌豪士前，风流肯落他人后"

的李白不同，白居易与晚年杜甫的心境更为契合，更加注重在衣食住行的日常生活里，于细腻感受和冷静观察中，体味人生的滋味与境界，所谓"白傅风流造坦夷"。这位广大教化之主，擅长放下官样体段，以平实的笔调、朴质的面貌和诗人的襟怀，叙述、描写身边眼中的平凡世界，显示出获取物质和精神双重享受的生命姿态。从中外影响的广度和深度来看，白居易已经成为独具魅力的文化符号。

读者眼前的这部书，是笔者阅读和研究白居易 30 年的一个小结。阅读，贵在喜欢；研究，贵在比较和权衡。本书原拟题名为"白居易研究论衡"。汉代大儒王充《论衡·自纪》称"论衡者，论之平也"，意谓力求戒除偏见的平正之论，而"平"者，正是白居易诗风的关键字眼；所以想兼用其意，自戒兼以自勉。不过，考虑读者的接受，将原题改为了现题。阅读白居易，是我近 30 年来的主要功课，早已由工作内容之一，转为生活中的无处不在。阅读白居易的作品，同时更是阅读白居易这位作家；就像读史意在阅世，读书多半也是读人。白居易也是读书人，尽管兼具朝臣、作家和学者等多重身份，但精敏不懈阅读，始终是醉吟居士生活中的主要内容，也是他摆脱生活中难以避免的困苦艰难的重要法宝，成就其随缘自适、乐天知命人格的秘奥。阅读就是照镜子。随着阅历的增加，我感到也稍稍读懂了同样是读书人的白居易。读书和阅世，有时是一回事，就像生活和工作，并无泾渭分明的界限。只要喜欢，就可融而合一，比如醉与吟。

醉白，源自醉吟。宋、元、明、清以来，白居易的影响与接受，始终绵延未断，汇成一条多姿多彩的醉白之路。"醉白"二字，贴切表达出我对这位醉吟居士的倾慕。历代文人对白居易表达醉心景仰之意的醉白之路，已经构成唐诗之路的重要分支。从醉白堂、醉白楼，到醉白池，则是醉白之路上的重要关节点，乃至逐渐由地理胜迹转化为文学景观和意象。所过者化，所存者神。其中，作为江南文人重要雅集之地的醉白池，与陶然亭南北对应，不约而同地取义于诗人白居易，可见醉吟诗风的遗响和余波遍及华夏南北。醉白之路上的历代文人，承继醉吟诗风，将日常与风流组合为双重变奏，在生活场景和日常心情的描写中，容纳人生的反思和体悟，铺就了诗歌史上一条融风流于日常的别有意味的醉白之路。

我的醉白之路，或者说与白居易的结缘，始于大学本科的学位论文，当时选择的主题是白居易的《长恨歌》，那是在 1992 年，大学三年级的下学期，指导教师是 2020 年以 105 岁的高龄驾鹤而去的孟庆文先生。老人家年高德劭，学养深厚，地位就像程千帆先生之于南京大学、霍松林先生之于陕西师范大学一样。这样一位老先生，希望我跟着他研究古代文学，在犹豫了几秒钟之后，我决定了至今未变的研究方向。孟老先生高看我，我自忖：小子何能？不过，想到白居易，想到当年顾况奖掖"离离原上草"的作者，我感到一种荣耀和责任。庆文先生又把我举荐给他的得意弟子，2021 年春天驾鹤而去的朱明伦老师，老师把路都一一地为学生铺好、设计好。这真是薪尽火传的传承，一脉相承的传承。来到北京以后，从学于陈铁民老师，选择以《元白诗派研究》为题撰写博士论文，受到学界认可，并有幸获得以中国社科院胡绳院长命名的学术奖励。之后，陆续推出《元白研究学术档案》和《白居易资料新编》，初步完成了搜集和整理"有关白居易的一切"这样的目标。一路走来，我的醉白之路，从《长恨歌》研究起步而走至今日，不能不感谢扶植、帮助和引导自己的几位恩师。

师者，传道、受业、解惑，而且构成学术史，形成文艺流派。白居易的伟大，不仅缘于深受前辈提携；不仅源自他的早慧、出道较早，又精励刻苦，作品高产，追求通俗平易的风格，获得了最广泛的读者群；

也不仅缘于年寿长、文学活动持续的时间长，并且有意识地把自己的作品整理后分藏多处；而且，与其善于团结同道，引领后学形成元白诗派有密切的关系。拙著《元白诗派研究》就是从诗歌流派的角度，梳理了白居易的当代影响，此后出版的《元白研究学术档案》，则意在评骘 20 世纪以来的海内外研究成果，与之正相接续。《白居易资料新编》所辑文献，则始自中唐，迄于近代。最近完成的《白居易接受史研究》则是在接受史视野下，梳理白居易对后世的影响，通过对评点、选辑、阐说等各类文献的梳理比对，分析白居易接受、传播和影响的历史，以重新理解白居易的历史地位，更准确地描画其感召力，更全面地估量其影响力。

没有接受史而仅有创作史的文学史，是不全面的文学史。白居易接受史研究的意义有两层内涵。第一层内涵偏于内，包含以白集文献整理者为主体的白集编纂史，以历代白居易诗文选本与评点为主体的选本沉浮史，还有以普通读者为主体的接受效果史，以文学作品为主体的作品效仿史，以文学批评家为主体的作品评论史，以地域空间为主体的诗迹传播史，以作家为主体的接受影响史，这七个方面，大致涵盖了白居易接受史研究的范围，而意义即蕴于其中矣。梳理这七个问题，白居易的影响力也就不言自明矣。要而言之，从时间线索上展开的接受史研究，与从空间领域展开的诗迹研究加在一起，一纵一横，则是未来白居易研究需要大力拓展的两个方向。

第二层内涵偏于外，白居易接受史研究的作用和价值，在于承继传统，启迪当下，总结以往，开启未来。诗歌史研究兼含创作史与接受史，与创作史不同，接受史更多与后世之建构相关，其"吊诡"之处在于，有时会将明明差别很大、难以同日而语者，例如年差七岁的"元、白"、年差十二岁的"李、杜"，在放大和放远的诗歌史平台之上加以并称，建构起新的审美意义上的齐名和同尊。同时，与歌唱家不同，文学家的价值往往不能立刻得到体现，成功的歌唱家可以在剧场上第一时间享领观众的掌声；文学家与运动员也不同，不能像成功的运动员那样，可以在赛场上第一时间领受观众的欢呼。大多数文学家需要默默等待，等待超越空间的传播，等待超越时间的考验，等待超越偏见的评判，有时很久，或许是几百年以后，可能才会迎来共鸣，得到"印可"（借用佛家语）。正所谓"千秋万岁名，寂寞身后事"。

　　白居易是幸运的，没有等那么久。更为难得的是，他拥有持续未断、格外众多的异代知音，他们接受白居易其人其文滋养、融会于自身修养和创作的同时，也不断提升拓展了白居易的影响力。而白居易研究也随着汉语文化的传播、汉学研究的拓展，随着乐天的独特魅力，走出东亚，扩及全球矣。万古流云，唯经典常新；世界渐小，而诗道正宽。新旧更替，而今古相承，今月曾经照古人，古今婵娟是一轮，含蕴深厚的白居易接受史，其实具有丰富的当代价值。

洛阳白园唐少傅白公墓

河南是白居易的故乡和终老之地，今年又恰逢白居易诞辰 1250 周年，这部阅读白居易的心得和体悟，能够在河南人民出版社出版，不仅正合时宜，也互文着白居易的人民性，可谓天时、地利与人和兼备。在此，希望可以暂驻匆匆的时光和历史脚步，向不朽的诗人献上我的几瓣心香。

章一　乐天之风范

回一 盖棺定论说乐天

《中国大百科全书》是中国第一部大型综合性百科全书，可谓学界的一个重要导航仪。其中"白居易"这一词条，第一版是顾学颉先生（1913～1999）撰写的，第二版由朱金城先生（1921～2011）的女公子朱易安教授（1955～　）略作修订。应第三版分卷主编之约，笔者撰写了下面的内容。

白居易（772～846），中国唐代文学家。字乐天，晚号香山居士、醉吟先生，行二十二。祖籍太原（今属山西），曾祖父白温迁居下邽（今陕西渭南），遂为下邽人。祖父白锽罢巩县令，徙居新郑（今属河南）。唐代宗大历七年正月二十（公元772年2月28日），白居易生于新郑东郭宅。祖父白锽、外祖陈润俱善诗。其父白季庚（729～794），明经出身，历任彭城县令，徐州、襄州别驾。白居易自幼聪慧。六七个月略识之无，五六岁时学作诗，九岁解声韵，"十岁解读书，十五能属文"（《朱陈村》），十五六岁时，知道可以考进士实现理想，于是苦节读书。父逝母病，赖长兄白幼文微俸持家，生活艰难。二十岁前后，白天习赋，夜里读书，稍有空闲则学习作诗，无暇寝息，口舌成疮，手肘成胝，终于通过宣州府乡试。唐德宗贞元十五年（799），他第一次到达长安。第二年正月，向给事中陈京（？～805）奉函，献上杂文二十首、诗一百首，以求赏识。二月，一举登进士第（第四名），为登第之十七人中最年少者。贞元十九年（803）再登书判拔萃科（第三等），授秘书省校书郎，由此踏上仕途。因制举为皇帝下诏或亲临主持以选拔人才之特殊科目，名望较高，登科后即授官，所授亦多美职或清要之官，升迁较快，于是在唐宪宗元和元年（806）正月，罢校书郎，与好友元稹相约，同应制举。二人闭户累月，揣摩时事，习作《策林》七十五篇，对政治、经济、军事、教育、文化等提出治理应对方案，内容切实，见解精辟，且引古鉴今、析理深透。同年四月，二人同登才识兼茂明于体用科。元稹中第三次等（制科例无第一、第二等），白居易则因对策辞直语切，屈居第四等。登科后，白居易被授为盩屋（今陕西周至）尉，撰有《观刈麦》。十二月，与陈鸿、王质夫同游仙游寺，共话唐玄宗、杨贵妃事，白居易作《长恨歌》，旋即闻名于时。

元和二年（807）秋，调任进士考官。考试完毕，被添补为集贤院校理。十一月五日，奉敕试制、书、诏、批答、诗五首，六日正式充任翰林学士。元和三年（808）四月，被任为制策考官。四月二十八日，迁左拾遗，依前充翰林学士。元和五年（810），改京兆府户曹参军，仍充翰林学士，草拟诏书。在任期间，经常上书论事，积极参政，直陈时弊，如请降系囚、蠲租税、放宫人、绝进奉、禁掠卖良人等，"有阙必规，有违必谏"（《初授拾遗献书》）。因参与国家机要，曾取书诏批答词等，撰为程式，为上中下三卷，上卷文武勋阶等，中卷制头、制肩、制腹、制腰、制尾，下卷将相、刺史、节度之类，禁中号《白朴》，每有新入翰林之学士，必加求访，元稹《酬乐天馀思不尽加为六韵之作》称为"白朴流传用转新"，而更为知名者为讽喻诗，如《秦中吟》十首、《新乐府》五十首等，标志着诗歌创作进入黄金时期。这一时期，元稹、白居易及李绅，以新乐府诗歌为轴心，形成倾向、内容乃至风格相近的创作群体，近人为表彰其成就和意义，称为"新乐府运动"。元和五年（810），元稹贬官江陵，白居易卸任拾遗，新乐府创作趋于消歇。元和六年（811），白居易因丁母忧而罢官返乡，退居京畿下邽，结束前后六年的翰林学士职务。元和九年（814），丁忧期满，冬，召授太子左赞善大夫入朝。

元和十年（815）六月，宰相武元衡被刺，白居易率先上疏请急捕凶手，却被以越职言事之罪贬为江州（今江西九江）司马。在江州，撰有长篇叙事诗《琵琶行》、文论名篇《与元九书》；虽对政治失望，但并未辞官归隐，而是选择"吏隐"之路，一边挂着闲职，一边在庐山盖起草堂，与僧朋道侣交游，描写闲静恬淡境界、抒发个人情感的闲适诗、感伤诗随之多了起来。元和十三年（818）十二月，改任忠州（今重庆忠县）刺史，仕途有了转机。他率州民西涧植柳、东坡种果，深得百姓拥戴。元和十五年（820）夏，召还长安，拜尚书司门员外郎，十二月改授主客郎中、知制诰。唐穆宗长庆元年（821），进中书舍人，又转上柱国。时元稹先后任祠部郎中、知制诰及翰林学士，白居易与元稹倡议诏制文体改革。而此时朝中朋党倾轧，国事日非。为避免卷入政治漩涡，长庆二年（822）七月，白居易请求外任，出为杭州刺史，疏浚六井，修筑湖堤，蓄水灌田千余顷。离任时，留官俸于州库，作为公家缓急之需，还将治水要领写成《钱塘湖石记》，刊于石上，使继任知晓。长庆四年（824）五月，改除太子左庶子分司东都洛阳（今属河南）。敬宗宝历元年（825）三月，出任苏州刺史，深受爱戴。次年九月，任满离苏，郡中父老涕泣相送十里。

唐文宗大和元年（827），白居易拜秘书监，回到长安。大和二年（828）二月，授刑部侍郎。大和三年（829）三月，以太子宾客分司洛阳，从此长别长安，在洛阳度过近十八年的晚年生涯。次年十二月，为河南尹，后任太子少傅分司洛阳，世称白傅、白太傅。在洛阳所居履道里疏沼种树，又在香山构石楼，尝与胡杲等燕集，皆高年不仕者，人慕之，绘为《九老图》。这一时期，"诗豪"刘禹锡成为他在元稹逝后的新诗友。二人放意山水，朝觞夕咏，相互唱和，时称"刘白"。唐武宗会昌二年（842），白居易以刑部尚书致仕。会昌四年（844），四处游说，筹募资金，开凿龙门八节险滩，留下灿烂一笔。会昌六年八月十四日（公元 846 年 9 月 8 日），以七十五岁高寿在洛阳辞世。遵其遗嘱，家人在十一月安葬其于洛阳龙门香山寺北侧琵琶峰顶，诗人李商隐撰墓碑铭。唐宣宗亲自以诗吊唁："缀玉联珠六十年，谁教冥路作诗仙。浮云不系名居易，造化无为字乐天。童子解吟长恨曲，胡儿能唱琵琶篇。文章已满行人耳，一度思卿一怆然。"又赠尚书右仆射，谥曰文，世称白文公。

作为唐代首屈一指的高产作家，白居易各体兼擅，取材广泛，见解超卓，生前曾自编《白氏文集》（初名《白氏长庆集》），自分其诗为讽喻、闲适、感伤、杂律四类。他在去世前一年所作《白氏集后记》称："白氏前著《长庆集》五十卷，元微之为序。《后集》二十卷，自为序。今又《续后集》五卷，自为记。前后七十五卷，诗笔大小凡三千八百四十首。"在自己整理编集作品的唐代诗人中，白居易是较早且典型者；他的集子也是唐代保存最完整的诗文集；作品数量之多，居唐人之冠。白居易不仅在当时文坛地位很高，对后代文坛影响也很大，这既与其精励刻苦、作品高产有关，也与他的早慧、出道较早，深受前辈提携有关，还与他年寿长、地位高、创作时间久、精品多，并且有意识地把作品整理后分藏多处有关，更与他追求通俗平易的风格，善于团结同道，引领后学形成元白诗派有关。

白居易是继李白、杜甫之后又一位伟大的诗人，同时也是重要的文艺思想家，晚唐张为《诗人主客图》称其为"广大教化主"。他前期强调文艺反映现实，为政治为人生服务，主张"文章合为时而著，歌诗合为事而作"，诗歌应"补察时政"，"泄导人情"（《与元九书》），后期则乐天知命，对独善与兼济思想加以实践、发挥和改造，倾向诗歌随性情而发，其思想范式滋养了中国文艺的发展，成为后代文人重要的思想财富。他继承汉儒以美刺言诗的传统，强调用诗歌来批评当时的社会和政治，在元和初所写《策林》谈到采诗以补察时政的措施，分析诗歌创作中的情感活动时说"大凡人之感于事，则必动于情，然后兴于嗟叹，发于吟咏，而形于歌诗矣"（《策林》六十九），又说"乐者本于声，声者发于情，情者系于政"（《策林》六十四）。在《读张籍古乐府》《寄唐生》诗中，指出诗歌创作"上可裨教化，舒之济万民；下可理情性，卷之善一身"，"非求宫律高，不务文字奇；惟歌生民病，愿得天子知"。基于这种理论思想，他写出《新乐府》《秦中吟》等优秀的讽喻诗，强调"为君、为臣、为民、为物、为事而作，不为文而作"（《新乐府序》）。在江州司马任上所写《与元九书》，是他论诗主张的系统化，其中把诗歌比作果树，提出"根情、苗言、华声、实义"的著名论点。白居易自称以"穷则独善其身，达则兼济天下"（《孟子·尽心上》）为指导思想，立身行事带有浓厚的儒释道三家杂糅的色彩。人生际遇的转变，并没有对他成年后既已确立的上述人生观产生太大的影响，政治态度和热情的转变，也并不意味着上述人生观的根本改变。心态会随处境改变而调整，但其人生哲学则一以贯之，所谓"穷通与远近，一贯无两端"（《答崔侍郎、钱舍人书问，因继以诗》）。

白居易的讽喻诗以《新乐府》五十首、《秦中吟》十首最为著名，对中唐社会生活各个方面有广泛深刻的反映，对于现实黑暗和人民痛苦，以及不合理的现象痛下针砭，如"地不知寒人要暖，少夺人衣作地衣"（《红线毯》），措辞激切，毫无顾忌，在某种程度上突破了儒家"温柔敦厚"诗教的框框。在表现形式上，多采用直赋其事的方法。《卖炭翁》《新丰折臂翁》《井底引银瓶》等，叙事完整，情节生动，刻画人情物态皆细致传神，对中国叙事诗的发展有积极贡献。有些则采用寓言托物的手法，借自然物象以寄托政治感慨。

白居易的感伤诗以长篇叙事歌行《长恨歌》和《琵琶行》最为脍炙人口。一"歌"一"行"，皆为长庆体，叙事生动，描写细腻，语言优美。《长恨歌》歌咏唐玄宗李隆基和贵妃杨玉环的爱情故事，由"爱恨"和"生死"两大人生主题，引申至天人之际，熔铸政治和情爱，跨越历史与现实，沟通梦想与仙幻，投射着百年大唐兴衰的回眸，其文字清婉动人，气度从容不迫，声调婀娜哀艳，读来一气舒卷，令人荡气回肠。咏写知音之叹的《琵琶行》亦是绝作，通过琵琶女的不幸身世，寄托作者的仕途失意，遣词秀丽，声画并美，真挚悱恻，情韵双绝，字字从心胸流出，诚为绝唱，当时即已风靡宫廷里巷，千百年来仍传颂未衰，有人称其为"古今长歌第一"（明何良俊《四友斋丛说》卷二五），后世之唱和仿拟衍续者甚多，显示出强大的艺术生命力。从"歌"到"行"，由渭水之滨来到浔阳江畔，见证了白居易从青年步入中年，春花之胜转为秋实之美，《长恨歌》的历史传奇有诗人早年身世和初恋的投影，《琵琶行》中的现实，则投射着一段中唐世态人心的历史侧影。"即无全集，而二诗已自不朽"（清赵翼《瓯北诗话》卷四）。其他感伤诗，还有不少亲朋间酬赠的篇什，也都写得情真意切、朴挚动人。

白居易的闲适诗多表现闲情逸致，抒写对田园宁静生活的向往、洁身自好的志趣，《夜雪》《晚望》等小诗，颇有禅趣及直中见曲的回味。描写田园风光和自然景物者亦多佳作，如《观稼》《归田三首》写农村景象，质朴而清新。《游悟真寺诗一百三十韵》以游记笔法，依次记叙五日游山的经过，令人有身临其境之感。杂律诗在白居易诗作中数量最多，或吟咏性情，或诗酒酬唱，比较耐人寻味的是那些抒情写景小诗，如《赋得古原草送别》《钱塘湖春行》《西湖留别》《暮江吟》《问刘十九》等，以白描手法，寥寥几笔勾画出生意盎然的境界，历来脍炙人口。

元和、长庆之际，白居易和元稹以平畅自然、通俗浅切的诗风独树一帜，他们的社会政治诗及元和体，成为时人仿效的典范。新乐府理论与创作实践，推动了新乐府诗歌革新。元白诗派因新乐府、元和体及长庆体、元白体而形成独树一帜的诗歌群体，与韩孟诗派并峙于中唐诗坛。晚唐的《诗人主客图》所列六派之中的第一派"以白居易为广大教化主，上入室杨乘，入室张祜、羊士谔、元稹，升堂卢仝、顾况、沈亚之，及门费冠卿、皇甫松、殷尧藩、施肩吾、周元范、祝元膺、徐凝、朱可名、陈标、童翰卿"，其领袖、群体、主旨皆大体具备。尽管入选诗人未必全面恰当，但其时代之近足资参考，开创之功更宜独置高标。

白诗风格以平易为主，《唐国史补》卷下谓：元和以后为诗者"学浅切于白居易"，《冷斋夜话》记叙他作诗令老妪能解的传说，不一定真有其事，但"言浅而思深，意微而辞显"（清薛雪《一瓢诗话》），少用典故和古奥词句，极炼如不炼，拙中见工巧，在平易切近中蕴涵深远的思想情趣，故流传广泛，影响深远，则是有目共睹的事实。刘熙载《艺概·诗概》说："常语易，奇语难，此诗之初关也；奇语易，常语难，此诗之重关也。香山用常得奇，此境良非易到。"白诗在当时广泛流传于宫廷和民间，歌伎唱他的诗，寺庙、旅舍贴有他的诗，僧侣、官人、寡妇、少女读他的诗，长安歌伎以诵得《长恨歌》而自负，并且因此增价。荆州街卒葛清，在身上刺满白诗，体无完肤，还兼有配画，被进士陈至称为"白舍人行诗图"；四明胡抱章《拟白氏讽谏五十首》，行于东南；后蜀杨士达亦撰五十篇，颇讽时事。不但如此，白诗还远播日本、朝鲜、越南、暹罗。

　　白诗风格平易、议论直切的特点，影响了后代以文为诗的新风气。晚唐的罗隐、皮日休、韦庄、聂夷中、黄滔、陆龟蒙、吴融、杜荀鹤、郑谷，宋代的徐铉、徐锴、李昉、宋白、田锡、张咏、李至、晁迥、王禹偁、梅尧臣、欧阳修、苏轼、黄庭坚、张耒、陆游，金元时期的王若虚、元好问、王恽等，元末的杨维桢，元代西域诗人马祖常、廼贤等，明人宋濂、吴宽、唐寅、文徵明及公安"三袁"，一直到清代的吴伟业、吴嘉纪、张英、赵执信、唐英、陈文述、俞樾、王闿运、黄遵宪等，都在不同方面、不同程度上受到白居易的启示。元、明、清许多剧作家取白居易叙事诗为题材编写戏曲，如取自《长恨歌》的元白朴《梧桐雨》、清洪昇《长生殿》，依据《井底引银瓶》改编的白朴《裴少俊墙头马上》，取自《琵琶行》的元马致远《青衫泪》、明顾大典《青衫记》、清蒋士铨《四弦秋》、清赵式曾《琵琶行》及清佚名之子弟书《琵琶行》等。白居易的诗文佳句，也有很多被宋、元、明话本所采用。

　　作为与李、杜齐名的文学家，白居易在文体全面、诗文并擅方面，成就不在李、杜之下。《旧唐书》强调元和主盟为元稹、白居易的基础上，特别指出二人在制策奏议这类政论文方面的功绩和影响。作为文章大家，白居易在记、序、书、论、传、赋等非公文性文体写作中，无施不可，穷极变化，留下一批脍炙人口的作品；而在奏状、诏诰、判、策、表等公文性文体中，更将视野拓展到生活的各个领域，生动展现出中唐的政治面貌、军事形势、经济状况、生活图景、风俗画卷、伦理道德、哲学思潮，以及自己丰富的内心世界和思想轨迹。由于包含丰富内容且保存完整，白居易的文章，不仅是其一生经历与思想情感的写真，同时也可窥见有唐一代的社会面貌以及生活点滴，无论内容的广泛性、深刻性，还是艺术成就的鲜明与个性，都不逊于其他任何一位唐代作家。其今存散文近九百篇，无论是数量，还是体裁种类的多样化，都很突出。

白居易文集中，除"檄"外，诗、赋、策、论、箴、判、赞、颂、碑、铭、书、序、表、记等唐代主要文体皆有收录。《文苑英华》有 38 种文体分类，竟录有白居易 25 类作品，这是绝无仅有的。白居易的文学性散文，较多的是记、书、序这三类文体。《草堂记》《冷泉亭记》《三游洞序》等，文笔简洁，真切凝练，旨趣隽永，是不逊于韩、柳的优秀山水小品；《江州司马厅记》《序洛诗》《醉吟先生传》等，抒写性情，洞开心扉，抑扬起伏，委婉达意，兼有诗性诗情；《晋谥恭世子议》《汉将李陵论》等，条分缕析，议论警醒；《与元九书》阐述诗歌的生命意义，情真意切，披肝沥胆，是古代不可多得的诗学文献。其赋作也很有影响，《性习相近远》《求玄珠》《斩白蛇》等赋，新进士竞相传于京师，被士人当作学习仿效的标准程式。白居易还积极参与新兴文艺样式——曲子词的写作。其《忆江南》《浪淘沙》《长相思》等，为文人词的发展开拓了道路。

《白居易文集》共七十五卷，生前写五本分藏各处。宋时所传，出于庐山东林寺藏本，仅前后集完备，《续后集》仅存一卷，乃重编为七十一卷本《白氏长庆集》，有南宋初绍兴间刻本。明清刊白集或白诗，以明马元调刊《白氏长庆集》七十一卷和清汪立名《白香山诗集》四十卷影响较大。日本有那波道圆活字本《白氏文集》，保存了白集初编前后集分次编辑之貌。日存白集古抄本数量较多，颇可参考。今人朱金城有《白居易集笺校》（上海古籍出版社 1988 年版），谢思炜有《白居易诗集校注》（中华书局 2006 年版），《白居易文集校注》（中华书局 2011 年版）。白居易年谱以宋陈振孙《白文公年谱》为最早，清汪立名《白香山年谱》、朱金城《白居易年谱》较通行。

白居易曾编撰《白氏六帖事类集》，原名《经史事类》，又名《事类集要》，因取资典实而自备，与《北堂书钞》《初学记》《艺文类聚》

并称"唐代四大类书"。《旧唐书·白居易传》关于白居易文稿记载曰："有《文集》七十五卷、《经史事类》三十卷，并行于世。"《新唐书·艺文志》把《经史事类》称为《白氏经史事类》，下注："又名《六帖》。"陈振孙《直斋书录解题》曰："《醉吟先生墓志》云：又著《事类》三十卷，时人目为《白氏六帖》，行于世。"《杨文公谈苑》载，《六帖》的编纂流程是白居易带领门生，首先采集经籍，捃摭史传，分别事类，区分汇聚，事提其要，类归其门。然后列置七层书架，上置陶瓶，多达数千，其上标写门目名类，将写好的纸条放入分好类别的陶瓶中，编辑前从陶瓶中倒取，辑录成书。在抄本时代，《六帖》无疑是作家援引典故、撷取词藻的宝库，在当时被称许为"不语先生"。至宋，有晁仲衍为之作注。入南宋，孔传撰《孔氏六帖》，时人合二书于一，合称《白孔六帖》。

旧题白居易所著《金针诗格》，徐衍《风骚要式》引白居易诗云："鸳鸯绣了从教看，莫把金针度与人。"陈振孙《直斋书录解题》谓："《金针诗格》一卷，白居易撰。《续金针诗格》一卷，梅尧臣撰，大抵皆假托也。"《郡斋读书志》称："居易自谓与刘禹锡、元稹皆以诗擅名当世，撮诗之体，要为一格，病得针而愈，诗亦犹是也，故曰《金针集》。"胡仔《苕溪渔隐丛话》前集卷八引《诗眼》云："世俗所谓乐天《金针集》，殊鄙浅。"学者多认为唐末五代、宋初人托名伪撰之作，以"金针"名书，即度人以金针之谓，白居易生平即甚重视自己的作品，生平虽未自言曾撰诗格一书，但白居易之为文章，事前曾有文章参考书之编撰，是其特有之习惯。赵璘《因话录》载：白居易等五人"为场中词赋之最，言程式者，宗此五人"，其中四人均有诗格类著作。因此，即使《金针诗格》不全出于白居易之手，从《二南密旨》《风骚要式》之沿袭来看，其成书年代亦不会在晚唐以后。

唯其在流传过程中颇有散佚，又经后人重编，故现存者往往掺杂他书，如"诗有八病"及"诗有六对"，乃出于沈约与上官仪，"诗有数格"则出于郑谷等人之《新定诗格》，显然为杂凑之迹。

旧题白居易所著《文苑诗格》，陈振孙《直斋书录解题》以为"称白氏，尤非也"。今人以所论意境、属对、文辞藻饰皆不类白氏原旨，断为五代或宋初人伪托。但明人胡应麟《诗薮》则不以为然。书中凡十七目，前七目颇类崔融《唐朝新定诗格》所标"十体"。其内容除论诗外，还兼及文。如"精顺以事"条："若古文用事，又伤浮艳；不用事，又不精华。用古事似今事为上格。"论文虽多"褒赞国风""宣畅骚雅"之语，但具体论述每依诗之结体、拟象、用事展开，尤重诗意表达，如"为诗须创入意，解题目，然后放旷辞理"，要求"语尽意未穷"，并对意与文、意与境、意与用事等问题作了探讨。虽不脱诗格类著作琐屑之病，然间有新见。

白居易颇以书法著称。《宣和书谱》卷九"行书"立有专条，谓"白居易以文章名世，至于字画，不失书家法度，作行书妙处，与时名流相后先"，并记宋徽宗御府存有行书《丰年帖》《洛下帖》《生涯帖》《刘郎中帖》《送敏中归邠宁幕》等五幅，"观其书，《丰年》《洛下》两帖，与夫杂诗，笔势翩翩"。宋黄伯思《东观余论·跋白傅书后》云："乐天书不名世，然投笔皆契绳矩，时有佳趣，乃知唐士书学之盛如此。"虽书迹今多失传，但颇为宋人见重。

清殿本白乐天像

回二　乐天是不是诗王

杜甫对白居易影响如此之大，以致后人将本属于杜甫的"诗王"之称，误置给白居易。比如《莫砺锋讲唐诗课》第一讲有"诗王白居易"一节，下面具体解释："白居易的诗歌雅俗共赏，在他生前就获得了巨大的名声，其影响甚至深入社会底层与大唐的邻国。到了晚唐，张为在《诗人主客图》中称白居易为'广大教化主'，正是着眼于其影响之大。到了近代，人们称颂白居易为'诗王'。"大概主要是意在普及，所以没有注明近代何人开始称颂白居易为"诗王"。①联想起从前浏览网络信息，谈及白居易，也常见称其为"诗王"，但一律语焉不详。

近年坊间的各类出版物中，"诗王白居易"的说法也屡见不鲜。例如唐代大诗人故事集编委会有《诗王白居易》（武汉大学出版社 2012 年版），付心诚撰有《"诗王"白居易》（《集邮博览》2021 年第 3 期），孙杰编著《中国儿童发现探索科普丛书·100 文化艺术·彩图版》（北方妇女儿童出版社 2010 年版，第 14 页），雅瑟、凡禹编著《中国名人传记速读大全集》（新世界出版社 2011 年版，第 243 页），张艳玲主编《你应该知道的中国文学家艺术家》（新疆美术摄影出版社 2011 年版，第 66 页），徐寒编著《中华上下五千年》（线装书局 2017 年版，第 728 页），亦有"诗王白居易"的说法。

这里希望能够追本溯源，看看这一说法的原始出处在哪里。据拙编《白居易资料新编》，参照现有的电子检索工具，检得下面这条较

---

① 值得留意的是，专门评说白居易的《莫砺锋评说白居易》（安徽文艺出版社 2010 年版）反倒未曾提及"诗王白居易"的说法。

早的出处——《云仙散录》"陈芳国"（又作文星典吏）一则：

> 《文览》曰：杜甫十余岁，梦人令采文于康水。觉而问人，此水在二十里外。乃往求之。见峨冠童子，告曰："汝本文星典吏，天使汝下谪为唐世文章海，九云诰已降，可于豆垄下取。"甫依其言，果得一石，金字曰："诗王本在陈芳国，九夜扣之麟篆熟，声振扶桑享天福。"后因佩入葱市，归而飞火入室，有声曰："邂逅秽吾，令汝文而不贵！"（中华书局1998年版，第20～21页）

　　《云仙散录》一名《云仙杂记》，传为后唐冯贽所作，虽有疑为宋人伪托者，然所举诸证尚不足以定谳。抛开小说家言荒诞不经的色彩（如认为杜甫是文星典吏下凡，因佩刻有天诰之石入葱市，故文而不贵），看来"诗王"冠冕应属杜甫。《云仙散录》之后，"诗王本在陈芳国"成为诗歌典故，为诗家常用。《诗话类编》和《唱经堂杜诗解》《杜诗详注》等，均承其说而无异议。对此，《汉语大词典》《中国诗学大辞典》《全唐诗大辞典》《事物异名分类词典》等专门设有"诗王"词条的辞书，也是据《云仙散录》释"诗王"为杜甫。陈尚君《全唐诗续拾》（中华书局1992年版，第879页）卷十五还据之将"诗王本在陈芳国"三句诗，按照旧说视为唐人之作，附存杜甫名下。

　　在清代，歙县（今属安徽）吴绮（1619～1694）《谢晋侯诗品序》说："《三百篇》以来，诗独盛于仙李；《十九首》以后，格莫老于浣花。盖开元之时，乱离多有；而少陵之世，艰险备尝。故矢诸咏歌，多情深而意厚；见之慨叹，常旨远而思真。所以天赆神符，有诗王之目；人推杰作，得诗史之称。"（《林蕙堂全集》卷四，清康熙三十九年刻本）天赆神符即《云仙杂记》里的故事，"诗王"无疑指杜少陵，与"诗史"

之称彼此互补。

清代学者齐召南（1703～1768）《李太白集辑注序》曾云："诗至李杜，齐名方驾，一如飞行绝迹，乘云驭风之仙，一如万象不同，化工肖物之圣。"（《李太白全集》，中华书局1977年版，第1681页）认为李杜齐名但各有所长。其《济宁南池杜工部新祠诗为沈椒园同年作》也意在比较李杜异同，诗云：

太白酒楼何硪硪，槛前坐见千樯过。南池故是少陵迹，可怜野水环陂陀。记我年前步池上，正逢泥滑愁双靴。东岳之云纍列岫，城隅沟洫成黄河。高槐疏柳半临水，人家户外联楄柌。今年十月重到此，忽觉胜概清罗罗。池堤既类彩虹偃，池水亦似青铜磨。幡幡老树杂新树，叶虽落尽留枝柯。三间瓦屋照寒日，门榜高揭字擘窠。问谁为此祀工部，座斫山骨陈象牺。守祠老人说颠末，昔岁使者来仁和。东阳裔孙癖好古，南池百度停骖騀。叹息杜公旧游地，无人构屋理则那。捐金诛茅辟荒秽，架木筑土成盘蓏。高斋西蜀非一处，此添东郡新行窝。伐石刻诗置两壁，俾传久远期无他。维时落成值孟夏，花叶旖旎纷芰荷。瑶筋进拜巫屡舞，蒲牢殷地麿灵鼍。仿佛郑公出小队，林间络驿鸣珠珂。风湍水槛映冠盖，一州人士来奔波。共诧草堂得壮观，竟与酒楼齐嶪峨。瘦容骨立尚戴笠，无乃饭颗还讥呵。我知沈侯有深意，非为闲眺躅烦苛。风骚以降作者众，大海讵计蚌与螺。有唐独见两夫子，光焰万丈争羲娥。囊括百家奋巨笔，俯视馀子真么么。况论忠爱出肺腑，诗仙又逊诗王多。流离浑忘身冻饿，但愁海宇森干戈。万间广厦岂虚语，得志应起生民疴。篇篇立意追大雅，不止逸藻媲汨罗。稷契心期合俎豆，便私所好原非阿。精神千载倘记忆，

应招太白同吟哦。当时嗜酒今得地，官河酒旆驰轻艖。岱山迢迢
拱户牖，朝霞朗对朱颜酡。堪笑主簿附享祀，姓许名字知谁何。
沈侯沈侯好文墨，眼见醉草迎神歌。他年有客考古迹，定抚碑刻
千摩挲。（《宝纶堂诗文钞》诗钞卷四，清嘉庆二年刻本）

　　显然与《李太白集辑注序》不一样，大概是因应诗题而重加抑扬，
于是认为若论"忠爱出肺腑"，诗仙李白要逊于诗王杜甫。

　　同样是议论评析李杜之争，驻吕宋总领事陈日翔（1860～1913）
的五言排律《赋得李杜文章在》云："万丈光何在，遗徽溯盛唐。大
才推李杜，旷代擅文章。一曲清平谱，三篇典礼襄。气凌沧海阔，歌
引塞云长。艳丽生花笔，神灵护草堂。江山留酒圣，今古拜诗王。春
月琼筵醉，秋风幕府凉。渊源谁付托，鼎足有潮阳。"末句所云，正
道出"李杜文章在"的前潮州太守韩愈。明末清初《西游补》的作者
董说（1620～1686）有诗曰："乍道诗王依杜甫，更从字母入华严。"
（《国朝诗人征略二编》卷四，清道光二十二年刻本）清代内阁学士
祁寯藻（1793～1866）《海帆先生〈荷舟听雨图〉》"诗王已属陈芳
国，星使真乘太乙舟"（《𬪩㔉亭集》卷二十二），《腊八日长椿寺
如月长老饷粥》"诗王声振陈芳国，寺藏国朝诸老诗幅"，《白兰岩
侍御示观祝枝山草书，即用卷中〈梅花歌〉韵题之》"乃知世有陈芳国，
天女亦解参诗王"（《𬪩㔉亭后集》卷十二），皆用《云仙散录》之典。

　　明代莆田女词人林少君《浣溪沙·赠程村》"麟篆知从九夜扪。
诗王金诰佩随身"，清代阳湖（今江苏常州）女词人左锡嘉（1830～1889
后）《满江红·浣花草堂》"甚而今、景仰说诗王，君知否"（《冷
吟仙馆诗稿》），显然也是指杜甫。清代四川学政何绍基（1799～1873）
《丹棱张梧冈大令约游龙鹤山，因雨不果》："子真自筑巽岩室，涪

老来题大雅堂。尚有长编传史席，更无片石记诗王"（《东洲草堂诗钞》卷十六），《耒阳谒杜工部祠》"今夜孤镫千载思，一江风月吊诗王"（《东洲草堂诗钞》卷二五），所云"诗王"，指代明确，都是对杜甫的颂称。清代山东巡抚觉罗崇恩（1803～1870）《前韵见答复小书便面以赠称许过情感愧交至迭韵奉报》中间写道："险韵苏黄最善押，盛名元白亦飞跨"，结尾"翱翔文海拜诗王，麟篆降祥扪九夜"，则以《云仙散录》之典，用杜甫收束全诗。

清代道光十五年（1835）进士，浙江嵊县人钱世瑞的《李谪仙才论》比较李杜二人诗名和地位，谈道："李、杜二公诗俱臻极品，而应制诗无传，盖皆其所绌也。顾杜工部亦以献《三大礼赋》而后擢用，非由贡举而升，后世称为诗王、诗圣，又为诗史，王居其大，圣造其极，史则有包含有论断，此其所以独出冠时也。但王也圣也史也，犹人事也，仙则超乎王圣史之外，而别标一格。然则宇宙间有少陵之诗名，即当有谪仙之才，以显其异；太白惟有才而无遇，故率以谪仙传人，皆以其负才不用而惜之。夫古今人才之可惜者，亦岂独一谪仙哉。"（《常惺惺斋文集》卷六，清道光三十年刻本）辨析诗仙与诗王、诗圣、诗史的不同含义，也是肯定"诗王"是杜甫，尽管主题是讲李白。

清道光十八年（1838）进士，满洲旗人宝鋆（1806～1891）在诗中颇喜用"诗王"一词，例如"禅伯共疑香国界，诗王远迈洞仙材"（《醇邸招饮适园即事并和元韵》，《文靖公遗集》卷五，清光绪三十四年羊城刻本），"霞蔚云蒸露气含，诗王兴味我深谙"（《恭和醇邸东园小集元韵》，《文靖公遗集》卷五），"天心似助诗王兴，金粟花浓酒满缸"（《醇邸以中秋感怀诗示即步元韵》，同上卷七），"诗王更快诗仙并，嘉会期同海屋筹"（《自笑一首叠十一尤韵》，同上卷七），"诗王句健鲸钟叩，香国神惊羯鼓催"（《西园主人以园梅将放作诗催花并约花朝小酌洵雅话也敬步元韵》，同上卷八），"诗王昔驻五云骢，想见英姿迈世风"（《响塘庙读壁间醇邸访老农王某作即步元韵》，同上卷八），"满城风雨前宵听，天助诗王豪气来"（《和醇邸即事元韵》，同上卷八），"圣世广开仁寿域，诗王珍具绮罗筵"（《醇邸于南园招饮诗以志谢》，同上卷八），"多谢诗王嘉贶厚，致劳白鹤驶红尘"（《适园主人遣青猿致诗柬并惠食品即步元韵》，同上卷九），"合许鹅冠童子侍，超超元箸拜诗王"（《葆光道人属题歌唐集句图敬赋二律》其二，同上卷十），"琼筵大启饶佳兴，雅绝诗王面赠诗"（《赏梅即席醇邸面示佳章归途次韵》，同上卷十一），"幸得诗王欣赏识，吟樽倾倒助低徊"（《恭邸以游半亩园诗见示步韵奉和》，同上卷十一），"饱德诗王珍馔美，神仙兴趣喜天成"（《醇邸惠肴馔诗以致谢》，同上卷十一），"帝里鸠安承帝泽，诗王凤起结诗盟"（《叠元旦韵答谢玉照亭主》，同上卷十二），"诗王诗兴知蟠郁，远迈长庚酒百篇"（《朴庵主人园花盛开置酒招饮读简有作》，同上卷十二），"少陵真孝子，天宝旧诗王"（《少陵无海棠诗得棠字》其二，《文靖公诗钞》吟梅阁试帖诗存卷一，清光绪三十四年羊城刻本）。以上 16 处用例，多指称杜甫。值得注意的是，宝鋆对白居易也很喜欢，其《养疴即事》写道："丝纶阁下文书静，白傅吟成趣自怡"（《文靖公遗集》卷四，清光绪三十四年羊城刻本），但毕竟未视其为诗王。反倒是同代能诗堪承老杜衣钵者，如上云"适园主人"（《适园主人遣青猿致诗柬并惠食品即步元韵》），被尊以"诗王"之称。清人陈寿祺（1771 ~ 1834）《黄楼诗和梁芷林藩伯》二首其二"诗王生本陈芳国，宦隐居宜宏景楼"（《绛跗草堂诗集》卷五，《续修四库全书》影印清刻本），也是这样的恭维之辞。与之相配，和诗其一也用了白居易的典故——"白社人开九老会，绿杨春接两家园"，前一句自注云：

"公辞官，适符白香山归洛之年，朋旧过从无虚月，亦与香山同。"后一句自注云："白乐天《欲与元八卜邻》诗：'绿杨宜作两家春。'余宅与藩伯隔垣，前后亦有两小楼，然不如公文采风流远甚，愧无以张之也。"联用杜白，表达与梁芷林之词赋交谊，其流风承传，可堪怀思。

清代云南按察使李元度（1821～1887）《新建小田杜工部墓祠落成纪事得百韵》"相去阅千年，诗王开壁垒。有唐工部郎，襄阳杜子美。生本陈芳国，文薄雕虫技"（《天岳山馆诗存补》）及《杜工部墓考》"诗王遗蜕，攒瘗汩江，魂魄安此已久"（《天岳山馆文钞》卷三八），清代两江总督樊增祥（1846～1931）《黄牡丹》其五"杜陵枉自号诗王，只解花溪咏四娘"（《樊山续集》卷十四），清代湘潭学者胡元仪（1848～1907）《论诗绝句四首》其二"百代诗王让少陵，横流沧海浩无津"（张翰仪编《湘雅摭残》卷十三），礼部右侍郎郭曾炘（1858～1928）《杂诗》其三"千载一诗王，牛酒不饫饥"（《晚晴簃诗汇》卷一七二），这些诗作中的"诗王"，显然也是指杜甫。成都杜甫草堂诗史堂所悬楹联曰："千古此诗王，流寓遍襄阳烟水，蜀道云山，故国有思，常感秋风怀杜曲；五陵孰年少？知交只陇右词臣，咸阳节度，京华在望，每因泪雨忆长安。"此楹联为樊荫孙所题。樊榕（1861～1942），字荫孙，号退庵，直隶清苑人，早年受业于莲池书院黄彭年、张裕钊、吴汝伦三山长，工书，光绪十九年（1893）举人，授山西知县。喜金石书画收藏。主张广开民智，实业救国，是著名实业家，有《退庵老人墨迹》《静寄轩诗钟》等，事迹见《河北清苑志》。此联一出，"诗王"之称，自属杜甫无疑。联中之"咸阳节度"，当指严武，"陇右词臣"当指李白。

以上即"诗王"一称见于中国历代典籍的梳理。遗憾的是，尚未找到将"诗王"这一称呼置于白居易的用例，无法为《莫砺锋讲唐诗课》添上令人满意的出处注释。当然，说有易说无难，只好姑且阙疑。宕开一笔，"诗王"一称，让人联想到"诗天子"或"诗家天子"的同位语或同义语。盛唐诗人王昌龄（698～757），当世就曾获得这样的美称，刘克庄《后村诗话》即云："唐人琉璃堂图以王昌龄为诗天子。"可惜"天子"，更有可能只是"夫子"之形近而讹。①

　　另一位王姓诗坛大家——王维也有"诗天子"的美誉。北宋晁说之《成州同谷县杜工部祠堂记》云："苟不矜实而务名，则当时王维之名出杜之上，盖有天子、宰相之目。"南宋初叶廷珪《海录碎事》卷十九有"诗天子"一则，引《王昌龄集》亦云："王维诗天子，杜甫诗宰相。"②有学者怀疑"似出后人依托"③，但参照上引晁说之的说法，即使非《王昌龄集》原文，最晚亦当为宋人语。"诗宰相"一则又谓"王禹偁云：杜甫且为诗宰相"。对此，颇有打抱不平者。如明代冯复京《说诗补遗》卷七："古人或评云：'王维诗天子，杜甫诗宰相。'杜岂可屈居王下？若曰：'杜甫诗天子，王、高、岑诗宰相。'而以太白为客卿，如东方生傲睨汉廷，翱翔十洲者。"清代吴乔《围炉诗话》卷四亦曰："唐人谓'王维诗天子，杜甫诗宰相'（按

---

① 《唐才子传》："昌龄工诗，缜密而思清。时称'诗家夫子王江宁'，盖尝为江宁令。"按唐人《琉璃堂墨客图》（残本收入《吟窗杂录》）有"王昌龄，诗夫子"之称，应为《唐才子传》所本，意指王昌龄诗名早著，所以因其诗名而在任上广收徒侣，以诗法传授于当时的访客，担当起诗家领域之夫子的实务。参见王梦鸥《王昌龄生平及其诗论：王昌龄被杀之谜试解》（《中华文化复兴月刊》第13卷第7～8期，又收入《唐代研究论文集》第三辑，新文丰出版公司1992年版）、卞孝萱《唐代文史论丛·〈琉璃堂墨客图〉残本考释》（山西人民出版社1986年版）。

② 李之亮校点本《海录碎事》卷十九，中华书局2002年版，第844页。冯惠民、李肇翔、杨梦东点校本《称谓录》卷二九引《小知录》："王昌龄、王维诗天子，杜甫诗宰相。"（中华书局1996年版）顿号当为冒号。

③ 陈尚君《全唐诗补编》续拾卷十三，中华书局1992年版，第849页。

二语见《吟窗杂录》）。今看右丞诗甚佳，而有边幅，子美浩然如海。"
沈德潜《尚宝音农部诗序》也说："昔杜少陵诗，比之江河之水，葭
菼泥沙，鱼龙怪物，无所不有，得称大家。而王右丞、孟襄阳，清微
闲远，并称于天宝、大历间，而当时品诗者，转以右丞为诗天子，少
陵为诗宰相。"（《沈归愚全集·归愚文续》卷八，清乾隆刻本）言
外之意，颇不以为然。

　　当然，也有认可王维是"诗天子"者，如清人徐增（1612 ~ ？）《而
庵说唐诗》卷二："人称摩诘'诗天子'，天子者，凭我指挥，无不
如意之谓也。此真有天子气。"同书卷二十一评《奉和圣制上巳于望
春亭观褉饮应制》又云："右丞是诗，自由性格，若法不能以拘之者，
此之谓诗天子。"焦袁熹（1661 ~ 1736）《论诗绝句五十二首》其七：
"王维自是诗天子，穆穆垂裳宣玉音。好教杜甫作宰相，李白终当入
翰林。"其八："王维自是诗天子，天表龙姿众目惊。人王却拜空王座，
一事还将累圣明。"（《万首论诗绝句》，人民文学出版社 1991 年版，
第 1 册，第 277 页）熊宝泰（1742 ~ 1816）《闲居戏吟》其一："王
维是诗天子，沈生乃意圣人。幻境空言水月，佛说亦是波旬。"[①] 洪
繻（1867 ~ 1929）《洪弃生先生全集·寄鹤斋诗话》卷二："时人称
王摩诘为诗天子，称杜子美为诗宰相，盖由王诗各体皆工，词复极圆
美，人人易爱。杜诗硬语盘空，措词辄多老手颓唐，不能人人皆爱也。
然至于今，读杜者多，则惟知有诗王、诗圣，而不复知有诗天子矣。"
颇有替诗天子王摩诘叫屈之叹。

　　还有不置可否者，如谭献（1832 ~ 1901）《鸥堂诗叙》："唐人雅言：

---

① 清嘉庆性余堂刻本《藕颐类稿》卷八，《清代诗文集汇编》第 403 册，第 75 页。由云龙《定
　庵诗话》卷上（《民国诗话丛编》第三册，第 560 页）将此诗归为范金镛之作，"幻境"作"道
　境"。其实，范诗当为题画之作，仅略改一字而已。

'子美为诗宰相，摩诘为诗天子。'若以辋川为度越草堂者，其旨安在？岂不以少陵言薄苏、李，气吞曹、刘，而以当右丞之玄箸超超，会于风雅。虽同为群言之主宰，而一出自然，一有作用。盖近世王贻上尚书知之矣，所撰《神韵集》不传于世。《三昧集》之指归，实举右丞为职志，别（黑）白而定一尊，是在心知其意者焉。"（罗仲鼎、俞浣萍点校《谭献集·复堂文》卷一，浙江古籍出版社 2012 年版，上册，第 27 页）以唐人雅言和王渔洋之尊王为商榷对象，意在平衡"一出自然，一有作用"的不同特质。玄箸超超，指高超而玄妙的言论。玄箸，一作玄著，有玄远、玄胜之意。玄，微妙；著，明显。超超，形容高超。《世说新语·言语》："裴仆射善谈名理，混混有雅致；张茂先论《史》《汉》，靡靡可听；我与王安丰说延陵、子房，亦超超玄箸。"徐震堮校笺引刘辰翁曰："玄箸犹沈著也。"《晋书·王戎传》作"玄著"。谭献《明诗录序》："邝露、邢昉，可谓超超玄箸矣。"玄箸又作元箸，如袁枚《随园诗话》卷八所谓"如作近体短章，不是半吞半吐，超超元箸，断不能得弦外之音，甘馀之味"。邓镕（1872～1932）《论诗三十绝句》其十九也曾以此评说元白长庆集："意虽浅陋语艰深，无限诗中扬子云。元箸超超长庆集，白描高手画观音。"（《万首论诗绝句》，人民文学出版社 1991 年版）而前引宝鋆（1806～1891）《葆光道人属题歌唐集句图敬赋二律》其二所谓"合许鹅冠童子侍，超超元箸拜诗王"（《文靖公遗集》卷十，《续修四库全书》影印辽宁省图书馆藏清光绪三十四年羊城刻本），不知所题歌唐集句图的主人公是哪个诗王。

常言道，文无第一，武无第二，争论究竟谁是诗王，并非关公战秦琼，其意其实是辨析后人眼中的一朝之内、两代之间诗坛领袖的迁变。如果放在中国诗歌的发展史上看，前辈杜子美当然可以当仁不让。尽管如此，但有一点，还是值得我们思考，为什么白乐天也会被误认为是"诗王"？只是因为两位诗歌大家，不仅创作质量均属上乘，而且数量也在伯仲之间？[①] 这是《云仙散录》中引录的"声振扶桑享天福"所引起的误解吗？还是广大教化主白居易，只是在老一代"诗王"之后，被新一代文坛所推举出来的 2.0 版的"诗王"？江山代有诗王出，各领风骚数百年！

---

① 萧涤非主编《杜甫全集校注》收诗 1453 首,谢思炜《杜甫集校注》收诗 1455 首。谢思炜《白居易诗集校注》收诗 2962 首。

章
二

风
景
与
节
气

回一　怜此皓然质——春随乐天赏牡丹

四时最好是春天。白居易笔下的大唐之春，更分外令人怀恋。他的成名作就是描写春天的，"春风吹又生"可谓他走入大唐诗坛的第一张名片。《钱塘湖春行》则是杭州西湖的最佳代言。翻开《白氏文集》还会发现，春天最受诗人偏爱，单就诗题而论即可见一斑（春150首，夏35首，秋112首，冬31首）；而对"春尽日"的独创性描写，更熔铸着其惜春的别样体验，影响深远。作为春天当仁不让的主角，春花当然最是抢眼，正所谓春风催放春花鲜。孰非过客？花是主人。白居易是多情之人，爱花惜花是其多情的自然流露和表现。"乐天长于情，无一春无咏花之什"（宋陈振孙《白文公年谱》引《唐阙史》），这是毫无夸张的礼赞。

二十四番花信风。白居易诗中直接咏花者110多首，既有白槿花、白莲花等象征纯洁的白色之花，也有红辛夷花、红樱桃花等象征热情的火红明艳之花，更有傲霜斗雪、迎寒怒放的梅花。不像陶渊明仅爱菊，也不似陈子昂、张九龄独以兰若、桂华自比，白乐天是爱花"不限桃杏梅"（《东坡种花二首》其一），"逐处花皆好"（《樱桃花下叹白发》）。其中，作为大唐真国色的牡丹，格外为白乐天所青睐。

"牡丹篇咏，至唐人始盛。"（宋赵与虤《娱书堂诗话》）牡丹栽培史很早，但惊动朝野、举世为之疯狂，还是在大唐，所谓"自李唐来，世人甚爱牡丹"（周敦颐《爱莲说》）。李树桐、费海玑、翁俊雄、郭绍林、刘航、李雄等学者论之详矣。然唐代牡丹诗130余篇，白乐天一人即有12首，数量夺冠。"牡丹令人豪"（张潮《幽梦影》），白乐天曾经称许好友刘禹锡为诗豪，而他自己也屡为后人称作诗豪，诗豪笔下的牡丹，风神独妙，堪称声色与性情完美融合的大唐精神之写照。

（一）直咏牡丹

"最好花常最后开"（欧阳修答王君贶句），在群芳斗艳的花季，国色天香的牡丹总是姗姗开迟，待到她独断春光的时候，一春花事即告谢幕，正所谓"牡丹最贵唯春晚"（详见拙作《白氏集还是百氏集？——兼论"牡丹最贵唯春晚"是否为白居易诗佚句》，《古籍研究》第61卷，凤凰出版社2015年版）。多愁善感的诗人，因之倍加伤春而惜花。白居易110多首咏花诗中，诗题有"惜"字者就有12首，其中直接以"惜"字开头者多达9首。其中最知名的就是《惜牡丹花》二首。其自注云："一首翰林院北厅花下作，一首新昌窦给事宅南亭花下作。"诗云：

> 惆怅阶前红牡丹，晚来唯有两枝残。明朝风起应吹尽，夜惜衰红把火看。

> 寂寞萎红低向雨，离披破艳散随风。晴明落地犹惆怅，何况飘零泥土中。

日月忽其不淹，春与秋其代序。惟草木之零落兮，恐美人之迟暮。花落意味着季节的轮换，联系着岁月易逝、青春难驻之感。"可怜颜色经年别，收取朱阑一片红"（元稹《赠李十二牡丹花片因以饯行》），花落往往令人倍起惜花之情，诗即以此立意。两首分别作于不同的牡丹花下，一是值夜班时看到的"唯有两枝残"的衰红，一是去同事家里看到的"破艳散随风"的萎红，前者由今夜之衰想到明朝之萎，乃把火夜照，令人想起《古诗十九首》所云"人生不满百，常怀千岁忧。昼短苦夜长，何不秉烛游"。李白《春夜宴诸从弟桃李园序》径袭为："古人秉烛夜游，良有以也。"在引起李白"浮生若梦，为欢几何"深慨的桃花、李花开后，已是"一年春色摧残尽"的暮春时节，独看衰红之际，白居易既无《古诗十九首》及时行乐的态度，亦无李白《古风》"三万六千日，夜夜当秉烛"那般潇洒浪漫，与之相似的，是好友元稹的《牡丹二首》（其二）"繁绿阴全合，衰红展渐难。风光一抬举，犹得暂时看"，以及同调王建的《惜欢》"岁去停灯守，花开把烛看"。白居易两首《惜牡丹花》诗，两个"惆怅"，深深隐含着诗人的哀伤。这惆怅和哀伤，后来继续飘荡，衍为李商隐的"客散酒醒深夜后，更持红烛赏残花"（《花下醉》），情调变得凄艳迷惘；衍为司空图的"五更惆怅回孤枕，自取残灯照落花"（《落花》），格致愈加惆怅衰残。至宋代，苏东坡有"只恐夜深花睡去，故烧高烛照红妆"（《海棠》），一下子又转为豁达开朗；范成大有"欲知国色天香句，须是倚阑烧烛看"（《与至先兄游诸园看牡丹三日行遍》），更为斩绝，真是创造性地反仿！但不应忘记，是白乐天笔下那簇夜照衰红的烛光，将李商隐、司空图、苏东坡和范成大点亮。

永贞元年（805），34 岁的白居易在长安任校书郎，有《看浑家牡丹花戏赠李二十》：

> 香胜烧兰红胜霞，城中最数令公家。人人散后君须看，归到江南无此花。

诗末所谓"归到江南无此花"，即晚唐李咸用《同友生题僧院杜

鹃花得春字》"牡丹为性疏南国"及其《牡丹》"少见南人识，识来
嗟复惊"之意。浑家，指浑瑊（736～800）家。香胜烧兰，比喻牡丹
花香气艳丽浓烈，胜过烧燃蜜膏所制成的烧兰，典出庾信《灯赋》"香
添然（燃）蜜，气杂烧兰"。"红胜霞"，与白居易《忆江南》"日
出江花红胜火"异曲同工。"令公"指中书令浑瑊。《唐两京城坊考》
卷三朱雀门街东第四街大宁坊："河中节度使、兼中书令浑瑊宅。"
注云："白居易有《看浑家牡丹花》诗，疑浑令之宅也。"刘禹锡有《浑
侍中宅牡丹》："径尺千余朵，人间有此花。今朝见颜色，更不向诸
家。"又有《送浑大夫赴丰州》，中云："其奈明年好春日，无人唤
看牡丹花。"后一首诗题之"浑大夫"即浑瑊第三子浑鐬。可见浑家
牡丹花，亦驰名长安，宜刘、白一再以之为诗料也。李二十，指李绅。
元稹有《赠李十二牡丹花片，因以饯行》诗云："莺涩馀声絮堕风，
牡丹花尽叶成丛。可怜颜色经年别，收取朱栏一片红。"李十二是"李
二十"之倒错。同为以牡丹为题寄赠李绅，同样两句咏物，两句抒怀，
白诗的格调气韵明显略胜一筹，这与白诗后两句将视野推开不无关系，
这后两句——"人人散后君须看，归到江南无此花"，还被后人王直
方推为与"惟有牡丹真国色，花开时节动京城"媲美的描写牡丹的佳句。

《秋题牡丹丛》也是直咏牡丹：

　　晚丛白露夕，衰叶凉风朝。红艳久已歇，碧芳今亦销。幽人
坐相对，心事共萧条。

此诗白居易集归为感伤类，所谓"有事物牵于外，情理动于内，
随感遇而形于叹咏者"（白居易《与元九书》）。作于元和五年（810）
秋，白居易39岁，在长安任京兆户曹参军、翰林学士。在一个晚秋的

黄昏时分，诗人独对牡丹花丛，只见红艳久歇，碧芳尽销，回想刚刚逝去的绚烂花季，令他倍起萧条之感。幽人，一作忧人，颇有杞人忧天、我忧牡丹之意。他的好友元稹时在江陵被贬为士曹参军，有《和乐天秋题牡丹丛》："敝宅艳山卉，别来长叹息。吟君晚丛咏，似见摧陨色。欲识别后容，勤过晚丛侧。"摧陨，意同摧颓，指摧折衰败。敝宅即元稹静安坊之宅，宅中植有数株牡丹。此前的元和五年（810）春，时任左拾遗的白居易曾专门撰有《微之宅残牡丹》：

> 残红零落无人赏，雨打风摧花不全。诸处见时犹怅望，况当元九小亭前。

所谓"残牡丹"不是残破之牡丹，乃剩余未谢之牡丹。残者，剩也。与上面提到的"晚来唯有两枝残"和"更持红烛赏残花"之"残"同义。小亭，一作小庭。后两句用对比和递进，倍进一层写微之宅之牡丹不同别处，盖因白居易深知其好友也是多情人、惜花人。如今身在江陵贬所，元稹忆起故宅的牡丹，忆起好友的《微之宅残牡丹》，忆起曾经红妆艳丽、如今摧陨香销的绝世花王，于好友之诗同声相应、同气相求、惺惺相惜之外，恐怕伤心人别有独怀，别有加倍之伤怀吧。

以上是红牡丹，白居易诗直咏牡丹的还有《白牡丹》：

> 白花冷淡无人爱，亦占芳名道牡丹。应似东宫白赞善，被人还唤作朝官。

这一首作于元和十年（815），白居易44岁，正在长安任太子左赞善大夫。唐代长安豪贵多喜红牡丹、紫牡丹，即所谓"君看入时者，紫艳与红英"（白居易《白牡丹·和钱学士作》），"一丛深色花，十户中人赋"（白居易《买花》），不太在意素朴的白牡丹。天下文宗王维有《红牡丹》："绿艳闲且静，红衣浅复深。花心愁欲断，春色岂知心。"大历才子卢纶有《裴给事宅白牡丹》："长安豪贵惜春残，争玩街西紫牡丹。别有玉盘承露冷，无人起就月中看。"时称绝唱。尽管有人以为"语句凡近"，却正是唐代牡丹市场重深轻浅世风的真实写照。其"无人起就月中看"的寂寞之感，正与白赞善"白花冷淡无人爱"的萧条冷落异代而同调。南唐李中《书小斋壁》诗云："其谁肯见寻，冷淡少知音。"此情此景，也是宋代词人李光《减字木兰花》所道"冷淡谁看，月转霜林怯夜寒"的情与境，尽管怜赏的对象换成了梅花。异代不同时，怀才不遇之感，乃如斯之类似。

吴仰贤《小匏庵诗话》评云："咏花诗刻画颜色，易落下乘，惟唐贤最工此体。如裴士淹咏白牡丹云：'别有玉盘承露冷，无人起向月中看。'此烘托之法也。薛能咏黄蜀葵云：'记得玉人初病起，道家装束压禳时。'此比喻之体也。陆鲁望咏白莲花云：'无情有恨何人觉，月晓风清欲堕时。'此传神之笔也。白乐天咏白牡丹云：'应似东宫白赞善，被人还唤作朝官。'则现身说法，自写寄托。后操觚家，大率不能脱此诸窠臼。喜涂泽者，每用紫玉、绿珠、绛仙、息夫人等字以为效。广平之咏梅花，其实皆筌蹄也。王渔洋咏白莲花云：'香来月白风清里，花放丛祠水驿前。'不脱不粘，最为高致。金匮孙平叔咏绿牡丹云：'千叶相扶不辨花。'此句不用渲染，自然移置他花不得，然亦意尽句中，不若王又曾咏白莲花云：'莫怪花容浑似雪，看花人亦鬓成丝。'洗尽铅华，遂推绝唱。"在白居易现身说法、自比己喻之后，白牡丹乃为素心人所留意。至晚唐，徐夤有《追和白舍人咏白牡丹》："蓓蕾抽开素练囊，琼葩熏出白龙香。裁分楚女朝云片，剪破姮娥夜月光。

雪句岂须征柳絮，粉腮应恨帖梅妆。槛边几笑东篱菊，冷折金风待降霜。"其《惜牡丹花》，与前引白居易《惜牡丹花二首》其一韵脚相近，立意相仿，诗题亦云"惜牡丹花"，也可视为变相的追和。王贞白有《白牡丹》："谷雨洗纤素，裁为白牡丹。异香开玉合，轻粉泥银盘。时贮露华湿，宵倾月魄寒。家人淡妆罢，无语倚朱栏。"描画更加细腻，但远不如白诗的知名度高。正如清人吴铭道《沈石田画白花牡丹一枝》所云："老笔狂居士，清于剪水刀。白香山妙句，最洁最孤高。"

（二）借花抒情

其实，所谓直咏，并非单纯咏写牡丹，只是侧重点在花而已。而借花抒情，则侧重点在人。上面分析的《秋题牡丹丛》《微之宅残牡丹》，已显露白居易牡丹诗里寄寓着的与好友元稹的深挚友情。微之宅植种的牡丹，还见于白居易元和五年（810）的另两首诗。一首是元和五年春任左拾遗时所撰《见元九悼亡诗因以此寄》："夜泪暗销明月幌，春肠遥断牡丹庭。人间此病治无药，唯有楞伽四卷经。"另一首是元和五年秋任京兆户曹参军时所撰《和元九悼往（感旧蚊帱作）》，中云："旧宅牡丹院，新坟松柏林。"悼亡对象是元和四年（809）去世的元稹发妻韦丛。此前的永贞元年（805），白居易有《西明寺牡丹花时忆元九》：

> 前年题名处，今日看花来。一作芸香吏，三见牡丹开。岂独花堪惜，方知老暗催。何况寻花伴，东都去未回。讵知红芳侧，春尽思悠哉。

当时白居易在长安任秘书省校书郎。"前年"指贞元十九年。"一作芸香吏"，宋陈景沂《全芳备祖前集》作"一作云游吏"，"芸香吏"即校书郎。元、白二人俱贞元十九年（803）登科，授校书郎，至永贞元年，正好三年整。去年冬，元稹赴洛阳，本年春末，犹未回长安，故诗云："何况寻花伴，东都去未回。"西明寺，位于长安外郭城北部，在朱雀门街西第二街街西，自北向南第七坊延康坊西南隅，日僧空海曾居于此寺。西明寺的牡丹，艳绝长安，元和元年（806）以前，元稹有《西明寺牡丹》："花向琉璃地上生，光风炫转紫云英。自从天女盘中见，直至今朝眼更明。"元和四年（809），白居易《新乐府·牡丹芳》有"西明寺深开北廊"之句。《西明寺牡丹花时忆元九》中，真正让作者"春尽思悠哉"者，并非牡丹花，而是昔日同寻共赏牡丹花的"寻花伴"，牡丹在这里退居配角，成为元白友谊的见证。此诗白居易集归为感伤类。感伤诗注重表现聚散丧亡等使人悲悼之事，意在自我排遣或与亲朋挚友交流，展示的是"本我"的一面；闲适诗注重表现兼济之志以外的独善之义、闲适之情，意在公诸同僚，展示的是"自我"的一面；讽喻诗注重反映社会现实问题，意在奉呈皇帝进行讽谏，展示的是"超我"的一面。直到五年后的元和五年（810）春，白居易在长安任左拾遗、翰林学士时，又有《重题西明寺牡丹》，白居易集归为律诗，其自注云："时元九在江陵。"

往年君向东都去，曾叹花时君未回。今年况作江陵别，惆怅花前又独来。只愁离别长如此，不道明年花不开。

钱泳《履园谈诗》云："咏物诗最难工，太切题则粘皮带骨，不切题则捕风捉影，须在不即不离之间。"咏物诗一般应该是体物言志，形神兼备，不粘不脱，既紧扣所咏之物的特点，又在其中有所寄寓。

这样的作品，白居易集亦有，例如《晚桃花》："一树红桃亚拂池，竹遮松荫晚开时。非因斜日无由见，不是闲人岂得知。寒地生材遗较易，贫家养女嫁常迟。春深欲落谁怜惜，白侍郎来折一枝。"全诗着眼诗题中的"晚"字，自写褋期，满怀秋士迟暮之感，读之令人惘然。王揖唐《今传是楼诗话》称许说："咏物之工，此为绝调。"但《重题西明寺牡丹》和五年前的那首《西明寺牡丹花时忆元九》一样，摆脱习规定套，舍去物态刻画，唯存情语抒写，不见咏物写景，读者难觅诗题中"牡丹"的踪影，即使它是西明寺的骄傲、大唐春色的代表。这也可以理解吧。当我们面对良辰美景，赞叹玩赏之余，恐怕第一念头就是，若能和家人亲属或知音挚友同玩共赏，那该多爽！为何当年冠盖满京华，而斯人独憔悴？因为没有太白，子美焉能不寂寞？元白贞元十九年春同登科第，俱授秘书省校书郎，始相识也，并定交分，自此"行止通塞，靡所不同；金石胶漆，未足为喻。死生契阔者三十载，歌诗唱和者九百章"（白居易《祭微之文》）。有过同赏牡丹花经历的元白二人，理同境近，情亦相似。元白同赏牡丹不仅在西明寺，还有崇敬寺。元和五年，白居易《代书诗一百韵寄微之》"唐昌玉蕊会，崇敬牡丹期"句下自注："唐昌观玉蕊，崇敬寺牡丹，花时多与微之有期。"唐昌玉蕊会，还涉及元和年间的一段奇闻。康骈《剧谈录》"玉蕊院真人降"条载：

　　上都安业坊唐昌观，旧有玉蕊花，其花每发，若瑶林琼树。元和中，春物方盛，车马寻玩者相继。忽一日，有女子，年可十七八，衣绣绿衣，乘马，峨髻双鬟，无簪珥之饰，容色婉约，迥出于众。从以二女冠，三女仆，仆者皆丱头黄衫，端丽无比。既下马，以白角扇障面，直造花所，异香芬馥，闻于数十步之外。

观者以为出自宫掖，莫敢逼而视之。伫立良久，令小仆取花数枝
而出。将乘马，回谓黄冠者曰："曩者玉峰之约，自此可以行矣。"
时观者如堵，咸觉烟霏鹤唳，景物辉焕，举辔百步，有轻风拥尘，
随之而去。须臾尘灭，望之已在半天，方悟神仙之游。余香不散
者，经月余日。时严给事休复、元相国、刘宾客、白醉吟，俱有《闻
玉蕊院真人降》诗。严给事诗曰："味道斋心祷至神，魂消眼冷
未逢真。不如满树琼瑶蕊，笑对藏花洞里人。"又云："羽车潜
下玉龟山，尘界无由睹蕣颜。惟有无情枝上雪，好风吹缀绿云鬟。"
元相国诗曰："弄玉潜过玉树时，不教青鸟出花枝。的应未有诸人觉，
只是严郎卜得知。"刘宾客诗云："玉女来看玉树花，异香先引
七香车。攀枝弄雪时回首，惊怪人间日易斜。"又云："雪蕊琼
丝满院春，羽衣轻步不生尘。君王帘下徒相问，长记吹箫别有人。"
白醉吟诗云："嬴女偷乘凤去时，洞中潜歇弄琼枝。不缘啼鸟春饶舌，
青琐仙郎可得知。"

　　这如真似幻的奇闻，也是元、白共同拥有的美好回忆。只是奇闻
发生的时间"元和"当为"大和"，具体而言应是大和三年（829）。
二人集中歌咏牡丹之作都很多，正源于其中多有二人的美好回忆。良
辰美景独自赏，赏心乐事谁堪伴？五年前，君在洛阳，吾在长安。现
如今，吾再访牡丹，君更远在江陵。牡丹再好，可奈何无君共赏；重
逢有日，犹难料可值花期？"眼看吹落地，便别一年春"，这是元稹《牡
丹二首》（其一）的诗句，适可移栽此处，聊解乐天的"惆怅花前又独来"。
　　"今年况作江陵别"之"况"字，颇堪玩味，白居易诗颇爱用此连词，
在对比之间更递进一层。如前面《微之宅残牡丹》"况当元九小亭前"，
有时径曰"何况"，如前面《西明寺牡丹花时忆元九》"何况寻花伴"，

《惜牡丹花》其二"何况飘零泥土中"。

散见于白居易集中的咏牡丹诗句，也多是借花抒情，作为背景或点缀。例如"应过唐昌玉蕊后，犹当崇敬牡丹时"（《自城东至以诗代书戏招李六拾遗崔二十六先辈》）、"数日非关王事系，牡丹花尽始归来"（《醉中归盩厔》）、"奔车看牡丹，走马听秦筝"（《邓鲂、张彻落第》）、"攀枝摘樱桃，带花移牡丹"（《秦中吟十首·伤宅》）、"醉娇胜不得，风袅牡丹花"（见《燕子楼》诗序）、"荔枝非名花，牡丹无甘实"（《叹鲁二首》其二）、"花房腻似红莲朵，艳色鲜如紫牡丹"（《画木莲花图寄元郎中》）等，从元和元年（806）到元和十四年（819），从长安到盩厔，再到江州、忠州，牡丹的国色天香，始终伴随着白居易。

（三）意在讽喻

"乐天因事托讽，殆得风人之遗者，又不独以其善咏物也。"（佟赋伟《二楼纪略》卷四）白居易诗在后世诗歌发展史上重要的影响和贡献有二：一是早年倡导讽喻诗创作，掀起一场新乐府运动；二是晚年实践闲适诗创作，乐天知命，独善其身，对孟子"穷则独善其身，达则兼济天下"加以实践、发挥和改造，成为后世老干部体的不祧之祖。所谓讽谕，亦作讽喻，是指托辞婉劝，也就是用委婉的言语进行劝说。

把讽喻引入牡丹诗，并非白居易首创，但是发扬光大之功，舍白莫属。白居易咏写牡丹之诗十余首，篇幅较长的三首均为讽喻诗。先来看《白牡丹（和钱学士作）》：

> 城中看花客，旦暮走营营。素华人不顾，亦占牡丹名。闭在深寺中，车马无来声。唯有钱学士，尽日绕丛行。怜此皓然质，

无人自芳馨。众嫌我独赏，移植在中庭。留景夜不暝，迎光曙先明。对之心亦静，虚白相向生。唐昌玉蕊花，攀玩众所争。折来比颜色，一种如瑶琼。彼因稀见贵，此以多为轻。始知无正色，爱恶随人情。岂惟花独尔，理与人事并。君看入时者，紫艳与红英。

钱学士，指翰林学士钱徽。此诗元和三年至六年作于长安。如果说前面那首七绝《白牡丹》"白花冷淡无人爱，亦占芳名道牡丹"，是写给自己的，自况自嘲，借白牡丹受到的冷淡，对眼下的境遇发一发牢骚，对未来的仕途一担杞忧，那么这首五古《白牡丹》则是写给同事的，已经因同病相怜而推己及人，由花而入人情，再由人情推至物理，即诗中所云"岂惟花独尔，理与人事并"。白居易的讽喻诗，特别善于运用对比手法。这首《白牡丹》亦然，一层对比是在"看花客"与"钱学士"之间，另一层对比是在白牡丹和深色牡丹之间——"彼因稀见贵，此以多为轻"。入时者乃紫艳与红英，攀玩众所争；我独赏者乃素华皓然质，正色自芳馨。其中"留景夜不暝"四句，刻画出钱学士对白牡丹的倾情之恋，值得圈点。"留景夜不暝"与白居易"夜惜衰红把火看"的爱之狂堪相比并，"迎光曙先明"点出白有白的特点，不亚于"紫艳与红英"的光芒，"对之心亦静，虚白相向生"，赏花而能入人心，悟道理——虚白，典出《庄子·人间世》"虚室生白，吉祥止止"，谓心中纯净无欲。

再来看《秦中吟》十首中的《牡丹》：

帝城春欲暮，喧喧车马度。共道牡丹时，相随买花去。贵贱无常价，酬直看花数：灼灼百朵红，戋戋五束素。上张幄幕庇，旁织笆篱护。水洒复泥封，移来色如故。家家习为俗，人人迷不悟。

有一田舍翁，偶来买花处。低头独长叹，此叹无人喻：一丛深色花，十户中人赋！

　　诗题从《才调集》，白居易集题为《买花》。元和三年或四年作于长安，时任左拾遗、翰林学士。这是一首颇有叙事因素的讽喻诗，在主角——面朝黄土背朝天的"田舍翁"出现之前，是叙事发展的第一个阶段，写京城贵游买花。"帝城"点出事件发生的地点，"春欲暮"点出时间。芳春欲暮之时，田里正青黄不接，农事加倍繁忙，而京城贵游所在的长安城中，却是车马喧喧，杂沓驰过，争相买花，一派男颠女狂，笑语欢呼。这景象可以引白居易《新乐府·牡丹芳》"花开花落二十日，一城之人皆若狂"、刘禹锡《赏牡丹》"惟有牡丹真国色，花开时节动京城"、白派及门弟子徐凝《寄白司马》"三条九陌花时节，万马千车看牡丹"、王叡《牡丹》"牡丹妖艳乱人心，一国如狂不惜金"共参，白居易晚辈李肇《唐国史补》亦可互证："京城贵游，尚牡丹三十余年矣。每春暮，车马若狂，以不耽玩为耻。执金吾铺官围外寺观，种以求利，一本有值数万者。"灼灼，形容鲜艳光彩，戋戋，典出《易经·贲卦》"六五，贲于丘园，束帛戋戋"。朱熹本义："戋戋，浅小之意。"一说为堆积貌，形容众多的样子，见李鼎祚集解引马融注。这里应取后一种解释。一株开了百朵花的红牡丹，价值相当于五束白绢，何等昂贵！那么"上张幄幕庇，旁织笆篱护。水洒复泥封，移来色如故"，其珍惜无异珠宝，自不言而喻。"上张幄幕庇"，即《新乐府·牡丹芳》所云"共愁日照芳难驻，仍张帷幕垂阴凉"。以上均为客观描绘，至"人人迷不悟"，始露作者倾向。酒不醉人人自醉，花不迷人人自迷。正如冯班评《才调集》所云："白公讽刺诗，周详明直，娓娓动人，自创一体，古人无是也。凡讽喻之文，欲得深隐，使言者无罪，闻者足戒。

白公尽而露，其妙处正在周详，读之动人，此亦出于《小雅》也。"

叙事发展的第二个阶段，田舍翁，也就是庄稼汉出场，他一句话都没说，但一声长叹，却蕴含着身后观察者白居易作为左拾遗、翰林学士的全部深思。如果这深思，戛然而止于此，作为诗人已经可以收笔了。不过作为"忝备谏官位"的左拾遗、作为翰林学士，他还需要尽而又露，才能使闻之者戒，"权豪贵近者相目而变色"，因此也就"但伤民病痛，不识时忌讳"（《伤唐衢》其二）了。不仅如此，结尾十字，揭出作诗本旨，乃振聋发聩之名言，"劲直沉痛，诗到此境，方不徒作；若概以浅率目之，则谬矣"（潘德舆《养一斋诗话》卷十）。《汉书·文帝纪》载："百金，中人十家之产也。""中人"语本此。《新唐书·食货志》载，唐初，授田一顷者，每年输粟二斛，稻三斛，绢二匹，绫二丈，棉三两，麻三斤；不产丝麻之地，折银十四两。此外还有徭役，中唐之后，剥削更多。以此推算，十户中人的赋税钱以万计（千钱为一贯）。后来郑遨乐府旧题短诗《富贵曲》"美人梳洗时，满头间珠翠。岂知两片云，戴却数乡税"，正从"一丛深色花，十户中人赋"而来。而从谢赐履《帝京元夕》尾句"莫道骄奢让往年，一灯尚费中人产"，也可看出《秦中吟》的讽喻精神在清代得以重光！这正如清人王必达《牡丹三绝句》所云："一丛深色中人赋，试咏看花白傅篇。"

最后来看《新乐府·牡丹芳》：

> 牡丹芳，牡丹芳，黄金蕊绽红玉房。千片赤英霞烂烂，百枝绛点灯煌煌。照地初开锦绣段，当风不结兰麝囊。仙人琪树白无色，王母桃花小不香。宿露轻盈泛紫艳，朝阳照耀生红光。红紫二色间深浅，向背万态随低昂。映叶多情隐羞面，卧丛无力含醉妆。低娇笑容疑掩口，凝思怨人如断肠。浓姿贵彩信奇绝，杂卉

乱花无比方。石竹金钱何细碎，芙蓉芍药苦寻常。遂使王公与卿
士，游花冠盖日相望。庳车软舆贵公主，香衫细马豪家郎。卫公
宅静闭东院，西明寺深开北廊。戏蝶双舞看人久，残莺一声春日长。
共愁日照芳难驻，仍张帷幕垂阴凉。花开花落二十日，一城之人
皆若狂。三代以还文胜质，人心重华不重实。重华直至牡丹芳，
其来有渐非今日。元和天子忧农桑，恤下动天天降祥。去岁嘉禾
生九穗，田中寂寞无人至。今年瑞麦分两岐，君心独喜无人知。
无人知，可叹息。我愿暂求造化力，减却牡丹妖艳色。少回卿士
爱花心，同似吾君忧稼穑。

这是白居易咏牡丹诗最长的一首，也是唐牡丹诗篇幅之冠，长达
49句327字。元和四年（809），白居易在长安任左拾遗、翰林学士
时所作。诗序云："美天子忧农也。"讽喻诗将"所遇所感"发于"美
刺兴比"，并非都是投枪匕首，直刺现实，揭露黑暗，也有颂美，也
就是委婉地进谏。平心而论，白居易进谏的对象唐宪宗算是个奋发有
为的皇帝，在元和初年，宪宗励精图治，广开言路，信用裴垍、李绛
等忠介之士，一改德宗时代废相权一揽天下细务的做法，推心委政事
于宰相。同时，察纳雅言，虚心求谏，故而白居易等人虽常常言语激
切，仍获宪宗优容。国家政治因此一度回到正轨，史称"元和中兴"。
诗中所云"元和天子忧农桑，恤下动天天降祥""去岁嘉禾生九穗""今
年瑞麦分两岐"，稽之史籍无可考实，唯《唐会要》载"元和二年八
月，中书门下奏，诸道草木祥瑞及珍禽异兽等，准永贞元年八月敕。
自今以后，宜并停进者。伏以贡献祥瑞，皆缘腊飨告庙，及元会奏闻，
若例停奏进，即恐阙于盛礼，准仪制令。其大瑞即随表奏闻，中瑞下
瑞，申报有司。元日闻奏，自今以后，望准令式，从之。七年十一月，

梓州上言，龙州界嘉禾生，有麟食之。每来，一鹿引之，群鹿随焉，光华不可正视，使画工就图之，并嘉禾一函以献"，或可参看。

全诗用三分之二篇幅极写牡丹之秾丽，"绝道花之妖艳"（《容斋随笔》卷二），雕镂万状，如化工肖物，其中"红紫二色间深浅，向背万态随低昂"，形态与色泽并胜，"映叶多情隐羞面，卧丛无力含醉妆"，反李白《清平调》以花写人之道，而拟人写花，花容将人意同醉，为诗评家所津津乐道。直至"花开花落二十日，一城之人皆若狂"两句精彩绝伦之笔，方稍稍收束了这场大唐牡丹的饕餮之赏。以下转入美刺兴比，《唐宋诗醇》析云："忽接'三代以还文胜质'四句，迂腐语耸然夺目。下乃接'元和天子忧农桑'一段正意，便觉峭折有波澜。若低手为之，则一直说下耳。"这首诗可谓全面反映了中唐社会牡丹在世人，尤其是文人士子中的不二地位。首先，人们对牡丹的观感更加细腻，牡丹的娇艳与姿容无不体现得更为细微。其次，人们对牡丹的热爱堪超盛唐，"花开花落二十日，一城之人皆若狂"，这种满城迷狂，即使盛唐诗人笔下也未看到。再次，对牡丹的痴迷反映的是人心的尚华不实，所谓"重华直至牡丹芳，其来有渐非今日"，华而不实的风气是逐渐积累下来的，到了中唐渐至顶峰，这样的社会风气对于农业社会来说弊害可想而知。对于李唐这样一个农业大国，对农桑的重视应该远超过对牡丹的重视，这是本和末问题。最后，白居易身兼左拾遗和翰林学士，同时又是心灵敏感的年轻诗人，更清楚地感觉到这一不良社会动向，意识到应该加以调整。从颂美天子的角度来提出，比自己站出来疾呼，要有效得多。而"我愿暂求造化力，减却牡丹妖艳色"，希望借助造化的神力，减却牡丹的妖娆之色，使社会戒除奢靡浮华的不良风气，而对农桑更加重视，自是诗人浪漫之口吻。在白居易和同代诗人其他牡丹诗中，这一立意也有不同程度的表达，只是在《新乐府·牡丹芳》中表现得尤为完整和真切。红牡丹与白牡丹、华与实、牡丹与农桑、奢靡与节俭，一组组鲜明的对比，正是中唐社会的真实写照。

　　唐宪宗没有回应白居易的颂美，倒是千年后的清高宗在诗歌史上独一无二地回应了白居易的"愿"。弘历在避暑山庄长夏消暇之余，撰《用白居易新乐府成五十章并效其体》，序云："白居易新乐府五十章，少即成诵。喜其不尚辞藻，而能纪事实，具美刺；一代政要，略见梗概，有《三百篇》之遗意，所谓为君臣民物而作，不为文而作，非虚言也。……咨政之余，积以月余而成，读者亦不必以重僻议之矣。"其《牡丹芳》诗云："牡丹芳，世人甚爱牡丹自李唐。谱传其名，盖不可以屈指数。纵有绘事，谁能貌其丰韵与艳香。上始紫禁下朱邸，无论寺观及村庄。开落二十日之内，举国游人诚若狂。牡丹芳，元和天子忧农务，不赏牡丹，惟是农务蕆。一念之诚天降祥，瑞麦两岐为表扬。是以白傅因有牡丹芳之章，乃至愿减牡丹色，以回卿士爱花心。心其君心忧稼穑，我闻此语增叹息。白傅岂弗列乎卿士中，岂弗闻风行草偃，君令而臣从，弗爱牡丹惟忧农。君心如是臣心犹弗格而移，世道人心日流日下斯可知。"臣子颂美其作"洵足藻金石，而绷万祀"，但历史证明，其诗品之庸劣，堪与其书品共比，这里就不庸置评了。还是宋代翰林学士李昉说得好："白公曾咏牡丹芳，一种鲜妍独异常。眼底见伊真国色，鼻头闻者是天香。"

　　另，有一首《牡丹》："绝代只西子，众芳唯牡丹。月中虚有桂，天上谩夸兰。夜濯金波满，朝倾玉露残。性应轻菡萏，根本是琅玕。夺目霞千片，凌风绮一端。稍宜经（一作霑）宿雨，偏觉耐春寒。见说开元岁，初令植御栏。贵妃娇欲比，侍女妒羞看。巧类鸳机织，光攒麝月团。暂移公子第，还种杏花坛。豪士倾囊买，贫儒假乘观。叶藏梧际凤，枝动镜中鸾。似笑宾初至，如愁酒欲阑。诗人忘芍药，释子愧荫檀。酷烈宜名寿，姿容想姓潘。素光翻鹭羽，丹艳艳鸡冠。燕拂惊还语，蜂贪困未安。倘令红脸笑，兼鲜翠眉攒。小长呈连萼，骄矜寄合欢。息肩移九轨，无胫到千官。日曜香房拆，风披蕊粉干。好酬青玉案，称贮碧冰盘。璧要连城与，珠甚十斛判。更思初甲坼，那得异泥蟠。骚咏应遗恨，农经祗略刊。鲁般雕不得，延寿笔将殚。醉客同攀折，佳人惜犯干。始知来苑囿，全胜在林峦。泥滓常浇洒，庭除又绰宽。若将桃李并，方觉效鞾难。"唐牡丹诗中，这首五言排律篇幅仅次于白居易《新乐府·牡丹芳》，前两句流传颇广。据"见说开元岁""贵妃娇欲比"，乃追叙开元间李杨情事，当为中晚唐诗。明薛凤翔《亳州牡丹史》卷四、明王志庆编《古俪府》卷十二、清汪灏等撰《御定佩文斋广群芳谱》卷三四、清陈梦雷编《古今图书集成·博物汇编·草木典》卷二八九"牡丹部·艺文二"四均署名白居易作，但《白居易集笺校》及《白居易诗集校注》皆未收。考此诗最早出处乃《文苑英华》。《文渊阁四库全书》本《文苑英华》卷三二一题李商隐作。中华书局影印本（宋残本补配明本）《文苑英华》卷三二一此诗诗题处标"同前"，作者处空白，前一首诗题处标《牡丹》，作者处亦空白，核对内容应为李商隐诗。《文渊阁四库全书》本误读"同前"，于是归于李商隐名下。而中华书局影印本《文苑英华》目录则署名卢肇作，所据应为傅增湘《文苑英华校记》："同前，下有卢肇。"陈尚君《全唐文续拾》卷三一亦收录于卢肇名下。《文苑英华》卷三二一李商隐《牡丹》诗之前为白居易《惜牡丹花二首》，李商隐《牡丹》诗未署名，薛凤翔等误读"同前"，于是归于白居易名下。

综上，状物、抒情与讽喻，这三点就是白居易笔下的 12 首咏牡丹诗的主要路数，这也可以说是《全唐诗》全部 140 余篇牡丹诗的主要路数。但白诗自有其独特个性，例如手法上，善用对比，爱用递进，侧面烘托，多方比喻，传神写照，现身说法，自写寄托，巧用拟人，不脱不粘，诗风浅切，语词平易。牡丹本是一种自然存在物，而成为诗歌意象，便有了诗人的审美过滤和情感投入。诗中的牡丹意象，不仅呈现着诗人对牡丹的咏赞，而且寄托着诗人特殊的人生感慨和社会思考。同时，牡丹意象在唐诗中的发展变化，反过来也折射了唐代不同时期的士子文化心态。值得补充的是，白居易不仅爱牡丹，惜牡丹，赏牡丹，咏牡丹，而且还亲自动手移栽牡丹。其《移牡丹栽》云：

> 金钱买得牡丹栽，何处辞丛别主来？红芳堪惜还堪恨，百处移将百处开。

牡丹栽，也叫牡丹栽子，或称花篦子，即野生牡丹幼株，加以嫁接，培植一年，开花更佳。欧阳修《洛阳牡丹记》载："大抵洛人家家有花，而少大树者，盖其不接则不佳。春初时，洛人于寿安山中斫小栽子卖城中，谓之山篦子。人家治地为畦塍，种之，至秋乃接。"有人以为这是一首讽喻诗，借花喻人，讽刺那些弃旧恩媚新主者，这未免深文周纳了。作为名贵花卉，被人买卖移栽、培育欣赏，自是无可非议。非要将红芳理解为屈于金钱、乐意任人摆布者，未免堪惜堪恨。

唯有牡丹真国色，诗豪吟咏妙风神。杭州虚白堂前的牡丹，相传是白乐天手植。唐范摅《云溪友议》所载颇具传奇色彩的徐凝、张祜较文公案，开篇就事关杭州牡丹。本来杭州并无牡丹，长庆中，开元寺僧惠澄自京师乍得一本，始栽植于庭，谓之洛花。时春景方深，惠澄设油幕以覆其上，牡丹自此东越分而种之。徐凝《题开元寺牡丹》云："此花南地知难种，惭愧僧闲用意栽。海燕解怜频睥睨，胡蜂未识更徘徊。

虚生芍药徒劳妒，羞杀玫瑰不敢开。惟有数苞红萼在，含芳只待舍人来。"张祜亦有《杭州开元寺牡丹花》："浓艳初开小药栏，人人惆怅出长安。风流却是钱塘寺，不踏红尘见牡丹。"白居易来到开元寺看牡丹花，乃命徐凝同醉而归。"惟有数苞红萼在，含芳只待舍人来"，可谓是恰到好处的恭维。至宋代，杭州牡丹渐多，而吉祥寺独盛。苏轼通判杭州时，有《牡丹记叙》，略云："熙宁五年三月二十三日，予从太守沈公观花于吉祥寺僧守璘之圃。圃中花千本，其品以百数。酒酣乐作，州人大集，金盘彩篮，以献于座者五十有三人。饮酒甚乐，素不饮者皆醉。自舆台皂隶，皆插花以从，观者数万人。"可谓盛矣。历史上，苏轼是白居易诗风最合适的承继者，即使仅仅限于牡丹这个小小的窗口，也可领略大唐的无限春光，以及那一脉相承的绝世花王真国色的风神！

杭州醉白楼

回二　明月照千古——与乐天相约中秋

时光之轮滚滚向前，转眼又是一年的秋天。中秋在即，秋分亦将至。汉代大儒董仲舒《春秋繁露·阴阳出入上下》里说："至于中秋之月，阳在正西，阴在正东，谓之秋分。秋分者，阴阳相半也，故昼夜均而寒暑平。"是的，这是寒暑平衡的节点，阴与阳势均，夜与昼等长，光明与黑暗在此平分秋色，正所谓"半江瑟瑟半江红"，在呈现均衡之美的同时，也悄悄提醒着人到中年的你我——人生至此过半，节候今日秋分。

年年岁岁秋相似，岁岁年年月不同。值此中秋佳节，欣逢三五夜中的新月，正所谓"此夜十分满，中秋万古情"（王寂《中秋月下有感戏效乐天》）。东坡曾云："何夜无月？"不妨引申一下：何地无月？由时间转为空间，为的是引出这里要谈的，在琵琶亭里赏月。

距今 1205 年前，深秋的一个傍晚，一帆客船，停泊在浔阳江岸。船篷里透出灯光，微弱而惨淡。寒蝉凄切，渔舟唱晚，岸边的枫树上红叶绚烂。与水中芦荻一起，点缀着秋色，映衬着离帆。这时，被贬为江州司马的白乐天，送客来到江边。主客登船饮酒，酒过三巡，珍重的话，恰好已经说完；但离别的悲叹，似乎还压在心田。推窗望去，水波微澜，寒江茫茫，一轮明月浸在江间。

忽然，水上传来动人的琵琶声。诗人和他的朋友都听得入迷了，一弹流水一弹月，半入江天半入云。顺着声音找去，原来是一位独守空船的妇人，用琵琶排遣自己的寂寞和哀愁。于是，诗人移船相近，邀请她过来相见，并且拨亮灯火，重新安排了酒宴。这琵琶女带着几分羞怯，推辞着，迁延着，酝酿着，"千呼万唤始出来，犹抱琵琶半遮面"……

彼此不交一言，琵琶代替了交谈。随着"大珠小珠落玉盘"，最后转为"此时无声胜有声"，江边的背景，也由"别时茫茫江浸月"转为"唯见江心秋月白"，琵琶女自述身世，又转为"春花秋月何时了"，"春江花朝秋月夜"。几度出现的月色，烘托着诗意，映衬着诗情，成为这首千古名篇的一个亮点。

一曲琵琶万古情。白居易的《琵琶行》流传千古，于是又有了琵琶亭。琵琶亭在江西九江，正是"浔阳江头夜送客"那个地方，正因白居易《琵琶行》而修建。建亭时间最迟是在北宋，因为北宋仁宗朝的宰相夏竦已有《题江州琵琶亭》诗作，留存至今。缘事成诗，因诗建亭；亭借诗宣，诗因亭传。在白居易留下的众多诗迹中，琵琶亭的知名度可谓首当其选。

登亭四望，极目长天；前临长江，后对庐山；左有千重古木，右为万井人烟。亭园回廊旋绕，境极幽旷。凡舟过九江，多半要来琵琶亭踏访。据拙编《白居易资料新编》，今存琵琶亭诗词近千首，其中以琵琶亭为题者近半；围绕叙写故事与遗迹咏怀两大主题，从《琵琶行》原作所抒发的天涯沦落之感，逗惹出不同身世境遇诗人的千姿百态的情感取向，是白居易接受史上一道亮丽的风景线。

近千年前，欧阳修落第还乡途中，经过九江，写下《琵琶亭上作》：

> 九江烟水一登临，风月清含古恨深。湿尽青衫司马泪，琵琶还似雍门琴。

抒发登临怀古之情，虽情调略有感伤，但诗人当时毕竟年轻，哀而无怨。"雍门琴"用雍门子周以善琴见孟尝君的典故，借指哀伤的曲调。

〔明〕仇英　人物故事册《浔阳琵琶》

今徐州城东南有雍门村，相传即其鼓琴之地。昔雍门子以琴见孟尝君，陈辞通意，抚心发声，孟尝君为之增欷歔唈，流涕交横，韩娥曼声，哀哭十里，老幼悲愁，垂涕相对，三日不食；还为曼声，长歌十里，长幼喜跃抃舞，难以自禁。白乐天湿尽青衫，倾情之程度，欧阳修认为不亚于此。九年后，欧阳修被贬夷陵（今湖北宜昌），途经长江，再过浔阳，中秋节前不久，重登琵琶亭，又写下一首《琵琶亭》诗：

> 乐天曾谪此江边，已叹天涯涕泫然。今日始知予罪大，夷陵此去更三千。

　　和乐天相似，欧阳修被贬也是因为"越职言事"，所以同病相怜，不免倍感凄凉。怅触天涯的迁谪之恨，意在言外，十分显豁，可谓哀而含怨。若非真情流露，何以如此伤感？联系欧阳修《玉楼春》亦有"露湿浔阳江上月，不知商妇为谁愁"之慨，于是奠定了琵琶亭里赏月的一个基调——同情之理解。

　　宋代女诗人叶桂女，也对白乐天报以同情之理解——"乐天当日最多情，泪滴青衫酒重倾。明月满船无处问，不闻商女琵琶声"[1]。江西人刘敞（1019～1068）则写道："江头明月琵琶亭，一曲悲歌万古情。欲识当时断肠处，只应江水是遗声。"（《公是集》卷二八《琵琶亭》）南宋词人张孝祥（1132～1170）咏叹说："江州司马旧知音，流落江湖感更深。万里故人明月夜，琵琶不作亦沾襟。"（《于湖集》卷十一《琵琶亭二首》其一）可见，因地近长江的空间之便，在琵琶亭里吟赏明月，

---

[1]　刘敞《中山诗话》引：《历代诗话》，中华书局1997年版，第297页。《宋诗纪事》卷八十七题为《琵琶亭》，《御选宋诗》卷七十五题为《题琵琶亭》。《中山诗话》于"叶氏女"注云："名桂女，字月流。"不闻，《诗话总龟前集》卷十五《留题门》上引《古今诗话》作"更闻"。

相沿成为琵琶亭诗词的常见之景。

今月曾经照古人，古今婵娟是一轮。琵琶亭赏月，最好当然是在中秋。相比于春月，例如《春江花月夜》里"落月摇情满江树"的春情泛滥，中秋之月，更加温馨清亮，最适宜家人团聚，也适合思索人生。就像前人说的那样：琵琶一样听来惯，听到浔阳便有情。人类的情思总有着适合其生发的空间和时间。一年四季，十二个月，每个月都有月圆，但只有中秋的月圆，最为特别；因为它不仅是整个秋季的中间点，也是一年寒暑转换的关节点。所以白居易写到中秋，《八月十五夜闻崔大员外翰林独直对酒玩月……》就说：

> 秋月高悬空碧外，仙郎静玩禁闱间。岁中唯有今宵好，海内无如此地闲。

这是在长安，赏月地点是翰林院，清景如现，且意境遥深。"岁中唯有今宵好"，点题点得真妙。还有也是在长安的《华阳观中八月十五日夜招友玩月》：

> 人道中秋明月好，欲邀同赏意如何？华阳洞里秋坛上，今夜清光此处多。

赏月地点转到了华阳观，也是白居易年轻时写下的。诗味隽永，且浑健有力。中秋月，既是时间上的八月十五夜晚，又是空间上的圆月夜空，两者之间有着必然联系，圆月当空的清境，是人们对八月十五夜最为深刻的印象，而华阳观这一地点，对白居易而言又有着不同寻常的纪念意义，他和好友元微之应试制举，就在长安华阳观。所以，一提到和朋友中秋赏月，首先就会想到约在华阳观。还有《八月十五夜禁中独直对月忆元九》：

> 银台金阙夕沉沉，独宿相思在翰林。三五夜中新月色，二千里外故人心。

挂念远在两千里地之外江陵的好友元稹，所谓明月千里寄相思，虽清光不同见，然心意无两端。中年时期，元和十二年（817），白居易在江州作有《中秋月》：

> 万里清光不可思，添愁益恨绕天涯。谁人陇外久征戍？何处庭前新别离？失宠故姬归院夜，没蕃老将上楼时。照他几许人肠断，玉兔银蟾远不知。

中间两联四句，备述虽值佳节，然世间每每有失意者，最后，以照人肠断的明月来开解人世间的遗憾。正所谓：悲欢人自尔，月是一般明。

第二年，元和十三年（818），白居易又作有《八月十五日夜湓亭望月》：

> 昔年八月十五夜，曲江池畔杏园边。今年八月十五夜，湓浦沙头水馆前。西北望乡何处是，东南见月几回圆？临风一叹无人会，今夜清光似往年。

诗题中的湓亭，应该正是后来琵琶亭的原型，这是他在江州回忆在京城长安的曲江池畔、杏园之边的同一轮明月。结尾，那淡淡的感叹，虽历经一千二百多年的风烟，依然回荡在每个有心的知音者心头。

大和八年（834），晚年的白乐天安居洛阳，又写下《八月十五日夜同诸客玩月》：

月好共传唯此夜，境闲皆道是东都。嵩山表里千重雪，洛水高低两颗珠。清景难逢宜爱惜，白头相劝强欢娱。诚知亦有来年会，保得晴明强健无？

暮年心境，又别是一番风景。人间无岁不中秋，明月看人渐白头。可见，中秋之月，是白乐天创作生涯里贯穿始终的一个意象，其中寄寓着他的亲情，他的友情，他的乡情……情有悲欢离合，月有阴晴圆缺，此事古难全。所以，但愿人长久，千里共婵娟，这是千百年来人们共同的美好心愿。

琵琶亭里话中秋，难以避开适与白乐天同寿的一位清代九江关督，他就是我的同乡唐英（1682～1756），这位清代罕见的全才型官员，在诗文、戏曲、书画、篆刻、陶艺、收藏和语言学等众多领域均颇有建树。他素仰乐天文章风雅，称其"文章风雅即吾师"（《琵琶亭乐天祠小跋》），来到江州任职，驻节琵琶亭附近，不忍古迹荒落，于是捐出自己的俸禄，重葺琵琶亭，在亭园里还兴建了乐天先生祠，壁刊乐天先生遗像，说："余兹建此祠，而范此道貌者，实由仰其才德，寓私淑于瓣香，为天下后世之才德似先生者，留一风雅楷模。"（《琵琶亭乐天先生祠像告竣小诗志事序》）唐英不仅重修琵琶亭，而且还撰有《重建琵琶亭自记》，并手书《琵琶行》，勒诸石，左建楼，手书"到此忘机""江天遗韵""忘机阁"以及"残月晓风""大江东去"等，榜于琵琶亭。

〔明〕董其昌《琵琶行》

其自撰琵琶亭诗 100 多首，还在琵琶亭壁间左右悬置诗板，供文人雅士、游人过客留题，上悬匾额"风雅长留"，不愧是"喜附人文作胜游"的一位风雅关督。作为优秀的艺术家，唐英是琵琶亭物质文化与精神文化的双重建设者，乐乐天之所乐，而无须忧乐天之所忧，由此以文采风流著称于世。

275 年前的中秋，唐英接连写下三题四首七律（《中秋日同事诸君子有琵琶亭之游余以病目不得附骥怅而有作》二首、《中秋病目忆琵琶亭用张蕉衫中秋燕集原韵》、《和前韵送别》），表达因为眼病，无法偕同事诸君子至琵琶亭共赏中秋之月的遗憾，嗟叹道："一年好景成虚度。"同时宣称："但有照心千古月，何须放眼半分秋。"在匡山浔水间处处留下遗迹的先贤白乐天，对在此间任职多年的唐英影响至深。他编刻的《辑刻琵琶亭诗》（清乾隆十一年古柏堂刊本），也拉近了我们与大唐诗坛教化主白居易的距离。这位风雅的九江关督的墓碑就在北京，位于奥运村附近一处雅致的园林深处，2020 年疫情期间与之邂逅，为之惊叹有日，深感有缘。

人间无岁不中秋，明月看人渐白头。不久前，与一位女编辑相识，她刚刚编辑了《一阳来复》这本书，作者是去年过世的井波律子，一位博学、温情又充满生活乐趣的日本女作家。询问读后感的同时，女编辑发来问卷，希望谈一谈，秋分这一节令，会想起哪首古诗哪位古人，这个时节会做些什么有趣的事情，会唤起怎样的情感和记忆。答曰：人间素秋方半，天上明月正圆。和"一阳来复"相对，秋分真是一个恰如其分的美好时节，它立刻令我想起"半江瑟瑟半江红"的诗句，也勾起几年前与三五好友在琵琶亭赏月的美好回忆。《辑刻琵琶亭诗》的压卷之作，正是此情此景：

琵琶亭子夕阳边，红粉青衫已窅然。江上月明秋最好，于今司马正芳年。

斯亭斯月，斯景斯情；秋月高悬碧空，顿惹怀古之思。扬州文人方梦骐（1700~?）《游琵琶亭唱和》这首诗，当时引发了唐英等十八人的酬和，是一场规模不小的文人雅集，从此牢固奠定了琵琶亭这一名胜在文学与文化"双遗产"的不朽地位。由于人杰地胜，又因为诗歌、故事、胜景等诸多元素的融入，琵琶亭从诗歌胜迹逐渐衍为文学意象，并通过琵琶亭唱和文本的不断叠加，从物质空间（第一空间）和历史空间（第二空间），升格为真实与想象交织的"第三空间"，一个真正永垂不朽的空间。中秋明月琵琶亭，千古风流千古情。乐天风流亦长垂未朽，映彻千古。当空间之琵琶亭，与时间之中秋、节令之秋分邂逅，便是历史与美好恰如其分的佳偶天成。

回三　寒深春水生——大寒与乐天相伴

大寒深处春水生，千山万径阅枯荣。按照中国传统节令，二十四节气里压轴的是大寒，过了大寒，意味着又过了一年。古人讲，有始者必有终，自然之道也。但是，靡不有始，鲜克有终。大寒的意义之一，就是善始善终。《授时通考·天时》引《三礼义宗》说："大寒为中者，上形于小寒，故谓之大……寒气之逆极，故谓大寒。"大寒的物候有三个，一是鸡始乳，二是征鸟厉疾，三是水泽腹坚。就是说，母鸡提前感知到春气，开始孵蛋了；鹰隼之类远飞之鸟正处于捕食能力极强的状态，盘旋于空中到处寻找食物，以补充能量抵御严寒；在一年的最后五天，寒至极点，水中的冰一直冻到水中央，最厚最结实。而物极必反，坚冰深处春水生，冻到极点，也意味着开始走向消融了。过了大寒，就是立春，气温回暖，新的一年也即将开始。

在大寒这个节令，不妨与乐天相伴，看一看这位广大教化主如何与大寒相处，怎样乐于应命顺天。白居易，字乐天。《礼记·中庸》云："君子居易以俟命。"这是白居易名的来历。《周易·系辞上》云："乐天知命，故不忧。安土敦乎仁，故能爱。"这是白居易字的来历。从字面上看，"乐天"就是乐于顺应天命，"居易"则是安土之意，而二者是密切相关的，因为《礼记·哀公问》云："不能安土，不能乐天；不能乐天，不能成其身。"从反方面解释了安土与乐天的关联。汉代经学大师郑玄注曰："不能乐天，不知己过而怨天也。"苏轼《大寒步至东坡赠巢三》说"努力莫怨天，我尔皆天民"，怨天尤人，怨恨命运，不反思己过，就会责怪别人，非君子之道也。明代王廷相《慎言·作圣篇》云："随所处而安，曰'安土'；随所事而安，曰'乐天'。"再来看《孟子·梁惠王下》："惟仁者为能以大事小，是故汤事葛，文王事昆夷……以大事小者，乐天者也。"与郑玄同时代的经学家赵岐注云："圣人乐行天道，如天无不覆也。"将乐行天道这层意思再引申一步，"乐天"还可以理解为安于处境而无忧虑，也就是陶潜《自祭文》所谓："勤靡馀劳，心有常闲。乐天委分，以至百年。"以上这些典籍均可帮助我们理解"乐天"一词的内涵。

作为唐代最有生活情调的大诗人，白乐天可谓人如其字，对节令物候非常留意和关注。如果调查一下白居易笔下的节令物候描写，就会发现，他的诗歌基本上涵盖了二十四节气，这当然与他的诗作留存数量是唐代之冠有关，但他留心身边日常，勤于创作，也是不可或缺的重要原因。这里想和大家分享两首他笔下与大寒相关的诗作。先来看《村居苦寒》：

　　八年十二月，五日雪纷纷。竹柏皆冻死，况彼无衣民！回观村闾间，十室八九贫。北风利如剑，布絮不蔽身。唯烧蒿棘火，愁坐夜待晨。乃知大寒岁，农者尤苦辛。顾我当此日，草堂深掩门。褐裘覆絁被，坐卧有余温。幸免饥冻苦，又无垄亩勤。念彼深可愧，自问是何人。

　　据《白居易年谱》，这首诗作于元和八年（813）十二月，地点是在下邽，也就是今天的陕西渭南市北下邽镇东南。当时白居易因母亲逝世，回家居丧，退居于下邽渭村老家。退居期间，白居易身体多病，生活也十分困窘，多亏得到元稹等友人的大力接济，雪中送炭，才幸免饥冻苦。

　　这是一首讽喻诗。在当时文坛上，白居易最早出名就是凭借着讽喻诗。什么是讽喻诗呢？白居易自己的界定和理解是："凡所遇所感，关于美刺比兴者；又自武德迄元和，因事立题，题为《新乐府》者，共一百五十首，谓之讽喻诗。""谓之讽喻诗，兼济之志也。""至于讽喻诗，意激而言质。"可见，所谓讽喻诗，内容的规定性是旨意可观，稍存寄兴，与讽为流，凡所遇所感，关于美刺比兴；其创作意图是要成兼济之志；其艺术特征是意激而言质。按照这个理解，我们来对照着阅读这首《村居苦寒》。

　　在白居易题材广泛的讽喻诗中，这一首《村居苦寒》叙写流畅，不事藻绘，而格外真切感人，具有纪实的史诗性质，在当时确实属于"意激"，意见很激烈，思想很前卫，其中包含着热烈的心肠、伟大的抱负，闪熠着推己及人的人道主义光辉。这首诗的写作年代正处于唐代中期，当时虽然相对安稳，但内有藩镇割据，外有吐蕃入侵，中央政府控制的地域已经大为减少，可是还要供养大量军队，加上官吏、地主、商人、僧侣、道士等，不耕而食的人甚至占到人口的一半以上。在这种情形下，农民负担之重、生活之苦，可想而知。来自普通世家的白居易对此深有体验，诗中所写"回观村闾间，十室八九贫"，同他在另一首《夏旱诗》中所写的"嗷嗷万族中，唯农最辛苦"一样，正是他亲眼目睹的现实生活的实录。

开篇"八年十二月，五日雪纷纷"，据宋人王楙《野客丛书》卷二三："乐天诗有记年月日者，于以见当时之气令，亦足以裨史之阙，如曰：'皇帝嗣宝历，元和三年冬。自冬及春夏，不雨旱燋燋。'有以见宪宗即位三年，久旱如此。又诗曰：'元和岁在卯，六年春二月。月晦寒食天，天阴狂飞雪。连宵复竟日，浩浩殊未歇。'又以见元和六年二月晦为寒食，当和暖之时，而雰霈大雪，其气候乖谬如此。又诗曰：'八年十二月，五日雪纷纷。竹柏皆冻死，况彼无衣民！'又见元和八年十二月五日大雪寒冻，民不聊生如此。仆按《东汉书》延熹间大寒，洛阳竹柏冻死，襄楷曰：'闻之师曰，柏伤竹槁，不出三年，天子当之。'乐天此语，正所以纪异也。"可见白居易诗歌具有很强的写实性。

《村居苦寒》这首诗的结构十分简单，完全可以分成两大部分。前一部分主要写农民，后一部分主要写自己，二者同样是处于北风如剑、大雪纷飞的寒冬，可是冷暖对比十分明显。农民缺衣少被，夜不能眠。而自己在这样的大寒天却是深掩房门，有吃有穿，又有好被子盖，既无挨饿受冻之苦，又无下田劳动之勤。诗人把自己的生活与农民的痛苦作了对比之后，深感惭愧和内疚，以至发出"自问是何人"的慨叹，自剖自责，这不能不说难能可贵。"乃知大寒岁，农者尤苦辛"二句，可谓画龙点睛之笔，凸现出诗人对农民饥寒交迫的深切同情。查慎行《初白庵诗评》卷上评论道："诗境平易，正以数见不鲜。"正因为眼中

屡次所见，所以叙写流畅，情真意实，体现出白诗独特的平易通俗的
艺术风格。

白居易不但讽喻诗平易通俗，其他类型的诗也具有同样的特色。
比如同样是在大寒之节撰写的《问刘十九》：

> 绿蚁新醅酒，红泥小火炉。晚来天欲雪，能饮一杯无？

这是一首知名度极高的邀请朋友喝酒的诗，作于元和十二年（817），
白居易时年46岁，已经从中央朝廷的高官，被贬为地位卑微的江州司
马。刘十九大概是作者在江州时的朋友，"十九"，是指排行，名字
不详。很多选本认为是彭城人刘轲，据朱金城考证，非也。元和十二
年白居易另有《刘十九同宿（时淮寇初破）》诗，从"唯共嵩阳刘处士，
围棋赌酒到天明"可知刘十九为嵩阳（今属河南）人。淮西吴元济诛
于元和十二年十一月，此诗作于淮寇初破之时。元和十三年（818）春，
白居易在江州又有《雨中赴刘十九二林之期及到寺刘已先去因以四韵
寄之》《蔷薇正开春酒初熟因招刘十九张大崔二十四同饮》，其中的"刘
十九"，应该都是指白居易在江州时的友人——嵩阳刘处士。

在诗体上，这是一首五言绝句。作为篇幅和字数最少的一种诗体，
如何以少纳多，值得考量。此诗堪称典范。全诗简练含蓄，轻松洒脱，
信手拈来，即成妙作，而其间脉络十分清晰。从层次上看，首句先点
出酒，二句再示温酒之具，三句又说寒天饮酒最好，末句问对方能否
来共饮，而且又点破诗题中的"问"字。从关系上看，首末句相呼应，
二三句相承递。诗句之间，意脉相通，一气贯之。诗作写尽人情之美，
从日常生活中的一个侧面落笔，以如叙家常的语气、朴素亲切的语言、
富于生活气息的情趣，不加雕琢地写出朋友间恳诚亲密的关系。至今

读来，仍有余温。

对这首诗的意境和情调，后代的批评家在钦羡之余，可谓好评如潮。比如，明代黄周星《唐诗快》评论说："岂非天下第一快活人。"清代孙洙《唐诗三百首》评价："信手拈来，都成妙谛。诗家三昧，如是如是。"邹弢《精选评注五朝诗学津梁》曰："气盛言直，所谓白诗妇孺都解也。"王文濡《唐诗评注读本》卷三曰："用土语不见俗，乃是点铁成金手段。"俞陛云《诗境浅说》曰："寻常之事，人人意中所有，而笔不能达者，得生花江管写之，便成绝唱。此等诗是也。即以字面论，当天寒欲雪之时，家酿新熟，炉火生温，招素心人清谈小饮，此境正复佳绝。"

白居易《招东邻》诗云："小榼二升酒，新簟六尺床。能来夜话否？池畔欲秋凉。"梁启超批点《白香山诗集》认为，《招东邻》与《问刘十九》"晚来天欲雪，能饮一杯无"是"同一意境"。读《招东邻》《问刘十九》二诗，可知白居易之好客，有酒则呼友同饮。今存长沙窑瓷器有两首题诗："二月春丰酒，红泥小火炉。今朝天色好，能饮一杯无？""八月新风酒，红泥小火炉。晚来天色好，能饮一杯无？"（田申、刘鑫《全唐诗补：长沙窑唐诗遗存》，湖南美术出版社 2017 年版，第 56、63 页）可以明显地看出拟仿改写白居易原诗的痕迹，这正是此诗流行一时的最佳案例。原迹字体的俗写，乃至讹误，充分透露出白诗在走入世俗民间时产生的变形轨迹，这一点颇有《诗三百》重章叠韵的遗韵。

"愿保乔松质，青青过大寒。"（耿湋《晚登虔州即事寄李侍御》）在自己远贬江州之际，46 岁的诗人白居易能够苦中作乐，寒中送暖，期盼一份最最平凡的友情，这与他 42 岁时，在村里的农民苦寒之际，愿意站出去，写下来，同情并呼喊，其实是心同此理、情同此怀的，皆岁寒然后知乔松之后凋也。从这里，我们可以领会到，读诗的更高境界，是读人。被视为充满"寒气"的鲁迅，在《为了忘却的记念》里面曾说："天气愈寒了，不知道柔石在那里有被褥吗？我们是有的。"也和白居易《村居苦寒》一样，是对比着自己来写的，这不仅是面向已逝友人的亡灵，也是面向所有需要温暖的天下苍生。鲁迅惯于在浩歌狂热之际中寒，但寒的极点后面就是春天，所以他也曾说：寒凝大地发春华。时当岁末，令在大寒，愿我们运转春华至，岁来嫩蕊青。

章三

诗歌之双璧

浔阳江头夜送客，枫叶荻花秋瑟瑟。主人下马客在船，举酒欲饮无管弦。醉不成欢惨将别，别时茫茫江浸月。

忽闻水上琵琶声，主人忘归客不发。寻声暗问弹者谁，琵琶声停欲语迟。移船相近邀相见，添酒回灯重开宴。千呼万唤始出来，犹抱琵琶半遮面。转轴拨弦三两声，未成曲调先有情。弦弦掩抑声声思，似诉平生不得志。低眉信手续续弹，说尽心中无限事。轻拢慢捻抹复挑，初为霓裳后六幺。大弦嘈嘈如急雨，小弦切切如私语。嘈嘈切切错杂弹，大珠小珠落玉盘。间关莺语花底滑，幽咽泉流冰下难。冰泉冷涩弦凝绝，凝绝不通声暂歇。别有幽愁暗恨生，此时无声胜有声。银瓶乍破水浆迸，铁骑突出刀枪鸣。曲终收拨当心画，四弦一声如裂帛。东船西舫悄无言，唯见江心秋月白。

沉吟放拨插弦中，整顿衣裳起敛容。自言本是京城女，家在虾蟆陵下住。十三学得琵琶成，名属教坊第一部。曲罢曾教善才服，妆成每被秋娘妒。五陵年少争缠头，一曲红绡不知数。钿头银篦击节碎，血色罗裙翻酒污。今年欢笑复明年，秋月春风等闲度。弟走从军阿姨死，暮去朝来颜色故。门前冷落鞍马稀，老大嫁作商人妇。商人重利轻别离，前月浮梁买茶去。去来江口守空船，绕船月明江水寒。夜深忽梦少年事，梦啼妆泪红阑干。

我闻琵琶已叹息，又闻此语重唧唧。同是天涯沦落人，相逢何必曾相识。我从去年辞帝京，谪居卧病浔阳城。浔阳地僻无音乐，终岁不闻丝竹声。住近湓江地低湿，黄芦苦竹绕宅生。其间旦暮闻何物，杜鹃啼血猿哀鸣。春江花朝秋月夜，往往取酒还独倾。岂无山歌与村笛，呕哑嘲哳难为听。今夜闻君琵琶语，如听仙乐耳暂明。莫辞更坐弹一曲，为君翻作琵琶行。感我此言良久立，却坐促弦弦转急。凄凄不似向前声，满座重闻皆掩泣。座中泣下谁最多，江州司马青衫湿。

回一　生死·爱恨·天人——《长恨歌》的谜与魅

世间伟大作品其实不多，而《长恨歌》是其中一个，无愧且独特。这篇长诗直面人生两大主题——生死与爱恨，又由二者引申至天人之际，带给我们故事，也带引我们思考。故事里有帝王和美人，有战争和相思，熔铸政治和情爱，触及肉体和灵魂，跨越历史与现实，沟通梦想与仙幻，投射着百年大唐兴衰的回眸，激荡起超越千载轮回的反思，其文字清婉动人，气度从容不迫，声调婀娜哀艳，读来一气舒卷，令人荡气回肠。

（一）主题之谜

《长恨歌》是史，更是诗，以"汉皇重色思倾国"这样的史笔开篇，以"天长地久有时尽，此恨绵绵无绝期"这样的诗笔收尾，用概括性的语言点明诗题"长恨"，可谓诗与史的珠联璧合。当安史之乱掀起的历史尘埃，伴随李隆基、杨玉环缠绵天地的爱情悲剧，在白居易笔下飘然落定，而诗的传奇却刚刚开始。李杨故事本身便戏剧元素多多，加之诗豪乐天深于诗，多于情，运以绝妙生花之笔，自然有声有情，可歌可泣。一听渔阳鼓，何人不黯然。恨同天地久，歌假乐天传。其才调风致，旖旎悠扬，无愧"才人之冠"（清贺贻孙《诗筏》卷上），无愧"古今长歌第一"（明何良俊《四友斋丛说》卷二十五）。不仅文人学士叹为不可及，妇孺歌姬亦喜闻而乐诵，可谓雅俗通赏，于是不胫而走，远播鸡林海外。白居易由此被呼为"《长恨歌》主"。

但"《长恨歌》主"恐未料到，关于这个长歌的主题，至今仍是未解之谜。一篇长恨有风情，风情关处几纷争。主要观点有爱情说，兼含纯情说、同情说、惋惜说、感慨说、自伤说、歌颂说，又细别为帝妃爱情说、典型或普遍爱情说、作者寄托说、人生感叹说、爱情品格说等；讽喻说，兼含无情说、惩戒说、政争说、暴露与批判说、解剖制度说、有情婉讽说、婉转劝讽说等；感伤说，兼含时事变迁说、人生或生命创痛说、终极意义说等；隐事说，兼含逃日说、女冠说、流落民间说、背叛爱情说等；双重主题说，兼含讽喻与爱情兼有说、带讽喻的同情说、带同情的讽喻说、矛盾主题说、主题转移说、形象大于思想说、正副主题说、表层深层主题说等，又有多重主题说、无主题说、泛主题说……或干脆称为风情说，或长恨说。

　　而归纳起来，爱情说、讽喻说、双重主题说，历来是争论的主要焦点。一篇诗歌受到如此广泛关注，出现如许纠葛，如许分歧，异乎寻常，前所未有。值得留意的是，日本学者大都持爱情说。他山之石，未必尽可攻玉。但若了解白居易和《长恨歌》在日本文化史上无可替代的重要地位，则这个倾向不容无视。回溯《长恨歌》研究史，现代意义上的论文亦始自东瀛——1912年6月松尾乐山在国学院大学出版部《国学院杂志》第18卷第6期发表的《〈长恨歌〉的杨贵妃》。就国内而言，则始于俞平伯1927年11月15日撰写的《〈长恨歌〉及〈长恨歌传〉的传疑》，1929年2月发表于《小说月报》第20卷第2期。此后迄今，研究者队伍中不乏陈寅恪、胡适、岑仲勉、夏承焘、马茂元、卞孝萱、黄永年、王运熙、吉川幸次郎、松浦友久等中日文史名家。据拙著《元白研究学术档案》，中外学界留下20余部相关学术著作、600余篇学术论文，目前为止，这是任何其他中国诗歌作品都未曾享受的待遇。

　　（二）风情之魅
　　一部作品，尤其是涵融抒情元素的叙事诗，其价值，其魅力，自然绝非止于"主题"。仅从作者本人的创作意图来看,《长恨歌》者,即"歌长恨"也,歌咏爱之长恨也。白居易自编诗集,《长恨歌》被置于感伤诗,而非讽喻诗;编成后自题诗又称"一篇长恨有风情",说明他写《长恨歌》是为歌"风情"而作。

一般认为,"一篇长恨有风情"的"风情",是指男女相爱之情。南唐李煜《柳枝》词:"风情渐老见春羞,到处芳魂感旧游。"《太平广记》卷六九《封陟》(出《传奇》):"仙姝遂索追状曰:'不能于此人无情。'遂索大笔判曰:'封陟往虽执迷,操惟坚洁,实由朴戆,难责风情。宜更延一纪。'"卷二七三《杜牧》(出《唐阙史》):"僧孺于中堂饯,因戒之曰:'以侍御史气概达驭,固当自极夷途。然常虑风情不节,或至尊体乖和。'"《奉天录》卷一:"时有风情女子李季兰上(朱)泚诗,言多悖逆。"柳永《雨霖铃》词:"便纵有千种风情,更与何人说。"以上"风情"之用例,皆指男女相爱之情。不过,在白居易的时代和唐以前,风情主要有三种含义,其一,指风采、神情。如《晋书·庾亮传》:"元帝为镇东时,闻其名,辟西曹掾。及引见,风情都雅,过于所望,甚器重之。"《南史·齐衡阳元王钧传》:"衡阳王飘飘有凌云气,其风情素韵,弥足可怀。"其二,指怀抱、志趣。如《晋书·文苑传·袁宏》:"宏有逸才,文章绝美,曾为《咏史》诗,是其风情所寄。"鲍照《送从弟道秀别》诗:"以此苦风情,日夜惊悬旐。"其三,指风雅的情趣、韵味。如元稹《上令狐相公诗启》:"常欲得思深语近,韵律调新,属对无差,而风情宛然,而病未能也。"

白居易自己的诗中,"风情"一词前后出现过 16 次,《编集拙诗成一十五卷因题卷末戏赠元九李二十》是首见。此后有《蔷薇正开春酒初熟因招刘十九张大崔二十四同饮》:"试将诗句相招去,倘有风情或可来。"《湖亭与行简宿》:"浔阳少有风情客,招宿湖亭尽却回。"《三

玉勒雕鞍宠太真，年来敕后幸华清

开元四十万匹马，何事骑骡蜀道行

吴兴钱选羲拳

〔元〕钱选《贵妃上马图》

月三日怀微之》：“良时光景长虚掷，壮岁风情已暗销。”《题峡中石上》：“诚知老去风情少，见此争无一句诗？”《湖上招客送春泛舟》：“欲送残春招酒伴，客中谁最有风情？”《奉和汴州令狐相公二十二韵》：“眷爱人人遍，风情事事兼。”《题笼鹤》：“岂是风情少，其如尘事多。”《酬刘和州戏赠》：“政事素无争学得，风情旧有且将来。”《忆梦得》：“年长风情少，官高俗虑多。”《想东游五十韵》：“志气吾衰也，风情子在不？”《座中戏呈诸少年》：“纵有风情应淡薄，假如老健莫夸张。”《侍中晋公欲到东洛先蒙书问期宿龙门思往感今辄献长句》：“闻说风情筋力在，只如初破蔡州时。”《酬梦得以予五月长斋延僧徒绝宾友见戏十韵》：“不唯忘肉味，兼拟减风情。”《梦得前所酬篇有炼尽美少年之句因思往事兼咏今怀重以长句答之》：“生事纵贫犹可过，风情虽老未全销。”《寄黔州马常侍》：“可惜风情与心力，五年抛掷在黔中。”这 15 处用例，皆非特指男女之情或儿女之情。因此，不能孤立地将“一篇长恨有风情”的风情，局限于男女之情。应结合以上用例和此诗的语境，联系下一句加以综合考虑。笔者以为，这首诗中的“风情”一词，主要是与“正声”（雅正之声）并举对称的风人之情，合而为风、雅两种诗歌。

《长恨歌》《秦中吟》皆为白居易平生得意之作，是其诗集中感伤诗、讽喻诗两类作品的代表，《长恨歌》具有风诗之性情，《秦中吟》接近雅诗之声调，这两句诗在某种程度上有互文的意义，总的意思是说自己的诗具有风雅比兴的内容，也即高仲武《中兴间气集序》所云“体状风雅”[①]，因而特地拈出。

---

① 高仲武《中兴间气集序》：“今之所收，殆革斯弊。但使体状风雅，理致清新。观者易心，听者竦耳。则朝野同取，格律兼收。”格律，即白居易《编集拙诗成一十五卷因题卷末戏赠元九李二十》“每被老元偷格律”之“格律”。

　　1200 多年前，临近岁末的某天，白居易与两位朋友——秀才陈鸿、道士王质夫，同游仙游寺，谈起五十多年前的天宝往事，一片痛来一片柔，时时常挂在心头。涌上心头的，首先是唐玄宗与杨贵妃缠绵悱恻、可歌可泣的爱情悲剧。而这一希代的爱情悲剧背后，还有白居易自己早年的恋爱经历，诗人与少女湘灵相恋，后虽忍痛分手，但仍未忘怀，《寄湘灵》《寒闺夜》《生离别》《潜别离》《感情》等皆可参证，与《长恨歌》同时所作《冬至夜怀湘灵》写道："艳质无由见，寒衾不可亲。何堪最长夜，俱作独眠人！"足可同《长恨歌》"芙蓉如面柳如眉""翡翠衾寒谁与共"彼此互文。白居易笔下的这一希代传说，饱含着对爱情超越生死的讴歌，也暗寓着诗人借他人酒杯浇自家块垒的深衷。

　　同时，史学家陈寅恪认为，《长恨歌》还有弥补元稹《会真记》的缺陷之意。[①]"会真"，在唐代确指遇仙。华阳真人施肩吾即有《西山群仙会真记》，云台峰女仙《会真诗》五首（《全唐诗》卷八六三据李复言《续玄怪录》收录），亦写遇仙。《长恨歌》后半段对于仙界的描写，看来并非空穴来风。何况二者在不同层面上追问着一个共同的问题——问世间情为何物。可以想见，在陈鸿和王质夫之后，风流才子元稹读到《长恨歌》，心中必定百味杂糅，别有会心。后来在写给这位知音和挚友的信中，白居易特别举出歌姬因能唱《长恨歌》而增价的事例，可见在当时民间的流行度，既惊又喜的语气，也透露出其自矜自爱，言外恐怕还有与好友旗亭画壁之意。

　　不过，窃以为世间之美好，大概有三个要素：其一，时间忌太长，要短暂一些，如镜花水月才美好，世间美好不坚牢，彩虹易散琉璃脆；其二，空间忌过近，须隔河相望，可望而难即，如蒹葭之境才美好；

[①] 见刘隆凯整理《元白诗证史之〈莺莺传〉》，《广东社会科学》2003 年第 4 期，又收入《陈寅恪"元白诗证史"讲席侧记》，湖北教育出版社 2005 年版，第 20 页。

其三，结局忌圆满，略有遗憾才美好。[①] 在白居易笔下，于李杨二人而言，那是一场毁于爱情的政治，也是一段毁于政治的爱情，政治与爱情的双料悲剧，因种种因素、种种制约而成千古遗憾，方铸就《长恨歌》带给读者那超越时空的心灵震撼。

长诗先写热恋，突出贵妃之美、玄宗之恋，对因此而误国之事，虽有讥讽，但绝未遮掩主干。相当复杂的历史情节，只用删繁就简的几句诗就交代过去，裁剪开来，而着力在情的渲染。虽然从反思的角度点出造成悲剧的原因，但对悲剧的主人公主要是寄予同情和惋惜。次写兵变妃死，悲剧铸成，玄宗肠断。这是悲欢荣辱极端对比的写法。再写物是人非，刻骨铭心，思念无望。刻骨之相思，乃衍为不绝之长恨。笔调婉转细腻，却不失雍容华贵，全无半点纤巧之病。明明是悲剧，却写得那样超脱。此时，恐只有入仙，方能一纾主人公之长恨。于是过渡到写天人永隔之长恨。人世间破灭的爱情，只能在仙界延续；在仙界里，再没有任何力量可以阻隔这真挚的爱情。在仙界里，人间真情得到寄托，爱情从而获得永恒。虽然是艺术虚构，但包含着对人生的肯定、对爱情的讴歌。由乐而悲，而思，而恨，构成全诗的感情脉络，其间因果关系密切而分明，跌宕却自然。

于是，在《长恨歌》的结尾，李杨悲剧升华为普天下痴男怨女的共同际遇。李杨二人的永恒分离与痛苦思恋，使读者感到：愈是饱含泪水不懈地追求与思恋，其分离就愈具悲剧意义，感伤的心灵就愈沉重，使人冥冥之中感到的那份无可奈何的心灵负荷就愈丰富。在这一意义上讲，"天长地久有时尽，此恨绵绵无绝期"，已然带领读者将政治和爱情悲剧放大开来，上升到人生悲剧、时代悲剧、宇宙悲剧的境界。

---

① 作家木心（1927～2011）说："快乐是小的，紧的，一闪一闪的。"（引自冯唐《敦煌》，收入其《如何成为一个怪物》，新星出版社2011年版，第209页）其意亦与此相似。

生死、爱恨、天人，正堪称《长恨歌》三重境界的关键词，引导我们揭底《长恨歌》的谜与魅。

唐玄宗和杨贵妃的甜蜜爱情，从李白《清平调》和杜甫《丽人行》中可见仿佛，而马嵬之变将这段帝妃之恋匆匆画上句点。杜甫《北征》以"不闻夏殷衰，中自诛褒妲"的诗句为帝王讳，将杨贵妃比作祸国的褒姒、妲己，送上祭台，也透露出当时大部分文人的立场；陈鸿为《长恨歌》总结的意旨，也是"惩尤物，窒乱阶，垂于将来"，但《长恨歌》绝未板起面孔来作政治说教。凄婉迷离的抒情，充盈在字里行间，普天下有情有义的读者，都可感受到，诗人始终徘徊在爱恨之间，理难清，言难明。朦胧而丰富的意韵，自然也使不同的读者对《长恨歌》产生不同的感受和评价。所以，在中国诗史上，《长恨歌》的主题和意旨，相伴着其艺术魅力，恐怕永远都是说不完的话题。

（三）千古绝唱

接续曾在这一话题耕耘的众多前贤，笔者喜爱并专研白居易近三十年，起步即始于《长恨歌》主题研究。此后撰写《元白诗派研究》，探讨和梳理广大教化主在唐代的影响。近年承之而下延，希望清理白居易对后世的启迪和影响。业已出版《白居易资料新编》，意在建构全面详备的白居易研究数据库，为白居易接受史奠定基础。知人论世，披文入情之际，再次回观《长恨歌》这篇120行的诗作，不禁感慨万端。

在顿挫淋漓、风华掩映的绝美诗句背后，不仅可以形象感知那曾改变一代历史走向的安史之乱，更可体会诗人对爱情、对人生的超越性思考。对当年这位35岁的年轻县尉而言，山水盘曲而深厚的盩厔历史文化，也是成就这部经典所不容忽视的地域因素。盩厔地近马嵬，是马嵬兵变后，玄宗西幸的必经之地。天宝十五载（756），马嵬喋血之后半个世纪以来，为世人艳称的李杨悲剧在这一地区广为流传，也成为"家于是邑"的王质夫、陈鸿的谈资，进而成为《长恨歌》撰写的契机。正是呼吸彼地彼时的文化气息，白居易才能在风云际会的历史瞬间，将李杨故事超越其具体性、个别性，凝铸为具有普遍意义的世间传奇，贯其才情，凝于笔端，写就这词清意挚的千古绝唱。

但是，《长恨歌》的接受史，绝非一路鲜花，皆为赞美，它曾受到诗旨与诗艺的双重责难。宋代诗评家主要是非难《长恨歌》的露骨和失礼，如魏泰《临汉隐居诗话》拈出"六军不发争（无）奈何，宛转蛾眉死马前"的诗句，指斥诗人"岂特不晓文章体裁，而造语蠢拙，抑已失臣下事君之礼矣"（《历代诗话》，中华书局 1997 年版，第324 页），并与惠洪《冷斋夜话》一样，同举杜甫《北征》加以对比，张戒《岁寒堂诗话》则举杜甫《哀江头》为例，称赞杜诗识君臣之大体，其词婉而雅洁，其意微而有礼。从曾巩、苏辙、洪迈、张邦基、陆游，直到宋末的陈模、赵与訔、俞文豹、车若水，亦颇有质难。

不过历史是公正的，汪立名就对此种质难有所辩驳，其论略云："此论（指魏泰《临汉隐居诗话》）为推尊少陵则可，若以此贬乐天，则不可。论诗须相题，《长恨歌》本与陈鸿、王质夫话杨妃始终而作，犹虑诗有未详，陈鸿又作《长恨歌传》，所谓不特感其事，亦欲惩尤物、窒乱阶，垂于将来也，自与《北征》诗不同。讳马嵬事实，则'长恨'二字便无着落矣。读书全不理会作诗本末，而执片词肆议古人，已属太过，至谓歌咏禄山能使官军云云，则尤近乎锻炼矣。宋人多文字吹求之祸，皆酿于此等议论。若唐人作诗，本无所谓忌讳，忠厚之风，自可慕也。然陈（鸿）传中叙贵妃进于寿邸，而白诗讳之，但云'杨家有女初长成，养在深闺人未识。天生丽质难自弃，一朝选在君王侧'，安得谓乐天不知文章大体耶！倘有诅其谬以罗织少陵者，必将以少陵

《忆昔》诗'张后不乐天子忙'句，为失以臣事君之礼；'百官跣足随天王'句，为歌咏吐蕃追逼代宗，又岂通论乎？"（《白香山诗·长庆集》卷十二《长恨歌》后批）此可谓通达之论。

《长恨歌》公认的名句"梨花一枝春带雨"，因入选"四雨"而受到称赏。即使如此，也有人嫌其有脂粉气，此言出自宋人陈善的《扪虱新话》："予与林邦翰论诗及四雨字句，邦翰云：'梨花一枝春带雨'句虽佳，不免有脂粉气。"（《说郛》卷二十二上）还有人认为，"梨花一枝春带雨"不免气韵近俗，如宋人周紫芝《竹坡诗话》就说："白乐天《长恨歌》云：'玉容寂寞泪阑干，梨花一枝春带雨。'人皆喜其工，而不知其气韵之近俗也。东坡作送小人词云：'故将别语调佳人，要看梨花枝上雨。'虽用乐天语，而别有一种风味，非点铁成黄金手，不能为此也。"（《历代诗话》，中华书局1997年版，第346页）不过，清人薛雪《一瓢诗话》驳之云："白香山'玉容寂寞泪阑干，梨花一枝春带雨'，有喜其工，有诋其俗。东坡小词'故将别语调佳人，要看梨花枝上雨'，人谓其用香山语，点铁成金，殊不然也。香山冠冕，东坡尖新，夫人婢子，各有态度。"应该说，东坡此二句不是尖新，实属儇薄，远不如香山原句之丽而正也。方回云："淡处藏美丽，处处著工夫。"香山之句足以当之。

宋元通俗文艺的兴起，悄悄改变了《长恨歌》的命运。描写这一题材的作品，金院本有《击梧桐》，元杂剧有庾吉甫《杨太真霓裳怨》《杨太真浴罢华清宫》、关汉卿《唐明皇哭香囊》、岳伯川《罗光远梦断杨贵妃》，宋元南戏有《马践杨妃》。元诸宫调王伯成《天宝遗事诸宫调》中，也有杨贵妃遗骸被马蹄践踏的记述。伴随李杨故事成为热门题材，元曲四大家之一白朴取《长恨歌》"春风桃李花开夜，秋雨梧桐叶落时"之句，敷演君妃之间缠绵悱恻的爱情故事，赋予唐明皇悲剧人物之定位，对后来洪昇的杰作《长生殿》多有启发。进入明代，在新的文艺风气中，叙事诗学视角悄然兴起，评家开始以全新眼光看待这一长篇，相对适宜的时空之间隔，促使《长恨歌》迈入经典之列。

明初瞿佑得风气之先，其《归田诗话》评价说："乐天《长恨歌》凡一百二十句，读者不厌其长；元微之《行宫诗》四句，读者不觉其短，文章之妙也。"针对宋人长不如短的偏见，主张长短各宜，进而认为《长恨歌》已臻文章妙境。此后虽仍不乏非议，但《长恨歌》作为"古今长歌第一"的经典地位已然确立；不仅在民间传诵，也为诗歌选家所重视，频频进入各类诗选。明人唐汝询虽然批评《长恨歌》"格极卑庸，词颇娇艳；虽主讥刺，实欲借事以骋笔间之风流"，《唐诗品汇》收《琵琶行》而未收《长恨歌》，就是因为"其多肉而少骨也"，但其《唐诗解》卷二十却表彰《长恨歌》乃"长篇之胜"，"余采而笺释之，俾学者有所观法"，特别强调其典范意义。《删补唐诗选脉笺释会通评林》的编者周珽（1565～1645）自己更有高度评价："作长篇法，如构危宫大厦，全须接隼合缝，铢两皆称。乐天《琵琶行》《长恨歌》几许胆力，觉龙气所聚，有疑行疑伏之妙，读者未易测其涯岸。"清代以降，贺贻孙、黄周星、吴乔、徐增、沈德潜、宋宗元、吴北江等诗选者、诗评家大都给予《长恨歌》赞美之评，赵翼更断言："《长恨歌》自是千古绝作"；就作者而言，"盖其得名，在《长恨歌》一篇"；仅凭《长恨歌》和《琵琶行》，白居易即已声名不朽，"况又有三千八百四十首之工且多哉！"（《瓯北诗话》卷四）赖学海（1815～1893）《雪庐诗话》也有相似感慨："人有一诗之传，遂足千古者，白香山之《长恨歌》是也。有此才笔，遇此佳题，而又恰与才称。香山一生遭际，无过此矣，况翼之以《琵琶行》哉！"这位布衣才子，与赵翼这位文史兼胜的大家，皆堪称白居易和《长恨歌》的知音。

不同于《琵琶行》咏写知音之叹，《长恨歌》咏写天人之恨——生死脱蒂于爱恨，爱恨长萦于天人，这大概是《长恨歌》的不朽魅力所在。《长恨歌》之魅，与《长恨歌》之谜，其实是一个问题的两个方面。《长恨歌》之谜在其主题，《长恨歌》之魅在其视角。主题之谜是身在庐山的困惑，视角之魅是跳出庐山的解惑。视角的意义，正如太阳（主题）始终如一，但于地球上的我们而言，冬日与夏阳却有温暖与炙热之别。《长恨歌》的作者，其视角偏于客观，叙述中蕴含抒情，相对知性一些；《琵琶行》的作者，其视角侧重主观，叙述乃为了抒情，相对感性一些。二者均有叙事成分，只是《琵琶行》的故事，事出偶然，偶然遇到陌生的异性知音，是现实题材；《长恨歌》的故事，事出必然，必然因重色而思倾国之恨（《唐诗三百首》评"思倾国，果倾国矣"），是历史题材。现实题材的《琵琶行》，在偶然中亦因主人公白居易之"多于情"（陈鸿《长恨歌传》）而存在必然；历史题材《长恨歌》，在必然中亦因作者视角的别样而存在偶然。

不过一"歌"一"行"，皆以长庆体，又多有相通之处。明人黄姬水（1509～1574）即云："《琵琶行》即《长恨歌》之流也。"（《憨斋珍藏书法集》，岭南美术出版社2006年版，第19页）而"歌"先"行"后，《琵琶行》的构思和撰就，其实在白居易心中，又颇有欲在《长恨歌》这一成名作基础之上，加以取舍避让之意，后来居上之愿。《长恨歌》节节之间往往音韵蝉联，《琵琶行》则在蝉联之外，颇留意节奏之顿挫。从"歌"到"行"，由渭水之滨来到浔阳江畔，见证了白居易从青年步入中年，春花之胜转为秋实之美，而恰如《长恨歌》的历史传奇有诗人早年身世和初恋的投影，《琵琶行》中的现实，其实也投射着一段中唐世态人心的历史侧影，其间正可互文！而引其先声的《长恨歌》，也正是在历史与现实、真实与虚构、生死与爱恨、天地与人世的多重互文中，以一代诗豪之高才深情，惊艳了那段时光，牵动起永恒之美，令人百读而未厌。

回二　八面受敌法——论《琵琶行》之阅读与理解

古典诗歌的阅读与理解，并非不言自明。拙作《唐宋诗词鉴赏纵论》曾就此略陈管见，而题外尚有余意，故再接旧文而续论之。乐莫乐兮新相知，欢莫欢兮旧相识。乐自外生，欢从内发。一部作品由陌生而渐成熟识，恰如新知而变为旧交，其间，正是通过有效的阅读与理解。阅读文学作品的更高境界，是理解作品背后的作家。与运动员不同，诗人及其诗歌的价值经常不能立刻获得体现，大多数诗人需要默默等待，等待超越空间的传播，等待超越时间的考验，等待超越偏见的评判，等待有效的阅读与理解，很久，有时或许是千百年以后，才会等来知音，得到印可，正所谓"千秋万岁名，寂寞身后事"。

白居易当然是幸运的，没有等那么久。更为难得的是，他拥有持续未断的众多异代知音，他们接受白居易文学遗产滋养、融会于自身创作的同时，也不断提升、拓展了白居易的影响力。那么，是什么因素，何种机缘，哪些标杆，使哪些经典得以成立？成立之后的一部经典作品，读者如何阅读，才能回溯、重构原有的语境？如何理解，才能体会其用意，而共鸣，而深思，而感动？这既是经典化研究的议题，也是接受史研究的意义。因为经典的影响之风，或许来自同一个方向，而不同的接受者，由于自身理解的差异、迎受角度的不同，具体的接受样态自然有别。这里姑以白居易的《琵琶行》为例。

作家与作品的经典化存在互动关系，有些时候，是作品成就作家之经典，如《长恨歌》成就年轻的白居易"《长恨歌》主"的声名，而有些则是作家成就作品之经典，如《琵琶行》。《琵琶行》，无疑是经典作家的经典作品。它在诗史上，已经与《长恨歌》齐名，被公认为白居易诗中的双璧。即使没有其他作品，只凭这两首诗，白居易就足以千秋不朽。这个观点，出自清代文史兼通的著名学者赵翼（1727～1814），他在《瓯北诗话》卷四里说："香山诗名最著，及身已风行海内，李谪仙后一人而已。……是古来诗人，及身得名，未有如是之速且广者。盖其得名，在《长恨歌》一篇。……又有《琵琶行》一首助之，此即无全集，而二诗已自不朽，况又有三千八百四十首之工且多哉。"今存白集共有诗二千八百余首、文八百七篇，赵翼所云"三千八百四十首之工且多"，盖涵括诗文，约而言之。赵翼对白居易和《琵琶行》的定位，并非仅仅出自偏爱，而是来自对诗史的熟稔和整体考量，来自对唐代诗家的综合比较，足以代表清代中叶以来读者对《琵琶行》的总体评价。作为白居易诗中的绝唱，《琵琶行》这部作品，字字从心胸流出，词情兼美，声情并茂，不仅当时风靡宫廷里巷，千百年来亦传颂不衰，显示出强大的艺术生命力。许以古今长歌第一或绝作，亦不为过。明何良俊《四友斋丛说》卷二五即称《琵琶行》为"古今长歌第一"，清赵翼《瓯北诗话》卷四复云"《琵琶行》亦是绝作"。

　　进入 20 世纪，陈文忠《〈琵琶行〉诗化阐释的历史进程》（收入《中国古典诗歌接受史研究》，安徽大学出版社 1998 年版）曾简要勾勒《琵琶行》在宋元明清的接受历史。《唐诗排行榜》则根据历代选本入选的数据、历代评点的数据、20 世纪研究论文的数据、文学史著作选介的数据，同时搜集网络链接的数据，整理出一份一百首的唐诗排行榜，《琵琶行》位居第二十三，尽管数据的准确性还有待完善，但不无借镜之资。^① 据笔者统计，1931 年至今，海内外（含中、日、韩、英、美等）有 4 篇学位论文、12 部相关书籍、550 篇文章评论和研究《琵琶行》，可谓白诗乃至唐诗的热点。^②

今天来阅读和理解《琵琶行》这部作品，除了知人论世，掌握背景，了解本事，细读文本，疏通诗意，披文入情，因声寻意之外，还须进一步推源溯流，把握后世批评、议论和接受的情形。这是研究一部诗歌作品的一般步骤。而就其经典性而言，尤须探究其经典化由萌芽、发展及确立的演变历史。在这一问题上，至少需要留意以下八个方面，故称之为"八面受敌"。

（一）文本演变史

白居易在世时，其文集前后经历十次编集整理。^③ 宋代初年，白体诗蔚然成风，引领一些白集印本问世，但流传毕竟有限。故周必大《文苑英华序》云："是时印本绝少，虽韩、柳、元、白之文尚未甚传，其他如陈子昂、张说、张九龄、李翱等诸名士文集，世尤罕见。"（《文忠集》卷五十五）今存白集，有南宋初绍兴刻本，其中收诗三十七卷、文三十四卷，虽已失白氏原编面貌，却为存世最早的白集刊本。明清刊本，影响较大的有明正德十四年（1519）郭勋（1475～1542）刻本《白乐天文集》三十六卷，万历三十四年（1606）云间马元调（1576～1645）刊《白氏长庆集》七十一卷，清康熙间汪立名（1679～？）编注的《白香山诗集》四十卷。

---

① 《唐诗排行榜》（中华书局 2011 年版）谓，20 世纪以来以《琵琶行》为研究对象的论文"更多达 62 篇"，实际数量远超 62 篇。详见拙作《〈唐诗排行榜〉平议与勘斟》，收入《中国诗歌研究动态》第 11 辑，学苑出版社，2012 年 11 月。

② 见拙撰《琵琶行研究纵览（日文）》，《白居易研究年报》第 13 辑，日本勉诚社，2012 年 12 月。

③ 详见拙著《元白诗派研究》（社科文献出版社 2007 年版）附编。

传承于日本的和刻本白集，价值较高者有两种，第一种是 17 世纪江户时代的那波道圆刊活字本《白氏文集》七十一卷，这个版本是以朝鲜半岛所传本为底本复刻而成的，《四部丛刊》曾据以影印，虽然其刊刻年代为后水尾天皇元和四年（1618），仅相当于中国明万历末年，不算早，但其所据覆宋本，则约为南宋高宗时刻本，其源出自五代东林寺本，卷帙顺序与中国通行的"前诗后笔本"有很大的不同，保存了白集原编"前集后集本"的原貌，即前集五十卷，先诗后文，皆长庆四年（824）春以前作品，是《白氏长庆集》第一次结集时的原貌；其后卷五十一至卷六十、卷六十一至卷七十，分为两个单元，均先诗后文，保存了白氏《后集》前十卷和后十卷分次编辑的面貌。但与绍兴刻本相比，那波本本文的校勘质量要略逊一筹，而且那波本还有一大缺点，就是原夹行小注概行刊落，大概是由于活字排版的技术关系，而非所据原本没有注文。

第二种是金泽文库旧藏本《白氏文集》，现存二十多卷，已散藏于金泽文库之外。开成四年（839），白居易编定《白氏文集》六十七卷，送苏州南禅院收藏。会昌四年（844），日本僧人惠萼于南禅院抄写《白氏文集》携归。各卷后往往有惠萼跋语，后转抄时亦得到保留。镰仓时期，丰原奉重主持转抄校勘《白氏文集》，始于宽喜三年（1231），完成于建长四年（1252）。据各卷后丰原奉重跋语，其转抄主要依据博士家菅原家传本，而菅原家传本又系惠萼本之转抄，所以金泽文库本虽系唐抄本之转抄本，但文献价值可与唐抄本相媲美。例如，《琵琶行》诗序，绍兴刻本之"元和十年"，金泽文库本作"元和十五年"，因此，有学者据以推断，《琵琶行》不是元和十一年白居易在江州遇到琵琶女所作，而是从贬地回到长安不久的长庆初年创作的虚构作品。[①]

① 参见下定雅弘《白居易的〈琵琶引〉——名作成立的四个谱系》，《白居易研究年报》第 13 辑；中文版载于《东华汉学》第 20 期，2014 年 12 月。

其他诸本《琵琶行》文字之异同，可参见 2012 年出版的《白居易研究年报》第 13 辑"特集琵琶行：天涯沦落之歌"中，陈翀《白居易〈琵琶行〉享受的原风景》、下定雅弘《战后日本〈琵琶行〉研究一览》二文后所附表格。①

　　另外，京都府立图书馆藏《长恨歌伝·长恨歌·琵琶行·野马台》，为庆长（1596～1615）古活字刻本。而日本的选抄本和写本中，也保存了一些已失传的白集古本的面貌，有重要参考价值，如镰仓时代僧人宗性的《白氏文集要文抄》（分藏于东大寺图书馆、正仓院圣语藏，抄于 1249 年和 1275 年）、醍醐寺僧阿忍的《重抄文集抄》（斯道文库存，国会图书馆藏，抄于 1250 年）、关中田中坊书的《重抄管见抄白氏文集》（内阁文库藏，抄于 1295 年）。另外，平安时代书法家小野道风（894～966）有《琵琶行》书迹，收入江户时代庆安五年（1652）刊行的木户常阳所编法帖《三国笔海全书》。尊圆亲王（1298～1356）亦有《琵琶行》书迹。室町时代末期，清原宣贤（1475～1550）有《长恨歌 琵琶行》亲笔抄卷，收入川濑一马编《阪本龙门文库覆制丛刊之四·附册》。三重大学学艺部藏《长恨歌 琵琶行注》，为享禄四年（1531）以前写本。历代白居易文集编纂、抄写和刊刻，与《琵琶行》文本的演变历史密切相关，是《琵琶行》阅读与理解需要解决的首要问题。

　　关于《琵琶行》文本的演变研究，涉及字词语汇、名物意象、训诂考证等，是其他研究的基础。尽管有些流于琐碎，执于一端，但并非都无助于其思想和艺术分析。例如"幽咽泉流水下滩"中"水下滩"三字，有四种异文：①作"水下滩"——明万历三十四年马元调刊本《白

---

① 陈翀《中唐における白居易「琵琶引」享受の原風景：その原本形態及び歌唱形式について》，《白居易研究年报》第 13 辑，第 71～96 页；下定雅弘《戦後日本「琵琶行」研究一覧》，《白居易研究年报》第 13 辑，第 315～341 页。

氏长庆集》，清康熙四十三年汪立名一隅草堂刊本《白香山诗集》，清康熙四十六年扬州诗局刊本《全唐诗》，明隆庆刊本《文苑英华》。②作"冰下难"——汪立名一隅草堂刊本《白香山诗集》，扬州诗局刊本《全唐诗》在"水"下注"一作'冰'"、在"滩"下注"一作'难'"；北京图书馆藏失名临何焯校一隅草堂刊本《白香山诗集》。③作"冰下滩"——明隆庆刊本《文苑英华》在"水"下注"一作'冰'"，《四部丛刊》影印日本那波道圆翻宋本《白氏长庆集》。④作"水下难"——文学古籍刊行社影印宋绍兴本《白氏文集》，清卢文弨《群书拾补》校《白氏文集》。段玉裁《与阮芸台书》从属对角度认为当作"冰下难"，陈寅恪取白氏本集及有关微之诗互证，赞同段玉裁说。宋红《〈琵琶行〉"冰下难"有版本根据》从日本龙门文库所藏清原宣贤笔录《琵琶行》为"冰下难"找到了版本根据。蒋礼鸿《〈琵琶行〉的音乐描写》则不同意段玉裁的观点，认为应作"冰下滩"，"滩"指流动。郭在贻《关于文言文中某些疑难词语的解释问题·滩》也不同意段玉裁说，认为应作"冰下滩"，"滩"指气力尽。此后，蒋礼鸿赞同郭在贻意见。景凯旋《白居易〈琵琶行〉"冰下滩"新证》认为，就此诗的具体语境考察，作"冰下滩"而不是作"冰下难"，将"冰下滩"的"滩"字解作水奔而不是水尽，更符合白居易的原意。汪少华《白居易〈琵琶行〉"水下滩"训释平议》认为，"滩"不能释为"气力尽"或"水奔"，应理解为"似水从滩上流下的声响"。水下滩，势头急；因而这滩声，声响大，"幽咽泉流水下滩"，形容琵琶声一幽一响。相关论文还有松荫《关于"冰下难"》、张立人《"冰下难"还是"水下滩"？》、何世英与陈斌《"幽咽泉流冰下滩"考释》、曹长河《"冰下难"与"水下滩"辨析》、林占波《是"泉流水下滩"还是"泉流冰下难"》、徐复与景凯旋《白居易〈琵琶行〉"冰下滩"正解》、罗献中与杨继刚《究竟用"难"还是用"滩"好？》、罗献中《"难""滩"之争，孰是孰非？》等。至今亦尚无定论。

（二）作品阐释史

经唐宣宗李忱"胡儿能唱琵琶篇"的帝王级御评以后，《琵琶行》即进入经典化过程。宋代以来，批评家撰写的诗话诗论、序跋笔记中，富含着大量有关《琵琶行》的评点、赏析、议论与考释。例如赵翼《瓯北诗话》谓《琵琶行》情事非居官者所为，"盖特香山借以为题，发抒其才思耳"；同时又据《夜闻歌者》一诗所述，疑"闻歌觅人，竟有其事"，颇能启发读者思考诗作的本事与体裁的关系。

作品阐释史方面，不仅涉及《琵琶行》的诗歌作意，前后传承，艺术赏析，创作时间与地点，叙事与描写的真伪，语词名物的考证解析，思想与格调的评价，还包括与白居易其他作品以及其他诗人的同类作品进行的对比点评，等等。通过这些问题的探究，学者力图厘清《琵琶行》创作与传播相关问题，并分析其诗歌文本艺术特色。从经典化的建构来看，也正是由于大量评点赏析的存在，《琵琶行》经典化才有了进一步发展的途径。

近代《琵琶行》研究的第一篇专文，是 1931 年戴仁文在《澄衷半年刊》发表的《读白居易琵琶行》，作者从"苍茫万古的事实"和"作者如神的文笔"两个方面谈论了读白居易《琵琶行》的感想和心得，对《琵琶行》处理景、情、声的高超艺术大加赞叹。严格讲，它与后来的《琵琶行故事之点滴》《译诗丛话：白居易的琵琶行》一样，并非真正意义上之研究。真正意义上之研究，始于陈寅恪（1890 ~ 1969）发表在《岭南大学学报》第 12 卷第 2 期（1950 年 6 月）的《白香山〈琵琶行〉笺证》。这篇文章，形式是传统的，但思路是现代的，堪称是近代《琵琶行》研究的奠基之作。尽管在个别细节、个别结论上，后人不乏后出转精之处，但其用思之绵密、学识之博深、见解之独到，却堪称超拔，罕有其匹。而且无论在"诗史互证"的文化分析方法上，还是在"比较分析"的发覆与论证上，其思路都具有典范意义，沾溉至今。此外，《陈寅恪"元白诗证史"讲席侧记》第三节专记陈寅恪在中山大学课堂讲授《琵琶行》之内容。其中提到"同是天涯沦落人，相逢何必曾相识"，这个意思是重要的，但是在诗中它并不是最重要的。更深刻隐晦的感情是存在于这句诗里："弟走从军阿姨死。"这里表明了诗人反对战争的态度。可以与其论文相互参看。陈寅恪还认为，白居易的《琵琶行》与元稹的《琵琶歌》、刘禹锡的《泰娘歌》、李绅的《悲善才》，都有浓厚的"自悲身世"的色彩，这一见解点出"长庆体"内容上的共同取向，亦颇有见地。

《琵琶行》语词方面，也是作品阐释史的重要内容。例如《琵琶行》中的"瑟瑟"，有三种解释：①寒冷颤抖。见霍松林《白居易诗选译》。取义未详。②风吹草木声。③本珍宝，其色碧，故以影指碧字，借以形容秋野之色。此说出自杨慎、鲍维松《关于白居易〈琵琶行〉中"瑟瑟"一词的注释问题》，从白居易的用词习惯和《琵琶行》所描写的环境加以分析，亦认为杨慎之说正确。拙作《关于白居易诗中"瑟瑟"一词的解释》联系白居易诗集中，凡十五次出现的"瑟瑟"一词，认为从《琵琶行》所描写的环境和所烘托的气氛看，皆秋夜送客那种萧瑟落寞之感，并非以乐景衬哀情，释为"碧绿的秋野"（鲍维松文），不仅于词义难通，而且于诗中之境、诗人之情亦有违碍。《琵琶行》所要传达的情感，和鲍维松文中提及的白居易《五凤楼眺望》一诗，迥然有别，未可相提并论。另外，鲍维松文驳"夜中何能见出碧色"之论，谓"夜"字不必拘泥，可视为黄昏到夜晚，或径视为"暮送客"

亦可，此亦嫌牵强。相关论文还有王同策《且说"瑟瑟"》、余文佐《白居易诗中的"瑟瑟"：兼与〈秋瑟瑟"指秋风质疑〉商榷》、何泗忠《"瑟瑟"非"萧瑟"——对教材"枫叶荻花秋瑟瑟"中"瑟瑟"二字注释的异议》、孙雍长《此"瑟瑟"非彼"瑟瑟"》和《"瑟瑟"定谳》等。

此外，关于"弟走从军阿姨死""青衫""欲语迟""第一部""善才""梦啼妆泪红阑干""钿头云篦""虾蟆陵"等语汇，亦有值得深究者。此类文章可以列举的，还有鲁生《"去来江口守空船"的"去来"》、陆精康《"越明年"是何年？》、牛钟林《"五陵"注补》、陶智《谈〈琵琶行〉中的"转"》、袁渝生《〈琵琶行〉中的"暂"字》、董焕金《"却坐"该怎样理解》、周超《"银瓶"考》、胡林《也谈"花朝"》等，以及王京娜《〈琵琶行〉注释补正》、黄志浩《关于〈琵琶行〉中一诗句的释疑》、周建成《〈琵琶行〉注释商榷和补充》、李秉鉴《"琵琶别抱"小考》、刘亮《也谈"商女"的问题》等，皆不无参考价值。

（三）选本沉浮史

与其推崇的前辈杜甫相比，白居易诗歌经典化的比率相形见绌。这不能尽归因于数量太多，拣择不严，选本的因素也很重要。作为古老的文学批评方式，选本与评点、序跋、诗话等，共同构成中国文学批评的重要形态，影响力不可小觑。"选书者非后人选古人书，而后人自著书之道也。"[1]层出不穷的各类选本中，一位作家作品的入选比率，是作家地位高低的晴雨表，作品受关注程度的显示器；对接受者的选择及阅读趣尚，有导向和牵制作用，正所谓"选者之权力，能使人归"[2]。归者，终也，归宿结局也，所谓天下殊途而同归。

---

[1]〔明〕谭元春：《古文澜编序》，《谭元春集》卷二十二，上海古籍出版社1998年版，第601页。
[2]〔明〕钟惺：《诗归序》，《隐秀轩集》卷十一，明天启二年沈春泽刊本。

唐五代的诗歌选本,选录白居易诗者有韦庄《又玄集》、韦縠《才调集》等,但均未收《琵琶行》。宋代的唐诗选本,从体裁方面来看,多以律、绝为主,未见收录《琵琶行》者。而从时代方面来看,宋代的唐诗选本主要以中、晚唐为主。如洪迈《万首唐人绝句》、柯梦得《唐绝句选》、刘克庄《唐五七言绝句》、周弼《三体唐诗》等。除此之外,宋代较为有名的唐诗选本有王安石《唐百家诗选》,赵师秀《众妙集》《二妙集》等。其中,王安石《唐百家诗选》专选大家以外的诗人作品,因而并未选取李白、杜甫、王维、白居易等人的作品。林之奇弟子吕祖谦《东莱集注类编观澜文集》选白居易诗文作品九篇:《江南遇天宝乐叟歌》《无可奈何歌》《长恨歌》《太行路》《座右铭并序》《养竹记》《太湖石记》《庐山草堂记》《饶州刺史吴府君神道碑铭》。赵师秀的两部诗集则主要选贾岛、姚合及相关类似诗人的作品,因此,也未选取白诗。宋代收录《琵琶行》者,或为《文苑英华》这样的总集,或为《事类备要》《事文类聚》这样的类书。元代比较重要的唐诗选本,有方回《瀛奎律髓》、杨士弘《唐音》等。其中,《瀛奎律髓》专选唐、宋两代的五言、七言律诗。而《唐音》收录白居易诗七首,未收《琵琶行》。总之,明、清之前的唐诗选本,尚罕见收录《琵琶行》者。这主要并非缘于诗歌风尚或审美倾向的偏好,而与选本尚未全面成熟和风行有关。

《琵琶行》进入选本,主要在明、清时期。明、清以后,诗歌选本与总集数量及种类逐渐增多,其中较为重要的唐诗选本,如果涵盖七言古诗,基本都会收录《琵琶行》,以之代表其在七言古诗领域的艺术成就。如明代的《唐诗品汇》《唐诗解》《唐诗选脉会通评林》《石仓历代诗选》《唐诗归》《唐诗镜》等,清代的《雅伦》《诗法醒言》《全唐诗录》《中晚唐诗叩弹集》《唐诗三百首》《御选唐宋诗醇》

《唐诗别裁集》《十八家诗钞》等。在收录的同时，有些诗歌选本还会加以评点，指出《琵琶行》在内容或艺术等方面的特点。因此，明、清时期，就诗歌选本而言，是《琵琶行》大放异彩的阶段。

明初比较典型的唐诗选本，首推高棅的《唐诗品汇》。其中卷三十七"七言古诗十三"，仅选取白居易的古诗一首，即《琵琶行》，以之代表白居易在七言古诗方面的造诣与成就。而在《唐诗品汇·总序》中，高棅对白居易的评价是"元、白叙事务在分明"，表达了对白居易诗歌叙事特点的总体评价。唐汝询《唐诗解》卷二十收录有《琵琶行》，并评曰：

> 此乐天宦游不遂，因琵琶以托兴也。言当清秋明月之夜，闻琵琶哀怨之音，听商妇自叙之苦，以动我逐臣久客之怀，宜其泣下沾襟也。《连昌（宫词）》纪事，《琵琶（行）》叙情，《长恨（歌）》讽刺，并长篇之胜，而高、李弗录，余采而笺释之，俾学者有所观法焉。

周珽（1565～1645）《唐诗选脉会通评林》卷二十五、《御选唐宋诗醇》卷二十二引此。《删订唐诗解》卷十略作："清秋月夜，闻琵琶哀怨之音，听商妇自叙之苦，逐臣久客，宜其泣下沾襟也。《连昌》纪事，《琵琶》叙情，《长恨》讽刺，并长篇之胜，而高、李弗录，余采而笺释之，俾学者有所观法焉。"《删补唐诗选脉笺释会通评林》卷二十五"中唐七古下"收录《琵琶行》，选录诸家之评并断以己意：

> "饮无管弦"，埋琵琶话头。一篇之中，"月"字五见，"秋月"三用，各自有情，何尝厌重！"声沉欲语迟"，"沉"字细，

若作"停"字便浅;"欲语迟",形容妙绝。"未成曲调先有情",
"先有情"三字,一篇大机括。"弦弦掩抑"下四语总说,情见
乎辞。"大弦"以下六语,写琵琶声响,曲穷其妙。"冰泉冷涩"
四语,传琵琶之神。"银瓶"二语,已歇而复振,是将罢时光景。
"唯见江心秋月白",收用冷语,何等有韵!"自言本是京城女"
下二十二句,商妇自诉之词,甚夸、甚戚,曲尽青楼情态。

"同是天涯"二句,钟伯敬谓:"止此,妙;亦似多后一段。"
若止,乐天本意,何处发舒?惟以沦落人转入迁谪,何等相关!
香山善铺叙,繁而不冗,若百衲衣手段,如何学得?通篇散缓,
末段□□□注水一□,便□更无余适,惹厌。

□□曰:"'凝绝不通声暂歇',以此说曲罢,情理便深。'门
前冷落'二句,唤醒人语,不怕说得败兴。"

陆时雍曰:"形容仿佛。"又曰:"作长歌须得崩浪奔雷、
蓦涧腾空之势,乃佳;乐天只一平铺次第。"

曹学佺(1574～1646)编《石仓历代诗选》卷六十一"中唐
十五",钟惺(1574～1624)、谭元春(1586～1637)编《唐诗归》
卷二十八"中唐四"均收录《琵琶行》,《唐诗归》并在批注中多次
说到"情"字,点出《琵琶行》的一大特点[①],而"今取其词旨蕴藉而
能自出者",也可看作是对于《琵琶行》的评价。陆时雍(1585?～1640)
《唐诗镜》卷四十三"中唐第十五"评价《琵琶行》曰:"乐天无简练法,
故觉顿挫激昂为难。"并云:"乐天诗浅浅能真,语多近达,佳处不
在句内。"指出《琵琶行》平易真挚又不失蕴藉,句外尚含风情的特点。

[①] 例如:"妙在真情不讳","以此说曲罢,情理便深"等。

　　清代选本中，《琵琶行》见收于费经虞（1599～1671）《雅伦》卷九，张潜（1621～1678）《诗法醒言》卷七，徐倬（1623～1712）《全唐诗录》卷六十二，杜诏（1666～1736）与杜庭珠《中晚唐诗叩弹集》卷一，蘅塘退士孙洙（1711～1778）《唐诗三百首》卷三"七言古诗"，清高宗爱新觉罗·弘历（1711～1799）《御选唐宋诗醇》卷二十二，沈德潜（1673～1769）《唐诗别裁集》卷八，曾国藩（1811～1872）《十八家诗钞》卷十三等，诸选家也多有评语。

　　例如，《雅伦》评语曰："元白之诗，唐人已有议论，而后人亦有学之者，亦有非之者，大抵为诗家一体。其率易轻佻太甚者，固不可为法；若《长恨歌》《琵琶行》《连昌宫词》，亦是绝物。"《诗法醒言》选录《琵琶行》全诗，列入"疏放"一品，又于"本源"评语云："陆无文曰：声者，歌也；辞者，文也。夫曰无辞，非尽无辞也，谓其不成文也。如琴谱之钩挑剔抹，止图其形，实无其辞，而弹之却有声焉。又如汉乐府《临高台》之末句曰：'收中吾。'此后世所谓尾声也，虽传其辞，实不成文。若曰无声，是前调已尽，后调未兴。如白乐天《琵琶行》'此时无声胜有声'，余音袅袅，虽有声，实无声也，又安得有辞。"《中晚唐诗叩弹集》点评曰："以上琵琶妇自叙；下，乐天自言迁谪之感也（'梦啼妆泪'句下）。"《唐诗三百首》评云："（同是天涯沦落人，相逢何必曾相识）一句作诗之旨。"《唐诗别裁集》的评点，承继《删补唐诗选脉笺释会通评林》之评，两次强调点出"江月"的描写。同时，对全诗主旨加以总结："写同病相怜之意，恻恻动人。"并分析云："诸本'此时无声胜有声'，即无声矣，下二句如何接出？宋本'无声复有声'，谓住而又弹也。古本可贵如此。"《御选唐宋诗醇》评曰："满腔迁谪之感，借商妇以发之，有同病相怜之意焉。比兴相纬，寄托遥深，其意微以显，其音哀以思，其辞丽以则。十九首云：'清商随风发，中曲正徘徊。一弹再三叹，慷慨有余哀。'及杜甫《观公孙大娘弟子舞剑器行》，与此篇同为千秋绝调，不必以古近前后分也。"这部乾隆御定的诗选流传广泛，此处的评论涉及诗歌意旨、诗作笔法、声情艺术等各个方面，其"千秋绝调"的定位，遂成后世诗坛之基调。

（四）作品模仿史

没有谁的成功可以简单地复制，但没有哪一部名作不可以模仿。模仿是对接受对象的最佳致敬方式，而且模仿者越多，经典化概率越大。维特根斯坦（L. J. Wittgenstein）所谓"阅读是从原件推导出复制品"[1]。

自唐宣宗"胡儿能唱琵琶篇"的御评起，《琵琶行》即进入经典化过程。后世以同题或同体方式模仿《琵琶行》之作，有陈谦（1144～1216）《续琵琶行》（今仅存两句）、白玉蟾（1153？～1243？）《琵琶行》、戴复古（1168～1250？）《琵琶行》、方回（1227～1307）《于氏琵琶行》、杨维桢（1297～1370）《李卿琵琶引》、周巽（1376前后）《琵琶曲》、胡应麟（1551～1602）《琵琶行并序》、谈迁（1594～1658）《续琵琶行寄张深之都督并序》、吴伟业（1609～1672）《琵琶行并序》、杜浚（1611～1687）《琵琶行》、屈大均（1630～1696）《琵琶行赠蒲衣子》、李兰（1692～1736）《题琵琶亭即用香山原韵》、桑调元（1695～1771）《琵琶亭叠白韵》、曹秀先（1708～1784）《衍琵琶行有序》、陆费瑔（1784～1857）《江船琵琶曲》、吴寿平（1808举人）《续琵琶行》、龚自珍《秋夜听俞秋圃弹琵琶赋诗书诸老辈赠诗册子尾》等。

这里单表工诗善书的礼部尚书曹秀先。曹秀先，字冰持，新建（今

---

① 陈嘉映译：《哲学研究》，上海人民出版社2001年版，第99页。

江西南昌）人。他路过浔阳，寻访琵琶亭，看到有亭岿然，但不闻琵琶之声，想起白司马歌咏，彼时情景，宛然在目。于是引其词而长之，命曰《衍琵琶行》，将香山《琵琶行》的每一句衍为四句，依次而下，逐句扩写，进行二次创作，把 88 句 616 言的《琵琶行》原作，衍化成 352 句 2464 言的巨幅新篇。其诗序云："余过浔阳，访所谓琵琶亭者，有亭岿然，不闻琵琶之声。忆白司马歌咏，当时情景，宛然在目。引其词而长之，命曰《衍琵琶行》。"诗云：

浔阳江头夜送客，吴楚中间开水驿。儿童报道司马来，名曰居易姓曰白。

枫叶荻花秋瑟瑟，一派秋声吹觱篥。江上凄清总可哀，况是相逢骊唱日。

主人下马客在船，纷纷别绪若为牵。冀得石尤风一起，明朝系缆此江边。

举酒欲饮无管弦，寂然对酌当离筵。多少渔灯散江面，照成李郭两神仙。

醉不成欢惨将别，天涯分袂情难说。浔阳作郡送迎难，只愁柳条尽攀折。

别时茫茫江浸月，异地风烟寄舟筏。故人心事诉分明，彼此书空还咄咄。

忽闻江上琵琶声，此声端不似无情。可能弹出明妃曲，教人怨恨一时生。

主人忘归客不发，岂是离惊未休歇。但觅知音古亦稀，谁操绝调蛟龙窟。

寻声暗问弹者谁，商陵牧子不同时。又疑滞迹江湖外，关山月向笛中吹。

　　琵琶声停欲语时，知他何喜更何悲？底事四弦声紧慢，恼人情绪一丝丝。

　　移船相近邀相见，渺渺予怀生眷恋。自哂文人癖未除，混迹通荣与优贱。

　　添酒回灯重开宴，江头主客不知倦。醉吟居士久牢骚，藉浇块磊咸称善。

　　千呼万唤始出来，故故姗姗步却回。不是多情钟我辈，那能觌面弗相猜。

　　犹抱琵琶半遮面，主客凝神银海眩。纤纤谅不似从前，遮莫秋来旧纨扇。

　　转轴拨弦三两声，调音操缦手将迎。欲待琵琶不振响，莫慰主客意纵横。

　　未成曲调先有情，有情二字误平生。而今试把鹍弦弄，泾水赢于渭水清。

　　弦弦掩抑声声思，性自沉吟百工媚。悠然想见汉宫人，按曲征歌成金翠。

　　似诉平生不得意，弦中句语声中字。何必须眉好丈夫，哭途泣路心如醉。

　　低眉信手续续弹，历历落落兴未阑。远客一尊消不得，幽忧苦调摧心肝。

　　说尽心中无限事，心中暗洒弦中泪。巾帼羁愁江上舟，命之穷也时不利。

　　轻拢慢捻抹复挑，徐徐尽态费招邀。淡泊形容声细细，管渠雨骤与风飘。

初为霓裳后六幺，隶事翻新谱亦调。转疑不是文君操，司马奚缘解渴消。

大弦嘈嘈如急雨，曾无点滴到尘土。怕与江上风水遭，雪浪直撼江边树。

小弦切切如私语，儿女妮妮相尔汝。不知琵琶是何声，忘却曲弹到几许。

嘈嘈切切错杂弹，闲暇神情活指端。除是精能成妙技，得心应手岂非难。

大珠小珠落玉盘，但闻清声横阑干。声将透及珠微碎，听来还未觉摧残。

间关莺语花底滑，好音弦上时相轧。历历偷啭红袖中，一路清声鸣远戛。

幽咽泉流水下滩，清音互答向回湍。竟是冰桐齐一例，钟期聆得惬馀欢。

水泉冷涩弦凝绝，冻风吹成涧边雪。弦上莫闻□□声，感到人间岁寒节。

凝绝不通声暂歇，依旧风情生倏忽。当筵怅望耳无闻，举首青天问明月。

别有幽愁暗恨生，妇人心事果难明。谁无愁恨还输汝，转恐舟中载不轻。

此时无声胜有声，萧萧惨惨各峥嵘。万事刺怀眉上现，未须拨弄客心惊。

银瓶乍破水浆迸，纷洒井干心不竞。讵道铁琵经手弹，隐隐清商带风劲。

铁骑突出刀枪鸣，铠甲光寒大将行。潜师间道制奇胜，妇人幻作琵琶声。

曲终收拨当心画，转掭权奇中隔逆。那闻五音竟响臻，比视千金轻一掷。

四弦一声如裂帛，清商暗动齿牙擘。弹者熟练局初完，多少豪人尽回席。

东舟西舫悄无言，一洗耳畔祛劳喧。似解琵琶曲真妙，迁客离人何处村。

唯见江心秋月白，委波一片净圆璧。依稀直上广寒宫，霓裳羽衣仙子夕。

沉吟放拨插弦中，黯淡风姿若个同？玉人老去娇如旧，江上秋风任转蓬。

整顿衣裳起敛容，一枝霜月蘸芙蓉。多年未睹车旗色，此夜尊前抵折冲。

自言本是京城女，长安甲第连禁御。区区弱质此间生，誓不牵丝到吴越。

家在虾蟆陵下住，下马陵成钟讹误。我家住此几何年，尚有田园有坟墓。

十三学得琵琶成，才把琵琶玉手轻。自是因缘关爱好，娇姿宛转可怜生。

名属教坊第一部，居然女子持门户。岂真他可压簪绅，能向人前歌且舞。

曲罢曾教善才伏，歌喉跌荡还回复。品题今古善歌人，不丝如竹竹如肉。

妆成每被秋娘妒，不分眉蛾兼齿瓠。世途两美倾轧多，同业同时不同路。

　　五陵年少争缠头，裘马翩翩指翠楼。却慕虚名谒门下，外间谩自诩风流。

　　一曲红绡不知数，物力艰难那省顾。惨欨泣泪尽鲛人，欢尽朝朝还暮暮。

　　钿头云篦击节碎，少年不禁颠狂态。桃李春风烂漫花，蜂蝶纷纷舞成队。

　　血色罗裙翻酒污，石榴花泻金盘露。狭斜恶少结同心，回望西陵松柏树。

　　今年欢笑复明年，缩得光阴买笑钱。爱色人多爱才少，春蚕丝尽懒成眠。

　　秋月春风等闲度，别家管领情回互。描却远山频蹙眉，学走金莲尚翘步。

　　弟走从军阿姨死，单形只影苦莲子。亦复门庭气象衰，日日催人迅弹指。

　　暮去朝来颜色故，驹隙奔驰曾弗驻。儿时忆得醮桃花，肌容羞却织缣素。

　　门前冷落车马稀，待欲题门燕子飞。燕子自遗来往影，肯随旧雨欸柴扉。

　　老大嫁作商人妇，也赋鸾凤亲井臼。昔年掌上弄明珠，青青化作章台柳。

　　商人重利轻离别，自渠本色不相欺。我曾绮席承官长，低唱阳关却为谁。

　　前日浮梁卖茶去，计较锱铢向羁旅。候火应烹苦味浓，未识梦回何处所。

　　去来江口守空船，今日船中侬可怜。水鸟双双掠舟过，野鸭无因飞上天。

　　绕船月明江水寒，江中穆穆跳金丸。薄命自惭无月样，一年圆得几回团。

　　夜深忽忆少年事，九枝灯下海棠睡。一刻千金不领春，痴人要堕伤心泪。

　　梦啼妆泪红阑干，博得抛家髻一看。浔阳郭外人初醒，那识江城有达官。

　　我闻琵琶已叹息，风土操音来自北。往时王粲赋登楼，直是欲归归不得。

　　又闻此语重唧唧，譬如贵人初谢职。莫夸曩昔住京城，点缀风华来泽国。

　　同是天涯沦落人，谩言物色尚风尘。汝嫁茶商元寂寞，我官司马剩清贫。

　　相逢何必曾相识，萍水孤踪亦暂即。如此灯前一识君，锦字回文认谁织。

　　我从去年辞帝京，萧条仆马指南征。算是玉皇香案吏，讵真物外住蓬瀛。

　　谪居卧病浔阳城，游宦无聊心曳旌。五架三间草堂在，谩劳五老笑相迎。

　　浔阳地僻无音乐，人诵诗书守淳朴。但知山水有清音，水宫亭背山庐岳。

　　终岁不闻丝竹声，东山冷处负平生。只学兰亭修禊会，一觞一咏畅幽情。

　　住近溢江地低湿，九派风涛铺潓□。均传此地是长沙，若遇贾生哀欲泣。

黄芦苦竹绕宅生，袅袅娟娟竟野荣。信此官曹荒凉甚，不堪风雨下深更。

其间旦暮闻何物，深树菁苍远山屹。因风讶得怪声来，讵能久居不郁郁。

杜鹃啼血猿哀鸣，物类何当心不平。三更月上催归急，十二时中落泪盈。

春江花朝秋月夜，贵游行乐居亭榭。谪宦心情怯景光，萧索独愁无税驾。

往往取酒还独倾，俨觉渊明风骨清。束带无心营五斗，漉巾乞食有谁争。

岂无山歌与村笛，粗有声音破虚寂。或骑牛背棹渔舟，拟若梨园非劲敌。

呕哑啁哳难为听，敢从海上叩秦青。吏散官闲空索句，杯中物尽板扉扃。

今夜闻君琵琶语，惆怅何因理愁绪。西蜀琵琶即有峰，陇山鹦鹉弗如汝。

如听仙乐耳暂明，钧天仿佛奏瑶京。浔阳城外少此调，迩日江山韵亦清。

莫辞更坐弹一曲，妙曲泥人心不足。竟教北海再开樽，无碍楚庭方灭烛。

为君翻作琵琶行，胡笳十八拍还成。浔阳后有游人过，商妇能歌或著名。

感我此言良久立，由来知己下车揖。粉黛看看末路难，不独伤心背乡邑。

却坐促弦弦更急，一弹再鼓难收拾。未是弦催手腕疲，新知旧好怀忧悃。

凄凄不似向前声，木落风寒水一泓。惹恨难回肠九折，歌喉顺处逆人情。

满座重闻皆掩泣，欣慨胡然遽交集。怜渠不早立身名，中流壶系判呼吸。

座中泣下谁最多，乐极悲来泣当歌。怀土思乡全不耐，镜中发白影婆娑。

江州司马青衫湿，半世豪雄付歌什。酒阑归散客亦行，商妇回向空船泣。①

由一衍四，衍句为篇，蜜中兑水，锦上添叶，却也敷衍细致，妙合无垠；通观各篇，肌理清晰，格态自标，可独可联，令人叹为观止。其门人杨复吉《衍琵琶行跋》称赞说："浔阳江头，商妇琵琶。自有白傅一诗，遂成双绝；今更得地山夫子（曹秀先号地山）引而申之，千秋韵事，鼎足而三矣。"拥趸备至。但在诗史上，这篇《衍琵琶行》实在默默无闻。历史无言，却述说一切；流水不语，但淘尽尘沙。

道光二十六年（1846），湖北天门人熊莪（1776 至 1780 ~？）又有《琵琶行分句吟草》，更变本加厉，据《琵琶行》八十八句，逐句分咏，逐句诠发，分韵五言，如第一首《浔阳江头夜送客》（得"江"字）云：

浔阳今夜永，送客到秋江。派自波分九，灯看影照双。心随

<hr/>

① 上海书店《丛书集成续编》第 130 册影印《昭代丛书》戊集续编，第 29 ~ 34 页。

明月去，声听远钟撞。鹢舫牵离绪，骊歌按别腔。驿亭杨柳岸，溢浦木兰艭。此夕权停桨，来朝但系桩。樽将开北海，烛待剪西窗。不尽河梁意，宵吟答石泷。

又如第二首《枫叶荻花秋瑟瑟》（得"秋"字）：

　　一碧浔阳水，何堪瑟瑟秋。荻花堆岸屿，枫叶卷汀洲。感物频增慨，行人易惹愁。无边皆暮景，不尽此长流。绚日飞溪口，凝霜满渡头。难为三宿去，且作半宵留。月冷朦朦印，云凉淡淡浮。西风帆影远，两地恨悠悠。

全部共计排律88首。自叙云："七千四十字，同史游《急就》之章；八十有八篇，仿陆子《连珠》之体。镂金错采，敢诩龙雕；弄月吟风，难藏鸠拙。白公佳咏，真惭依样之葫芦；黄土香魂，岂类无盐之刻划，质诸同好，请共解嘲。"自谦中有自诩。后附胡德坤《琵琶行分句吟草题词》亦赞云："八十八章花作字，令人一读一生香。"（清光绪二十七年天门熊氏广安刻本《琵琶行分句吟草》卷首）昔日唐人赵嘏衍薛道衡《昔昔盐》二十句为二十首，殆如春官程试，摘句命题，而熊莪则更变本加厉也。

总之，《琵琶行》的作品模仿史，在形式上多种多样，既有唱和、续作，也有创作过程中的效仿、模拟，其体裁之接受，大端表现为乐府歌行体与叙事之融合。同时，还有《衍琵琶行》这样的扩写，《琵琶行分句吟草》这样的改作，更不限于体式体裁上的继承。至于只是在主题上沿承《琵琶行》天涯沦落之感，或在自己的诗歌创作中，学习《琵琶行》的艺术风格、写作技法、词语典故等，则更数不胜数。

（五）诗迹流传史

以上，以文集文献整理为主体的文本演变史，以历代诗歌选本与评点为主体的选本沉浮史，以文学批评家为主体的作品阐释史，以作品为主体的作品模仿史，主要是在时间线索上展开的，而诗迹流传史则主要在空间领域展开。诗迹指诗人留下的诗歌遗迹。广义上涵盖物质性遗迹和非物质性遗迹，狭义上仅指前者，包括与诗人相关的遗迹遗址、故居旧宅、坟茔墓地、祠堂庙祀、墓碑墓葬、楼阁亭榭、堂舍石窟、石刻壁画及各种纪念性塑像、雕塑、场馆、建筑物等不可移动或难以移动的名胜遗迹。除此之外，还应包括其本人之藏书、器物、手稿、书法、碑帖、绘画、出土文物及相关的工艺品、文人画、连环画、版画、年画、版刻、插图、邮票、图书、文档、图片、照片、录音、视频、数字化多媒体等可移动的文献与文物遗迹。

与《琵琶行》相关的诗迹，主要是江西九江的琵琶亭。宋元明清以降，关于九江琵琶亭遗迹诗歌吟咏的记载和品评，一向不绝如缕。在各种山志、县志、府志、镇志等方志中比较集中。《吴船录》即述及江州琵琶亭、思白堂及江州吕胜己隶书《琵琶行》刻石。据拙编《白居易资料新编》，以琵琶亭为题之诗词，共计 203 题 234 首，还有许多未在题目出现但主题亦为咏琵琶亭者，合计 232 题 266 首，涉及作者 166 人。可见，除仿拟扩续与唱和之外，《琵琶行》主题沿承主要体现在蔚为大宗的琵琶亭诗。

琵琶亭诗，将《琵琶行》生发出"叙写故事"与"遗迹咏怀"两大主题，并逗惹出后世诗人不同的情感接受取向，不妨比附佛教中十二缘起的第七支——受（vedanā）的三种情形，即苦受、乐受、不苦不乐舍受，约略分为以下三类：

第一类，超然物外，寄托今昔之慨。这是福建人吴处厚（1053 年进士）定下的调儿，其《题九江琵琶亭》云："夜泊浔阳宿酒楼，琵琶亭畔荻花秋。云沉鸟没事已往，月白风清江自流。"①承其调者，有江西建昌人李彭《小憩琵琶亭呈环中养正》，晚年定居九江的安徽宣城人周紫芝（1082 ~ 1155）《琵琶亭二绝》，义乌人喻良能（1119 ~ 1190稍后）《琵琶亭》，山东汶阳人周弼（1194 ~？）《琵琶亭》等。

第二类，微讽乐天未能忘情仕宦。始作俑者，为夏竦《江州琵琶亭》："年光过眼如车毂，职事羁人似马衔。若遇琵琶应大笑，何须涕泣满青衫！"继其基调，又有南宋江湖诗人戴复古（1168 ~ 1250？）的《琵琶亭》。同样可以归入此类的，还有宋景祐进士史沆《题琵琶亭》等。宋濂（1310 ~ 1381）《题李易安所书琵琶行后》开篇基调与夏竦差不多："佳人薄命纷无数，岂独浔阳老商妇。青衫司马太多情，一曲琵琶泪如雨。"而结尾则已经比较辛辣了："生男当如鲁男子，生女当如夏侯女。千年秽迹吾欲洗，安得浔阳半江水。"更有甚者，诟詈香山，谓其犯教而败俗。其琵琶之辞，必当毁板，琵琶之亭及庐山草堂，胥拆毁而灭其迹，庶几乎风流种绝。②俨然要兴起一桩诗案。

还好，尚有第三类，对乐天抱以同情之理解。这一基调是欧阳修（1007 ~ 1072）奠定的。宋仁宗景祐二年（1035），欧阳修以"越职言事"，被贬为夷陵（今湖北宜昌）县令，途经长江，登琵琶亭，写下《琵琶亭》："乐天曾谪此江边，已叹天涯涕泫然。今日始知予罪大，夷陵

---

① 《青箱杂记》卷八，李裕民点校本，中华书局 1985 年版，第 83 页。此诗作者或作宋敏求，又作王安国，非也。详见拙作《〈题琵琶亭〉〈送客西陵〉作者考》，《中国典籍与文化》2015 年第 1 期。

② 舒梦兰:《天香随笔》，见宇宙风社 1936 年重印本《游山日记》。

此去更三千。"十年前他还撰有《琵琶亭上作》："九江烟水一登临，风月清含古恨深。湿尽青衫司马泪，琵琶还似雍门琴。"用雍门子周以善琴见孟尝君的典故，借指哀伤的曲调。昔雍门子以琴见孟尝君，陈辞通意，抚心发声，孟尝君为之增欷歔唈，流涕交横，韩娥曼声，哀哭十里，老幼悲愁，垂涕相对，三日不食。还为曼声，长歌十里，长幼喜跃抃舞，难以自禁。若非真情流露，何以如此感人？大概是因为同病相怜吧，所以倍感凄凉。南宋四川进士郭明复《琵琶亭》，更进而赞许乐天左迁司马却恬然自安、放怀适意的情怀。女诗人叶桂女也有相似的感慨——"乐天当日最多情，沪滴青衫酒重倾。明月满船无处问，不闻商女琵琶声"。张耒诗学白乐天，更有切身体会，其《题江州琵琶亭》云："危亭古榜名琵琶，尚有枫叶连荻花。呜呼司马则已矣，行人往来皆叹嗟。司马风流映千古，当日琵琶传乐府。江山寂寞三百年，浔阳风月知谁主。我今单舸泛江潭，往来略已遍东南。可怜千里伤心目，不待琵琶泪满衫。"

　　最值得关注的，是一位适与白乐天同寿的清代九江关督——沈阳人唐英，他不仅捐俸重葺琵琶亭，自撰大量琵琶亭诗，还在琵琶亭壁间左右皆悬诗板、置笔砚，以征游人过客题咏，后辑为《辑刻琵琶亭诗》一卷，可谓风雅长留，是《琵琶行》与琵琶亭沿承历史上浓墨重彩的一笔。乾隆八年（1743）琵琶亭修成，唐英喜撰《春游琵琶新亭唱和》，序云："琵琶亭，唐白香山遗迹也。在九江榷署之左，相距不里许。历久倾圮，间有古今题咏碑碣，半沦没于寒烟蔓草中，孤亭敧仄，旦晚莫支。予司榷江州，数至其地，不忍古迹荒落，因捐俸，新其亭，更创小楼三楹以供登眺。以冬春雨雪，未遽竣工。癸亥二月九日，始得明霁，而楼宇适成，爰偕同事诸君子，泛舟一游，凭栏远瞩，兴会勃然，率成俚语二章，诸君属和。"情绪显然已经超然于前代琵琶亭诗的悲欢，语调轻松明朗，其诗曰："新年旧腊雪交加，二月郊原未放花。行潦近山惊暴涨，客星浮水驻枯槎。东风白发吹迟暮，春树乡心望远家。试问浔阳江上路，几人清夜访琵琶。""欲开尘眼每登楼，此日登临兴更幽。远水浮来舟似屐，孤亭闲立客如鸥。偶捐匕箸留风雅，喜附人文作胜游。却笑当年白太傅，琵琶声里泣深秋。"（《陶人心语》卷三，《四库未收书辑刊》影印清乾隆唐寅保刻本）袁枚《琵琶亭吊唐蜗寄榷使》曾感慨："一曲琵琶白傅赏，千秋过者犹闻响。……蜗寄先生抱古欢，来持英簜守江关。……懒征商税爱征诗，满亭铺遍砑光纸。一纸诗投两手迎，敲残铜钵几多声。姓名分向牙牌记，宾主重申缟纻情。……关心别有山阳恨，不听琵琶泪亦流。"（《小仓山房诗集》卷三十）对这位"懒征商税爱征诗"的官员兼诗人加以凭吊和追慕。

（六）题材流播史

《琵琶行》的流播，已跨出诗歌文体的局限，远涉诗歌之外的其他文体，此类体裁主要是通俗文体，作者多为无名氏。读者对象主要面向一般民众，在保留《琵琶行》原有主题的基础之上，内容更接地气，形式更加灵活，从多个角度挖掘并阐释原诗的艺术性，进一步促进了《琵琶行》在民间经典化的进程。如明代佚名所撰《粉蝶儿·白居易琵琶行》套曲：

　　[北中吕] [粉蝶儿] 送客江头，照浔阳，月明如昼。正荻花，枫叶清秋。客登舟，主上马，相看情厚。欲举离瓯，恨无他，管弦声奏。

　　[醉春风] 悲惨未停歌，凄凉将折柳。忽闻水上响琵琶，早一时，消尽了酒。酒。主已忘归，客犹不发，两情迤逗。……

　　[二煞] 立良久，感我言，坐促弦，泻我忧。新翻旋拨音滑溜。

凄凄不似前声哓，满座闻之尽泪流。把欢乐，成僝僽，忧心悄悄，离思悠悠。

　　［尾声］问座中，泣最多，惟江州司马愁。他把那泪珠儿，揾湿青衫袖。再听拨琵琶，方才个，咽下这酒。

　　清代佚名所撰子弟书《琵琶行》，别题《琵琶记》，全四回。头回怀来辙，二回中东辙，三回言前辙，四回人辰辙。每回五十四韵，均以一首七言诗为开篇。在内容上紧密贴合《琵琶行》原作，将原诗的"六百一十六言"衍为四千三百余字的讲唱作品。其曲辞流利可爱、朗朗上口，代表了清代改编自《琵琶行》的俗文学的高水准。乐善堂《子弟大鼓书目录》著录："子弟书四回起。一吊二。琵琶行。"民国初辑本《子弟书目录》列入"古诗子弟书目录"。首都图书馆藏金台三畏氏编《绿棠吟馆子弟书百种总目》卷五著录。道光间，《春台班戏目》有《琵琶记》剧目。清奕赓《集锦书目》子弟书（清车王府旧藏本引录）第四十句有云："《沉香亭》去听盲女《琵琶行》。"今存有旧抄本、中国国家图书馆藏同乐堂抄本、中国国家图书馆藏清抄本（郑振铎旧藏），常见者为清蒙古车王府藏清抄本（今藏北大图书馆）。

　　清代佚名所撰弹词开篇有《浔阳琵琶》："香山司马谪江州，送客浔阳古渡头。黯然销魂同惜别，荻花枫叶晚江秋。遥望江心溢浦月，更声再度起谯楼。（忽听得）哀声四起调弦索，（为问那）何处凄凉似诉愁。宾主寻声邻舫近，（命她）移船相近半含羞。（一见那）秋娘老去余风韵，座上樽添酒一瓯。（只听那）自叙生平萦旧梦，（怎奈是）春花秋月不能留。鹍弦曲按调银甲，（那知道）鸳帐空悬坠玉钩。往事不堪回首望，几番衷曲话从头。（只落得）残脂剩粉空余恨，血染罗裙旧石榴。（到后来）车马渐稀悲冷落，（只嫁得）浮梁夫婿

去难留。（宛比那）秋风捐弃宫纨扇，月缺难邀玉斧修。（可见得）
自古欢场同宦海，沧桑易变去悠悠。（我亦是）天涯一样（的）飘零客，
末路知音泪两眸。江上琵琶千载恨，（还劝你）再弹一曲更何求。（都
只为）樽前无物重相赠，翻作新腔（把）歌曲酬。（待到那）曲罢酒
阑人去后，一声归去听鸣驺；（只觉得）红粉青衫双泪流。"清雅不俗，
颇得原作之魂。

戏曲方面，据庄一佛《古典戏曲存目汇考》，敷演《琵琶行》题
材之历史剧有宋元阙名之《琵琶亭》，元杂剧《江州司马青衫泪》，
明传奇《青衫记》，清杂剧《四弦秋》《琵琶行》及清传奇《司马衫》《琵
琶亭》。其中宋元阙名之《琵琶亭》，清传奇《司马衫》（清王鑨撰，
今佚）、《琵琶亭》未见著录。此外，爱新觉罗·敦诚（1734～1791）
有《琵琶行传奇》一折，题跋不下数十家，曹雪芹诗末云："白傅诗
灵应喜甚，定教蛮素鬼排场。"但存世者只有元马致远《江州司马青
衫泪》，明顾大典《青衫记》，清蒋士铨《四弦秋》及清赵式曾《琵
琶行》四种。

元马致远（1250？～1321？）《青衫泪》，题目："浔阳商妇琵琶行"，
正名："江州司马青衫泪"，由《琵琶行》敷演而成，虚构白居易与
歌妓裴兴奴之悲欢离合故事，中间插入商人与鸨母之欺骗破坏。此外，
马致远另有《南吕·四块玉·浔阳江》："送客时，秋江冷，商女琵
琶断肠声。可知道，司马和愁听。月又明，酒又醒，客乍醒。"足可
参观。

明顾大典（1540～1596？）《青衫记》，大致依据马致远《青衫泪》，
写白居易访善弹琵琶之教坊女伎裴兴奴，以青衫典酒；后白居易因抗
疏忤旨，被贬江州，临行访兴奴不遇。浮梁茶客买得兴奴，载至江州；
兴奴于月冷风清时自弹琵琶，因此得与白重圆。全剧以白居易之青衫

为关目，质衫、赎衫、携衫、赠衫，而以泪衫作结，故名《青衫记》。不过在曲中加配"小蛮、樊素"，凡三十出。此剧构想亦多承袭《青衫泪》，唯河朔兵乱，香山上疏，遭贬至江州，颇接近史实，可得见香山本来个性，较《青衫泪》有所进步。曲中"坐湿青衫"一出，多取自《琵琶行》，然此作尚未免俗恶，有伤雅道。此外，琵琶女形象，《青衫记》中之兴奴已不是《琵琶行》中"犹抱琵琶半遮面"之娇羞，而是大胆、自主之女性形象。而白居易形象也与《琵琶行》有所不同，《琵琶行》白居易以琵琶女感叹自身身世，而《青衫记》中，白香山则被庸俗化。梅鼎祚致顾大典书牍中说："新谱《青衫》，引泣千古，然胡不一润我耳，使随百兽率舞也。"①此剧不仅顾大典家班演出过，明清两代"梨园子弟多歌之"。

清赵式曾《琵琶行》一卷四折，有清乾隆间琴鹤轩原刊本，亦演白居易《琵琶行》诗意，正目作"白司马寻现在欢，茶商妇梦少年事；设祖饯表故人心，弹琵琶伤迁客事"，作者乾隆丙午（1786）自序云："予寓浔阳，谱《琵琶行》四折，曲皆北调，诗俱集白。"但与其他三剧事同而文不相袭，情节亦颇异，写白居易谪居浔阳，过着隐士生活，因江神冯夷怜惜，使之与商妇相见，剧中人物讽刺九江人势利无情，比九江官为狐鼠狡兔。其第三折前加一楔子，谓风神暗助，使居易闻琵琶之声，亦使场面不过于冷淡，而曲成反为一幕关键。当时作者与弟继曾同客九江，杜门终日，相对愁苦，作曲以自况，其怫郁感伤之意，亦于剧中见之。其第三折白居易云："凡在九江的人，那个不势利，和尚何足为奇！"讥世亦明。其弟鹤轩（赵继曾）评云："或谓蒋太史清容有《琵琶行》杂剧，谓之《四弦秋》，必沈韶遇郑婉故事。

---

① 〔明〕梅鼎祚：《与顾道行学使》，《鹿裘石室集》卷九书牍，《续修四库全书》影印山西大学图书馆藏明天启三年玄白堂刻本。

倘亦为迁客商妇写怨，恐彼吴越人，不能作燕赵语。"①抑彼扬此，称许有加。然合二曲观之，赵曲确实略胜，亦非夸大之词也。孙楷第《戏曲小说书录解题》评云："四折填词，秀逸高爽，实不愧前人。"②

　　清蒋士铨（1725～1785）《四弦秋》，一名《青衫泪》，或《江州泪》，作于乾隆三十七年（1772）客居扬州时。据《琵琶行》本义，杂引《唐书》元和九年、十年时政以及《香山年谱·自序》，演述白居易贬江州司马，在浔阳江边送客时，闻邻船琵琶声而得识演奏者花退红。花本系长安名妓，人老珠黄，遂嫁于茶商吴名世为妻。吴去浮梁，久无音讯。花言及身世，不胜唏嘘，亦引起白居易自身无限感触，乃为之作《琵琶行》。这一题材，元代马致远、明代顾大典都已写过，但蒋士铨认为以上二剧虚构出白居易与琵琶女相爱情节"庸劣可鄙"③，于是依原诗内容，着重表现琵琶女花退红之不幸遭遇和白居易与她同病相怜、自伤沦落之情绪。剧中把二人经历作两条线索交叉描写，互相映衬，产生强烈对比效果。全剧分"茶别""改官""秋梦""送客"四折，分别以《琵琶行》"商人重利轻别离，前月浮梁买茶去""我从去年辞帝京，谪居卧病浔阳城""夜深忽梦少年事，梦啼妆泪红阑干""座中泣下谁最多，江州司马青衫湿"为全局骨髓而加敷衍。曲词凝练，抒情性强，乃其代表剧作。虽剧本结构不及元杂剧《青衫泪》完整，但结尾不用朝命恢复白居易原官，较佳。此剧最初由扬州盐商江春家班演出。最后一折"送客"作为折子戏，长期保留在昆剧舞台上，一方面源于白居易《琵琶行》家喻户晓，一方面也是蒋剧曲文清丽洒脱。梁廷枏《曲话》卷三评云："《四弦秋》因《青衫记》之陋，特创新编，

①〔清〕赵式曾：《琵琶行》卷末，清乾隆间琴鹤轩原刊本。
②孙楷第：《戏曲小说书录解题》，人民文学出版社1990年版，第360页。
③蒋士铨：《四弦秋序》，周妙中点校《蒋士铨戏曲集》，中华书局1993年版，第185页。

顺次成章，不加渲染，而情词凄切，言足感人，几令读者尽如江州司马之泪湿青衫也。"吴梅评云："白傅《琵琶行》事，谱入剧场者，先有马致远《青衫泪》，以香山素狎此妓，于江州送客时，仍归司马，践成前约。后有顾道行《青衫记》，即根据马剧，为谐赏园传奇之一。心序中，所云'命意敷词，庸劣可鄙'者，盖即指顾作。此记一切删刬，仅就《琵琶行序》，及元和九、十年时政，排组成章，较马、顾二作，有天渊之别矣。"①

（七）书画题写史

帮助我们对经典的理解和记忆，有两种好办法，一是入耳之吟诵，二是入目之书写。前者于古人而言，因为没有记录工具，所以影响力不免较后者略逊一筹。就《琵琶行》的流播而言，其影响力，不仅跨越文体，也跨越艺术形式。作为与音乐密切相关的叙事诗，《琵琶行》具有多层次的艺术魅力，不仅限于音乐和文学领域，更延伸至书法、绘画等图像化媒介领域。因此，后世以《琵琶行》为主题的书画及题画诗词，也是《琵琶行》阅读与理解，以及接受史研究需要考虑的重要内容。相对于音乐角度，从绘画角度研究《琵琶行》相对边缘，论著不多。《琵琶行》题材的绘画作品，其实也是《琵琶行》传播与接受的重要一翼。已知《琵琶行》相关绘画作品大约有五十幅。诗是有声画，画是无声诗。"诗画一律""有声画""无声诗""无形画""有形诗"等语汇，传递着诗画之间难以割舍的联系。作为《琵琶行》接受史研究之重要一途，形态各异的《琵琶行》书画（包括题跋），丰富了原作的内涵，扩大了其艺术表现，跨越时空，不断生发出新的魅力。

---

① 王卫民主编：《吴梅戏曲论文集》，中国戏剧出版社 1983 年版，第 451 页。

　　书画同源，亲如姊妹。《琵琶行》走入绘画，最迟是在元代，元人张雨（1283～1350）有《浔阳琵琶图》诗，张渥（？～约1356前）绘有《琵琶仕女》图，熊梦祥（1299～1390）、郑东、宗本先（1308～1381）均有题诗，元末明初人平显、洪武间钱逊及祝允明（1460～1526）亦有《琵琶士女》诗。刘因（1249～1293）有《白乐天琵琶行图》诗，释善住（1278～1330？）有《琵琶行图》诗，叶颙（1300～1374后）有《题浔阳商妇琵琶图》诗，高启（1336～1374）则有《白傅溢浦图》《溢浦琵琶图》诗，高得旸（1352～1420）有《题浔阳琵琶图》诗。由此可知，《琵琶行》诗意画创作自元代初见端倪。可惜这些画今已不存。现存最早的《琵琶行》诗意画是明人郭诩《琵琶行图》。此后乃蔚为大观，或以书配画，或以画补书，诗书画相得益彰。

　　在历代书画家笔下，《琵琶行》在诗歌与音乐之外，转化为与诗画并胜的艺术形式，展现出别样的魅力。仅就书迹而言，不仅可以比勘不同书家不同版本文字流传之异同，更可加深对《琵琶行》经典化问题的认知。各色书迹，或隶或楷或行或草，或洒脱或凝重或飘逸或朴拙，各擅胜场，但均围绕《琵琶行》这一不朽之作，以己之心感受，入彼之意阐释，与不幸贬谪的诗人相共鸣，予漂泊浔阳的歌女以同情。正是这一过程，推动《琵琶行》逐渐确立其经典地位，同时也促进其由经典走向大众。笔者《白居易诗歌的图像化传播——以明代〈琵琶行〉书迹著录与流传为中心》《清代〈琵琶行〉书迹著录与流传》曾以明清两代《琵琶行》书迹著录与流传为中心，探讨白居易诗歌的图像化传播，初开其端。而后续之深入研究，尚大有可为。

（八）文本翻译史

　　他山之石，可以攻玉。在东南亚，《琵琶行》的日译本最多，其

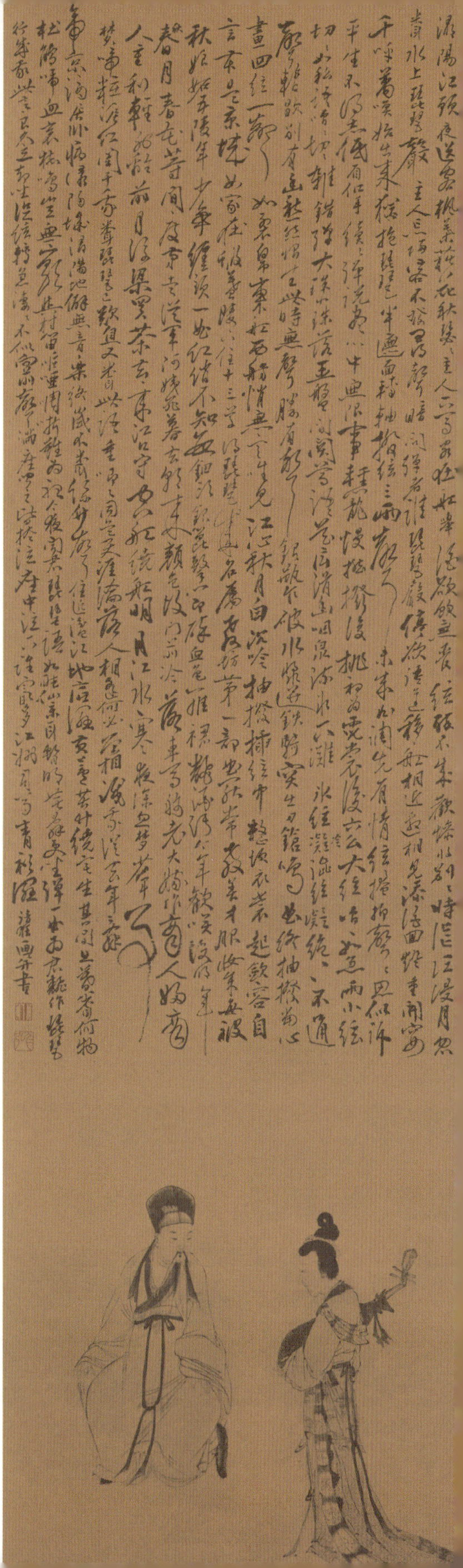

〔明〕郭诩《琵琶行图》

次是越南。对越南诗歌来说，《琵琶行》是最具有影响力的作品之一，越南阮朝大诗人阮攸（1766～1820）《翘传》《龙城琴者歌》是最典型的例证。夏露《〈琵琶行〉在越南》、林符芳盈《〈琵琶行〉在越南近现代的传播及影响》，均对此有所论述。而在西方，对《琵琶行》的接受与传播，始于翟理斯（Herbert Allen Giles）。其《中国文学史》，1897年作为戈斯（Edmund W. Gosse）主编的《世界文学简史丛书》第10种在伦敦出版，是世界上第一部现代意义的、以西方语言写成的中国文学通史。其中这样评述《琵琶行》："（《琵琶行》）讲述一位可怜的琵琶女的悲伤故事。这首诗被后来的评论者林西仲（Lin His-chung）给予非常高的评价。林西仲谓，此诗辞情并美，如此令人叹服，其技艺之超绝，已令读者深造三昧（samadhi）。"林西仲，即林云铭（1628～1697），字西仲，号损斋，福建闽县人，顺治十五年（1658）进士，有《庄子因》《古文析义》《楚词灯》《韩文起》《挹奎楼选稿》等。上引评述见于其《古文析义》，实际上是用来评述柳宗元《始得西山宴游记》，原文是："语语指划如画。千载而下读之，如置身于其际。非得游中三昧，不能道只字。"[①] 被翟理斯移花接木，与其上文将白居易为刑部尚书讹为兵部尚书，皆属张冠李戴之误，不足为训。

　　此后的1920年，汉学大家亚瑟·韦利（Arthur Waley）发表《琵琶行》译注。韦利认为翟理斯的《中国文学史》只翻译《琵琶行》的诗文而没有翻译原序是很不恰当的，他认为序言是理解诗文关键，所以他在此文中翻译了诗作的原序。在译文中，翟理斯将诗中的"客"理解为白居易自己，而韦利根据序言及两《唐书》的记载，认为诗中"客"

---

① 《古文析义》卷十三，清康熙五十五年文选楼刊本，第28页。

并不是白居易，而是"主人"。韦利的理解无疑是正确的，也表明他在对诗歌本身及其背景的了解和把握上的精确程度。翟理斯则随即给予回应，而亚瑟·韦利则又作了反回应。作为西方白居易诗歌翻译和研究专家，亚瑟·韦利 1949 年出版的《白居易的生平与时代》至今仍是值得学者重视的重要著作，但他对《琵琶行》并不大欣赏。他这样解释说："在我看来，这首诗并不能使读者深深沉浸在琵琶女或者白居易本人的情感世界中。出于尊重，《琵琶行》和另一首长篇叙事诗（指《长恨歌》）相似，必定也会被称赞为达到了技巧和优美的极致。但是，这首诗中包含了能够保障它在中国流行和成功的所有因素——秋天、月色、被冷落的妻子、被流放的天才。以此为基础写出的那些剧本，甚至都比这首诗本身更好。"这不免令人难以接受。约翰·弗莱彻（John Gould Fletcher）就曾这样评价："韦利放弃了对《长恨歌》和《琵琶行》的翻译，并说这是因为作者白居易并不重视它们。白居易在晚年这样想也许是真的，但事实是这两首诗是他写的，而这两首诗更是中文或其他任何语言所写的最好的诗歌。"

1971 年至 1978 年，美国汉学家霍华德·列维（Howard S. Levy，1923～）陆续出版《英译白居易诗歌》，其中有《琵琶行》之英译。此后，杨宪益、许渊冲、威特·宾纳（Witter Bynner）的译本各有胜境。国内关于《琵琶行》翻译的研究，有李清娇《〈琵琶行〉两种英译诗探微》、路晓彬《杨宪益英译〈琵琶行〉中的审美感知与想象》、陈丽丽《从〈琵琶行〉英译试论许渊冲与杨宪益翻译思想的差异》、黄潇颖《含英咀华，"译"彩纷呈——简论〈琵琶行〉英译本中的音乐美学意蕴》、徐辉《从适应选择论的角度分析许渊冲和杨宪益对〈琵琶行〉的英译思想差异》、胡蓉《〈琵琶行〉英译中"月"意象的复现与连贯》、沈昱与袁亦宁《从及物性角度看〈琵琶行〉英译中经验功能的传递》等，另外有任榆杭《中

国古代叙事诗的叙事解构与译文构建——〈琵琶行〉英译本个案分析》
（西南交通大学硕士论文 2006 年）、刘丽娜《从许渊冲的"三美"原
则角度论〈琵琶行〉英译的美感再现》（内蒙古师范大学 2011 年硕士
论文），可供参考。

翻译首先是一个对原文进行理解的过程，而后才是一个文字转化
的过程，为了提高译者的原文理解水平，可以引入一些方法和模式来
引导译者对原文的解构。借由跨文化角度的审视，《琵琶行》的叙事
特征，得到完整的体现，其深层内涵得到挖掘。通过对不同译本的比较，
可见出原文的理解程度，对译文质量起着决定性的影响。

综上，包含以文集文献整理为主体的文本演变史，以历代诗歌选
本与评点为主体的选本沉浮史，以文学批评家为主体的作品阐释史，
以作品为主体的作品模仿史，以琵琶亭为主要地点的诗迹流传史，以
及题材流播史、书画题写史、文本翻译史等，这八个方面，大致涵盖了《琵
琶行》阅读和理解的涉及范围，大概也是历代不同读者与之结缘的可
能性的范围。"一曲琵琶说到今"（张维屏《琵琶亭》），从公元 9
世纪那个深秋的傍晚开始，落于笔墨的《琵琶行》，即以深挚至臻的
抒情，主宾俱化的境界，绘声绘色的描写，和谐铿锵的音韵，流丽优
美的语言，成为流传至今的佳作，脍炙人口的经典。仕路坎坷的感触，
天涯沦落的愁绪，使得那颗"同是天涯沦落人，相逢何必曾相识"的
艺术种子，自彼时开始发酵，一千多年来，从未停止生长。

进入近代教材和教学体系的《琵琶行》，大大强化了其之前的经
典地位。但这样的强化，有时也不免会面临尴尬，因为在某种程度上，
它弱化了读者的自主选择，惰化了读者的自主判断。或许抖落其身上
过多的"经典"色彩，回归和还原其走向经典的过程，才能发挥经典
真正的魅力，体现经典真正的价值。经典之为经典，往往无须过多言

说，尤其是仰视性释读。只需平心静气，在自己的阅读经验中，体会可以体会到的。在这样的体会或回思中，如果找不到共鸣，那么，不妨且放一放，放至更远，留给未来，等待与经典的下一次结缘；或许换个距离，换个角度，风景就会不同。而以上八个方面的勾勒，也正是希望提供更多样的角度，帮助读者拓宽对《琵琶行》的理解。愿读者可以从中寻得自己的立足点，与《琵琶行》结缘，建立与它的联系，无论深浅，无论远近，无论文本，还是文本背后的故事，无论是全篇，还是其中某一诗句，只要打动了你，滋养了你，与你有所共鸣，那么，它就是经典。

九江琵琶亭

回三　关于白居易诗中"瑟瑟"一词的解释

白居易诗，据《全唐诗索引·白居易卷》统计，"瑟瑟"一词凡十五见。依朱金城《白居易集笺校》顺序，录诗如下：

一、《庭松》："疏韵秋槭槭，凉荫夏凄凄。"校："槭槭"，马元调本此下注云："止戟切，陨落貌。"《文苑英华》二字作"瑟瑟"。汪立名本、《全唐诗》俱注云："一作'瑟瑟'。"

二、《琵琶行》："浔阳江头夜送客，枫叶荻花秋瑟瑟。"校："瑟瑟"，宋本、那波本、《全唐诗》、卢校俱作"索索"。何校："'索索'，兰雪同。"又马本"瑟瑟"下注云："半红半白之貌。"

三、《题遗爱寺前溪松》："暑天风槭槭，晴夜露凄凄。"校："槭槭"，《英华》、汪本、《全唐诗》俱注云："一作'瑟瑟'。"又马本注云："止戟切。"

四、《暮江吟》："一道残阳铺水中，半江瑟瑟半江红。"

五、《听弹湘纪怨》："玉轸朱弦瑟瑟徽，吴娃徵调奏湘妃。"

六、《山泉煎茶有怀》："坐酌泠泠水，看煎瑟瑟尘。"

七、《题清头陀》："烟月苍苍风瑟瑟，更无杂树对山松。"

八、《太湖石》："形质冠今古，气色通晴阴。未秋已瑟瑟，欲雨先沉沉。"

九、《早春忆微之》："沙头雨染班班草，水面风驱瑟瑟波。"

十、《咏兴五首·出府归吾庐》："出游爱何处？篙碧伊瑟瑟。"

十一、《裴常侍以题蔷薇架十八韵见示因广为三十韵以和之》："猩猩凝血点，瑟瑟蹙金匡。"

十二、《重修香山寺毕题二十二韵以纪之》："两面苍苍岸，中心瑟瑟流。"

十三、《闲游即事》："寒食青青草，春风瑟瑟波。"

十四、《奉和思黯相公以李苏州所寄太湖石奇状绝伦因题二十韵见示兼呈梦得》："精神欺竹树，气色压亭台。隐起磷磷状，凝成瑟瑟胚。"

十五、《北窗竹石》："一片瑟瑟石，数竿青青竹。"

其中第二首《琵琶行》中的"瑟瑟"，有如下三种解释：

第一种，认为是风吹草木声。见顾学颉、周汝昌《白居易诗选》（人民文学出版社 1963 年版），王汝弼《白居易选集》（上海古籍出版社 1980 年版），朱金城、朱易安《白居易诗集导读》（巴蜀书社 1988 年版），金性尧《唐诗三百首新注》（上海古籍出版社 1993 年版），葛兆光《唐诗选注》（浙江文艺出版社 1999 年版）及《顾学颉文学论集》（中国社会科学出版社 1987 年版）等。取义于刘桢《赠从弟》三首之二："亭亭山上松，瑟瑟谷中风。"

第二种，认为本珍宝，其色碧，故以碧色宝石影形容江水碧色或淡碧绿色。此说出自杨慎，其《升庵全集》卷五十七云："白乐天《琵琶行》：'枫叶荻花秋瑟瑟。'今详者，多以为萧瑟，非也。瑟瑟本是宝名，其色碧。此句言枫叶赤、荻花白、秋色碧也。或者咸怪今说之异。余曰：曷不以乐天他诗证之。其《出府归吾庐》诗曰：'篔碧伊瑟瑟。'《重修香山寺》排律云：'两面苍苍岸，中心瑟瑟流。'《蔷薇》云：'猩猩凝血点，瑟瑟蹙金匡。'《闲游即事》云：'寒食青青草，春风瑟瑟波。'《太湖石》云：'未秋已瑟瑟，欲雨先沉沉。'又云：'隐起磷磷状，凝成瑟瑟胚。'亦状太湖石也。《早春怀微之》云：'沙头雨染斑斑草，水面风驱瑟瑟波。'《暮江曲》云：'一道残阳照水中，半江瑟瑟半江红。'诸诗以瑟瑟对斑斑，对苍苍，对猩猩，岂是萧瑟乎？

唐诗惟白公用瑟瑟字多。"①何良俊《四友斋丛说》卷三十六同意杨说，云："杨升庵云：'白乐天《琵琶行》"枫叶荻花秋瑟瑟"，此瑟瑟是珍宝名，其色碧，故以影指碧字。'最为赏音。而陈晦伯以'瑟瑟谷中风'正之。夫诗人吟讽，用意不同，白自言色，刘自言声，又岂相妨，而必泥以萧瑟之瑟字耶？杨又引白'一道残阳照水中，半江瑟瑟半江红'证之，尤为妙绝。"②马元调刊本之注，当亦据此而来。鲍维松《关于白居易〈琵琶行〉中"瑟瑟"一词的注释问题》（《古典文学论丛》第三辑，齐鲁书社 1982 年版，下简称鲍文）从白居易的用词习惯和《琵琶行》所描写的环境加以分析，亦认为杨慎之说正确，第一种解释不正确。

　　第三种，认为是寒冷颤抖的样子。见霍松林《白居易诗选译》。③取义未详。鲍文解释此说云："'瑟瑟'，即'瑟索'或'瑟缩'。可解作'颤抖'或'哆嗦'。用来形容枫叶荻花被风吹的情状。""这种拟人的解法（按，指霍氏之解法）挺新颖，在别的地方还没有见到过。"而林庚、冯沅君主编《中国历代诗歌选》（人民文学出版社 1979 年版）云："瑟瑟，风声。这里是寒意。"其思路应该是，半江瑟瑟（寒），半江红（暖）。宋万学《白居易〈暮江吟〉新解》（《社会科学辑刊》

────────

① 陈友琴《白居易资料汇编》按语："瑟瑟，可以在某处作碧色解，但在'枫叶荻花秋瑟瑟'中，决不能作秋色解。'秋色碧也'四字费解。白氏《题清头陀》诗：'烟月苍苍风瑟瑟。'难道风也会是碧色的吗？升庵好奇，有时说不可通。"陈耀文《正杨》卷四据《丹铅录》所引杨慎语，字句稍异，见《文渊阁四库全书》上海古籍出版社影印本，第 856 册，第 134 页。

② 陈友琴《白居易资料汇编》按语："何良俊为升庵之说作辩护，以为瑟瑟可作碧色解。不知'半江瑟瑟半江红'之'瑟瑟'可作碧色解，残阳在照，半碧半红，固有是景色也，至于'浔阳江头夜送客，枫叶荻花秋瑟瑟'，夜中何能见出碧色耶？时间地点，有所不同，不能胶柱鼓瑟，强作解人。况'秋瑟瑟'，释为秋色碧，亦太牵强。"

③ 霍松林《白居易诗选译》（百花文艺出版社 1959 年版）1986 年 2 月修订版改为"风吹草木声"。其《白居易诗译析》亦释为"草木被秋风吹动的声音"（黑龙江人民出版社 1981 年版，第 354 页）。

1987 年第 2 期）亦同意此说，认为这是通感：

　　《说文解字》："瑟，弦乐也。从珡必声。"瑟之声乃弦之抖动发之。《诗·卫风·淇奥》："瑟兮僴兮。"《尔雅·释训》："瑟兮僴兮，拘俚也。"由此，笔者认为"瑟瑟"乃江水抖动状。楼钥《石城钓月图诗》："江平风轻波瑟瑟，宿霭卷空天一色。"其"瑟瑟"正与《暮江吟》之"瑟瑟"用法同，皆水波抖动貌。又鲁迅小说《故乡》中，"我"二十年后见到的闰土，"头上是一顶破毡帽，身上只一件极薄的棉衣，浑身瑟索着……"这里的"瑟索"，乃哆嗦抖动状。《正字通》："瑟与索通。"瑟索，即瑟瑟。（台湾《中文大辞典》引梁武帝诗"瑟居超七净"，注曰"瑟居即索居"）"一道残阳铺水中，半江瑟瑟半江红。"夕阳落映下，江水背阴的一半因色暗，见其抖动不歇；江水受光的一半则红艳夺目（因其红艳夺目，则不觉其动）。"半江瑟瑟半江红"，以波荡（动感）与波红（色感）的通感状暮江，可谓"形神合一，得神于形"。

　　以上三种解释中，第三种恐有误解。"瑟瑟"不等于"瑟缩"，与"颤抖""哆嗦"更有距离。"瑟缩"有二义：一指收敛、蜷缩。取义于《吕氏春秋·古乐》："民气郁瘀而滞著，筋骨瑟缩不达，故作为舞以宣导之。"王安石诗《和钱学士喜雪》"山鸦瑟缩相依立"即取此义；另一指萧瑟，状风声。亦取义刘桢《赠从弟》"瑟瑟谷中风"，苏轼诗《与述古自有美堂乘月夜归》"凄风瑟缩经弦柱"即取此义。解"瑟瑟"为"寒冷颤抖的样子"，虽然"挺新颖"，但并不准确。

　　第二种解释中，何良俊《四友斋丛说》提到的"陈晦伯"，指明人陈耀文，其《正杨》（按，指纠正杨慎）卷四引刘桢《赠从弟》诗"亭亭山上松，瑟瑟谷中风"后，云："《水经》云：'汉水东径岚谷北口，嶂远溪深，涧峡近吹①，气潇潇以瑟瑟，风飕飕而飅飅，故川谷擅其目矣。'此'瑟瑟'岂珍宝也耶？"此条资料，陈友琴《白居易资料汇编》漏载。

鲍文在论证中说："在《白居易集》中，作者用'瑟瑟'之处，除了《琵琶行》外，还有九处之多，其中只有《题清头陀》是指'风声'用的。其他八处都是指'颜色'的。"这八处即本文前引第四、五、六、八、九、十、十二、十五首，漏五首。

上述十五首中，第四、九、十二、十三这四首状水者，第八、十四、十五这三首状石者，第五首状"徽"（系琴弦之绳）者，第六首状茶尘者，以及第十首、第十一首，总计十一首，据上下文义、对仗关系看，均可释为碧色，如杨慎等所云。

但其他四首，则应释为风吹草木声。因为从版本上看，第一首、第三首之"瑟瑟"均一作"槭槭"。"槭槭"之义，即风吹草木声，刘禹锡《秋声赋》"草苍苍兮人寂寂，树槭槭兮虫唧唧"，即取此义。可知第一首、第三首之"瑟瑟"当为同义。而其他两首：第二首与第一首均状"秋"，尤其是《琵琶行》一首，从其所描写的环境和所烘托的气氛看，皆秋夜送客那种萧瑟落寞之感，并非以乐景衬哀情，释为"碧绿的秋野"（鲍文），不仅于词义难通，而且于诗中之境、诗人之情亦有违碍。《琵琶行》所要传达的情感，和鲍文中提及的白居易《五凤楼眺望》一诗，迥然有别，未可相提并论。另外，鲍文驳"夜中何能见出碧色"之论，谓"夜"字不必拘泥，可视为黄昏到夜晚，

---

① "近吹"，应作"吹近"，一作"崄邃"。见王国维校，袁英光、刘寅生整理标点《水经注校》第891页（上海人民出版社1984年版）、陈桥驿点校《水经注》第539页（上海古籍出版社1990年版）。

或径视为"暮送客"亦可，此亦嫌牵强。

在众多唐代诗人中，确如杨慎所云，白居易用"瑟瑟"一词次数最多。王勃、杨炯、骆宾王、王维、孟浩然、岑参、李白、韩愈、李贺、张籍、王建、刘禹锡、杜牧的现存诗集中，均无"瑟瑟"一词之用例。杜甫《古筝行》"雨多往往得瑟瑟"，亦仅一见，诸家注释均为珍宝名。卢照邻《早度分水岭》"瑟瑟松风急，苍苍山月团"、《明月行》"洞庭波起兮鸿雁翔，风瑟瑟兮野苍苍"，仅两见，任国绪、祝尚书、李云逸均释为风声。卢照邻《秋霖赋》"风横天而瑟瑟，云覆海而沉沉"亦取此义。此义用例还有《宋书·乐志》三《陌上桑》"风瑟瑟，木搜搜，思念公子徒以忧"，杨炯《风菊赋》"风萧萧兮瑟瑟"等。而贯休《梦游仙四首》其二"三四仙女儿，身着瑟瑟衣"，则言仙女衣色之深碧。

总之，白居易诗中，"瑟瑟"一词有风声、碧色两解，取何解应视文义而定，未可胶柱鼓瑟。关乎《琵琶行》之"瑟瑟"尤为引人注目。碧色自然热烈，风声未免萧瑟。江州之贬，带给乐天的影响，或者这两种心境兼而有之。这也提醒我们，在秋风瑟瑟的大劫大难之后，不该失去锐气，不该失去热度，镇定了仍可燃烧，平稳了便会更加浩荡。从接受美学的角度看，取何种选择，有时还应视乎不同的读者而定。

〔明〕文伯仁《浔阳送客图》

章四　散文之风度

回一　洁净中含静光远致——谈谈白居易散文

古代汉语在文体意义上使用的"散文"一词，最早源于佛经翻译，唐代宗李豫《密严经序》云："夫翻译之来，抑有由矣。虽方言有异，而本质须存。此经梵书，并是偈颂。先之译者，多作散文。蛇化为龙，何必变于鳞介；家成于国，宁即改乎姓氏。矧讹异轻重，或有异同，再而详悉，可为尽善。"至南宋，"散文"才被普遍赋予文体学的意义。从语境看，大都是与诗、对文或四六（骈文）对举的，其涵义是指句式参差不齐的散体文。本文题目中的"散文"，则取义于现代西方文学理论的概念，即与诗歌、小说、戏剧文学并列的一种文体样式，涵盖散体文（古文）、骈体文（今文）、赋体文。

唐代的散文，据平冈武夫主编《唐代的散文作家》《唐代的散文作品》统计，《全唐文》《唐文拾遗》《唐文续拾》共收作者3516人，作品22896篇；陈尚君《全唐文补编》在上述诸书外，又辑得7000多篇，涉及作家2600多人。从骈散体式变迁演进的大势看，唐代正处在由骈文为主演变为古文为主的过渡期。在三百余年间，骈体、散体始终同存并峙，各放光明，俪辞、古文相互交织，彼此依存，共同构成了唐代散文的绚丽图卷。而唐代律赋，是介于散体文和骈文之间的一种特殊文体，与骈文相比，在修辞上，赋以铺陈为主，骈文以对仗为主；在句法上，赋以排比句为主，骈文以对偶句为主；在音律上，赋除平仄外还要求句尾押韵，骈文有时要求平仄而不求押韵；在题目上，绝大多数的赋以"赋"命题，骈文则没有固定的标志；在功用上，赋用于描写与抒情，骈文除此二者还可议论并充当应用文。[①]

---

① 参见拙作《唐宋散文概观》，《沈阳工程学院学报》2005年第4期。

　　白居易是唐代与李杜齐名的著名文学家，而就文体之全面、诗文之并擅而言，白居易的成就还要在李杜之上。尽管在后人眼中，白居易诗歌创作的影响较大，其实他的散文也具有同样重要的地位，是唐宋散文"八大家"之外值得高度重视的大家。《旧唐书·白居易传》称："元和主盟，微之、乐天而已。臣观元之制策，白之奏议，极文章之壶奥，尽治乱之根荄。"评价如此之高，并非源自史书作者慧眼独具；因为晚唐五代以来，"世称白傅文行，比造化之功。盖后之学者，若群鸟之宗凤凰，百川之朝沧海也"（陶谷《龙门重修白乐天影堂记》）。《旧唐书》所言，只是当时文坛之共识。但《旧唐书》作者在强调元和主盟为元稹、白居易的基础上，特别指出二人在制策奏议这类政论文中的功绩和影响，可见其侧重。确实，元、白二人，俱曾为谏官，并先后入翰林、制诰中书，其制策、奏议，关注现实，体恤下情，颇有裨益于政教。

　　明清之际的大儒王夫之（1619～1692）谈到元白政论文，也持类似看法，其《读通鉴论》卷二十五说：

　　　　制科取士，唐之得元、白，宋之得二苏，皆可谓得人之胜矣。稹、居易见知于裴中立，轼、辙见重于司马君实，皆正人君子所嘉与也。观其应制之策，与登科以后忼慨陈言，持国是，规君过，述民情，达时变，洋洋乎其为昌言也。而抑引古昔，称先王，无悖于往圣之旨，则推重于有道之士而为世所矜尚，宜矣，推此志也，以登三事，任密勿，匡主而庇民，有余裕焉。

　　将元、白与二苏相提并论，亦可谓推崇备至，因为在两宋鲜有堪与二苏并论者。不过《新唐书·白居易传》却声口不同，执笔者先说

"居易于文章精切，然最工诗"，最后又"赞曰：居易在元和、长庆时，与元稹俱有名，最长于诗，它文未能称是也，多至数千篇，唐以来所未有"。从这一褒诗贬文的评判，可以体会出晚唐五代至宋初文坛风尚与评论尺度的变迁。进入宋代，曾经具有群鸟朝凤、百川归海地位的白居易，在散文方面受到韩柳的挑战。在《新唐书》作者看来，元白主盟元和的历史需要改写，改写的办法，就是以韩柳文章风范为高下标准，来衡量白居易散文成就与地位。既然意在重新书写历史，别塑元和文坛宗主，褒诗贬文自在情理之中。

今天看来，白居易的文章，无论表现内容的广泛性、深刻性，还是艺术成就的鲜明与个性，都不逊于其他任何一位唐代作家。白居易今存散文866篇，无论是作品数量，还是体裁种类的多样化，都很突出。白居易文集中，除"檄"外，当时的诗、赋、策、论、箴、判、赞、颂、碑、铭、书、序、文、檄、表、记这十六种文学体式皆有收录。《文苑英华》中有三十八种文体分类，竟录有白居易的二十五类作品，这是绝无仅有的。

白居易在各种文体中都能大展身手的一个重要原因，是他作为文人官僚，具有大量执笔公案文牍的机会。尤其为世人所忽略者，白居易是新体古文的宣导者和创作者，在中唐文体革新运动中具有重要地位。白居易的文章，喜用对句和四字句，注重音律和协，用词色彩丰富而具视觉美感。《旧唐书》称其为"文辞富艳"，主要体现对偶骈整的句式、流美和谐的声调以及明艳晓畅的词藻。

白居易应试之作《性习相远近》等赋、百道判等，新进士竞相传于京师；《策林》七十五篇，识见超卓，议论风发，词畅意深，是追踪贾谊《治安策》的政论佳作；《草堂记》《冷泉亭记》《三游洞序》等，文笔简洁，真切凝练，旨趣隽永，是不逊于韩柳的优秀的山水小品；

《江州司马厅记》《序洛诗》《醉吟先生传》等，抒写性情，洞开心扉，抑扬起伏，委婉达意，兼有诗性诗情；《晋谥恭世子议》《汉将李陵论》等篇，议论警醒，有为而作，条清缕析，情理相兼；《与元九书》则披肝沥胆，阐述诗歌的生命意义，是古代不可多得的诗学文献；在杭州所撰有关水利的《钱唐湖石记》等，则充分显示出白居易的政务才能。

白居易是著名的"元和六学士"之一，尤精于翰林制诰的写作。在任职翰林学士、中书舍人期间，白居易执掌纶言诰命，达到文章事业的高峰。元稹《酬乐天馀思不尽加为六韵之作》诗中写道："《白朴》流传用转新"，此句下其自注云："乐天于翰林、中书，取书诏批答词等，撰为程式，禁中号曰《白朴》。每有新入学士求访，宝重过于《六典》也。"关于《白朴》，南宋王楙（1151～1213）《野客丛书》卷三十"白朴"云：

> 检《唐·艺文志》及《崇文总目》无闻。每访此书不获。适有以一编求售，号曰：《制朴》，开帙览之，即微之所谓《白朴》者是也。为卷上中下三，上卷文武阶勋等，中卷制头、制肩、制腹、制腰、制尾，下卷将相、刺史、节度之类。此盖乐天取当时制文编类，以规后学者。

可见，此书到南宋仍有流传。白居易自己在《钱徽司封郎中知制诰制》中说："中台草奏，内庭掌文，西掖书命，皆难其人也。非慎行敏识，茂学懿文，四者兼之，则不在此选。"这段话不啻其自我写照。就如为应科试而作拟判、拟策一样，白居易在有望进入内廷之前之后，还作有大量"拟制"，足以说明他对此类文体的重视。在唐代文人中，唯有白居易采用这种文章分类，后来又被《文苑英华》沿袭，进而影响到后来欧阳修、苏轼等的"外制集"和"内制集"。

除程式化的制诰文字外，白居易散文还包括策问、奏议、论、传状、碑碣、志铭、箴、赞、偈、赋、判、书信、记序、哀祭文等。其中，策问与奏议，多是富有现实意义的政论文，而文学因素较强的，则是书信、记序及哀祭文。白居易的哀祭文，集中今存 20 篇，数量没有韩愈多，但皆有为而作，其中祭神之文 7 篇，属于公文性质，可存而不论；祭人之文 13 篇，祭吊不同层次的亲友，伤悼之情直率表露，情真语挚，剀切沉痛。其中《祭浮梁大兄（幼文）文》《祭弟（行简）文》和《祭微之（元稹）文》三篇，可视为其中的代表作。《祭微之文》中"贞元季年，始定交分。行止通塞，靡所不同。金石胶漆，未足为喻。死生契阔者三十载，歌诗唱和者九百章，播于人间"，深情厚谊，誓心同归，至今读来，仍令人动容。

白居易的文学性散文，在文体上更多的是记、书、序这三类。其中"记"，始于记事，后来逐渐发展壮大，成为涵盖颇广的一种文体，最能体现小品文融记叙、描写、议论为一体的基本功能。白居易现存记体文 20 多篇，包括厅壁记、墓碑记、人事杂记、器物之文、营建之文、功德之文、哀祭之文等；从主体性与客体性的角度出发，主要可以分为两类：一类侧重于客观详实的写景叙事，另一类侧重于对主观情思的抒发。也有的融二者为一体，例如描写亭台阁堂与山水风物者，颇多知名之作。尤其值得一提的是，元和十年被贬江州以后，白居易求政不得而放意山水，仕途不顺乃寄情游赏，在山水游记领域颇多佳作。

书体文，主要是白居易与师友、亲朋或同事的交往书信，白居易集今存书信九通，题材内容，涉及诉友情、叙遭遇、商学术、谈艺文等，有的表达出对时事的评判，有的体现出文学艺术上的主张和见解。

序体文，可分为四类：赠序、文序、杂序和游宴序。白居易的序体文在艺术表现上，往往奇偶交错，骈散结合，叙议兼用，体简词足，多用长对，善于运用对话体，对中唐以后的散文创作颇有影响，对北宋时期诗文革新运动形成的平实雅正文风，也有开拓之功。

散文之外，白居易的赋作也很有影响。其在世时，《性习相近远》《求玄珠》《斩白蛇》等赋，"新进士竞相传于京师矣"（元稹《白氏长庆集序》）。作为最具汉语特色的文体，赋介于散文与韵文之间，更能体现作者多方面的文学才华和文化修养。元稹《酬乐天余思未尽加为六韵之作》"帝喜相如作侍臣"句下注云："乐天知制诰词云：'览其辞赋，喜与相如并处一时。'"白居易自己也在《与元九书》说过："日者，又闻亲友间说：礼、吏部举选人，多以仆私试赋判，传为准的。"（《旧唐书》作"多以仆私试赋判为准的"）可见，白居易的科试之赋，曾被士人当作学习仿效的标准程式，在当时就很有影响。赵璘《因话录》卷三也评价说："元和以来，李相国程、王仆射起、白少傅居易兄弟、张舍人仲素为场中词赋之最，言程式者，宗此五人。"确实，白居易是在赋体制方面积极创新并完备的实践者，也是唐人赋作较多的作家，在当时影响很大，《全唐文》收辞赋作家 544 人，赋作 1622 篇，《全唐文补编》又补辑 40 多位作家的 50 多篇赋，平均每人不及三篇，而白居易赋作是这一平均值的 5 倍还多。

白集今存辞赋多为律赋。所谓律赋，是适应唐代科举考试的要求，由骈赋衍变而来的带有固定格律要求的一种赋体。其格律限制大致有三：一是因其脱胎于骈赋，自然要求对偶；二是限韵，韵数一般是三至八韵，有时平仄次序也有限定；三是字数，从白居易律赋题下自注可知，要求一般不少于 350 字。由于受这些限制的束缚，所以创作律赋，有如戴着脚镣手铐跳舞，在狭小的空间里，接受驰骋才思的挑战。律赋能够成为今存唐赋中为数最多的一体，与赋成为唐代进士考试的

科目有关。贞元、元和之际，更是律赋的鼎盛时期，白居易与同时代
的王起、李程、元稹、张仲素、贾餗、裴度、蒋防等，都是当时的律
赋名家。

白居易律赋有十余篇，涵盖体物、言情、纪事、说理、论文五种
题材。其中《宣州试射中正鹄赋》与《省试性习相近远赋》这两篇是
应试之作，《泛渭赋》和《伤远行赋》这两篇为抒情言志的即兴创作，
其余基本是"私试"（即准备应试）的模拟习作。《动静交相养赋》《泛
渭赋》《伤远行赋》这三篇为非限韵，其余均为限韵之作（绍兴本《白
氏文集》卷三十八列《动静交相养赋》《泛渭赋》《伤远行赋》为卷
首）。这些律赋有的属对工巧，有的文辞典雅，也有的"命题冠冕正大"
（李调元《赋话》卷二），大都词畅意深，立意与文采兼胜；以散融骈，
工稳并流动浑成，显示出白居易作为一代文章作手所独具的艺术个性
和特色。这种特色概括来讲有三：

一是注重立意，以议论性见长。王芑孙《读赋卮言·立意》说："白
傅为《赋赋》，以立意、能文并举。夫文之能，能以意也，当以立意为先……
意之不立，辞将安附？"唐人律赋，大都是为准备应试而虚拟题目、
玩弄词藻的游戏滑稽之作，了无意义。白居易的律赋则不然，大都"能
文并举"，"立意为先"。虽是"私试"的习作，也尽量选取雅正而
有意义的题目来做文章。如《动静交相养赋》《大巧若拙赋》《赋赋》等，
引经据典，均以议论析理见长。后世拟仿之作颇多，有的在题目中标出，
有的在自序或行文中点明。在似与不似之间，可以用来反观白居易赋
在赋史中的成就与地位。

二是章法谨严，呈定型化趋势。王芑孙《读赋卮言·谋篇》说："赋
重发端，尤重结局。"下举白居易《射中正鹄赋》为例，此赋开篇云："圣
人弦木为弧，剡木为矢，惟弧矢之用也，中正鹄而已矣，是谓武之经、

礼之纪，故王者云云。"王芑孙认为是"直用原议体起，是皆变格"，但仍被许当行。因为《文心雕龙·诠赋》曾云："诗序则同义，传说则异体，总其归途，实相枝干。况流制已倡于晋代，散言颇见于楚辞。"衷之于古，折之以律，皆不得以"文成破体"相讥也。（王芑孙《渊雅堂全集·外集》）发端亦即"破题"。白居易的律赋，重视布局谋篇。如何开头，如何展开，如何收束，都有周密妥当的安排，尤其注重主体部分的正反相比，纵横开阖，前后照应，俨然形成章法。李调元《赋话》卷一说："唐人试赋，极重破题。白居易《性习相近远赋》云：'噫！下自人，上达君，咸德以慎立，而性由习分。'李凉公逢吉大奇之，为写二十余本。"即就白赋善于发端而言。《赋话》卷三还举《黑龙饮渭赋》为例，称赞白居易律赋，既善于发端，也善于收束：

　　起句云："龙为四灵之长，渭居八水之一。"独有千古，其余英气逼人，光明俊伟。结联云："逼而察也，类天马出水以游；远而望之，疑长虹截涧而饮。"风驰雨骤，到此用健句压住，如骏马之勒缰，是为名构。

三是不拘常格，有散文化倾向。唐人律赋，篇幅狭小，限制甚多。只有少数文人能骋其才思，打破四六对偶的常格，以散文化的笔法求其变化，在凝固板滞的体制之外，焕发出一线生机。白居易就是其中突出的一位。李调元《赋话》卷三指出：

　　律赋多用四六，鲜有作长句者。破其拘挛，自元、白始。乐天清雄绝世，妙悟天然，投之所向，无不如志；微之则多典硕之作，高冠长剑，璀璨陆离，使人不敢逼视。

白居易的《求玄珠赋》《汉高帝亲斩白蛇赋》《鸡距笔赋》，还有以议论析理见长的《动静交相养赋》《大巧若拙赋》等，从命意、谋篇到遣词，都打破律赋常规，一反四六骈句的板滞，参用散句长句，句甚长而气流走，具有挥洒自如的气势。李调元《赋话》卷一评白居易《射中正鹄赋》："'正其色，温如洒如；游于艺，匪疾匪徐。妙能曲尽，勇可贾馀'，此数语，乃自道其行文之乐也。"道出其寓散于骈、不拘格限、驾驭自如的优点。《赋话》还盛赞《鸡距笔赋》"通篇变化纵横，亦不似律赋寻常蹊径"，《黑龙饮渭赋》"英气逼人，光明俊伟"，也是就白赋纵横恣肆、不拘常格的散文化倾向而言。白赋这种"破其拘挛"的散文化倾向，对宋代文赋的兴起，有导夫先路之功。

总之，作为文章大家，白居易在记、序、书、论、传、赋等非公文性文体写作中，无施不可，穷极变化，留下一批脍炙人口的作品；而在奏状、诏诰、判、策、表等公文性文体中，白居易更将视野拓展到唐人生活的各个领域，真实而生动地展现出中唐的政治面貌、军事形势、经济状况、生活图景、风俗画卷、伦理道德、哲学思潮，以及这位唐代大文学家丰富的内心世界和思想轨迹。由于包含丰富内容并且保存完整，白居易的文章，不仅是这位广大教化主的一生经历与思想情感的写真，同时也可窥见有唐一代的社会面貌以及生活点滴，其史料价值更是历来为治唐史者所重视。

白居易诗歌中有一类即闲适诗，其散文亦多有闲适之风。尤其是非公文性文体。昔人云："世间第一等便宜事，真无过闲适者。"（袁宏道《识伯修遗墨后》）可谓至言。无论谈闲适，还是谈唐宋小品文，白居易都是无法略过的大家。王夫之《姜斋诗话》云：

唯有一种说事说物单句语，于义无与，亦无所碍，可以灵隽
之思致，写令生活。此当以唐人小文字为影本。刘蜕、孙樵、白居易、
段成式集中短篇，洁净中含静光远致，聊拟其笔意以骀宕心灵，
亦文人之乐事也。

这里提到的"可以灵隽之思致，写令生活"，"洁净中含静光远致"
两句，正堪为白居易小品文之写真。笔者昔年初读其文，未觉才华如
何别样，笔致如何独到；近二毛频见，年过中年，乃渐觉其笔墨颇多
他人罕到之处；今参以唐宋其他诸家，甄选其文，注释赏读其作之后，
更别有感悟。概言之，上引王夫之的体会，深得吾心。灵隽有思致，
洁净含静光，白居易之小品文，斯言足可无愧。

若要全面了解和研究白居易在散文方面的成就得失，当然需要阅
读其全集，但对于大多数读者而言，在有限的时间内，选择阅读其代
表性作品，不失为一条捷径。不同的选本，体现出不同选者的不同编
选视野，"选者之权力，能使人归"（钟惺《诗归序》）。在各类层
出不穷的选本中，白居易不同作品的入选比率，既是这一作品被接受、
关注和认可程度的晴雨表，也是该作品声名高低的直观显示器，而不
同时代对不同作品的阅读趣尚，也常有变化，其中带有导向和牵制作
用的因素，也是白居易接受史研究的重要课题。"选书者非后人选古
人书，而后人自著书之道也。"（谭元春《古文澜编序》）所言正道
出其中端倪。有鉴于此，笔者在汲取前贤已有成果的基础上，抱着"尝
一脔肉，而知一镬之味"（《淮南子·说林训》）的奢望，完成了《白
居易小品》的评注，2020 年由中州古籍出版社出版。

有意思的是，"小品"一词，最早也源自佛教。在佛经里，用来
专指七卷本《小品般若波罗蜜经》，以便与二十四卷本《摩诃般若波

罗蜜经》相对。东晋时期，鸠摩罗什的弟子僧睿撰有《小品经序》，刘义庆《世说新语·文学》："殷中军读《小品》，下二百签，皆是精微，世之幽滞，欲与支道林辨之。"刘孝标注："释氏辨空经有详者焉，有略者焉，详者为《大品》，略者为《小品》。"唐人陆龟蒙《寂上人院》诗："趁幽翻《小品》，逐胜讲《南华》。"清人金农《写经研》诗之二："到处云山到处佛，《净名》《小品》倩谁书？"作为一种散文文体，小品有广义与狭义两种不同性质。狭义的小品，专指晚明的性灵小品，如朱国桢《涌幢小品》、陈继儒《晚香堂小品》等。广义的小品文，则不受限制，甚至无所不包，其特点是篇幅较短，多以深入浅出的手法，夹叙夹议地说明一些道理，或生动活泼地记述事实，抒发情怀。正如朱光潜《论小品文》所言："凡是篇幅较短，性质不甚严重，起于一时兴会的文字似乎都属于小品文，所以书信、游记、书序、语录以至于杂感，都包含在内。"

　　《白居易小品》的取义，自然是广义的概念。笔者选择的底本，是文学古籍刊行社 1955 年影印宋绍兴刻本《白氏文集》七十一卷，同时参考《四部丛刊》影印日本那波道圆翻刻朝鲜刻本《白氏文集》、金泽文库本《白氏文集》、清卢文弨《群书拾补》校《白氏文集》等。所选文章的标点，主要参考朱金城《白居易集笺校》、谢思炜《白居易文集校注》等。所选白文的注释，主要参考近人岑仲勉诸作。此外，对晚近以迄今日之白居易及唐诗唐史研究的各项有关成果，著者亦尽其所知，广为吸取。这部书篇幅不大，但笔者四历寒暑，以尚友先贤之心，在全面参考古今各类相关选本的基础上，几番斟酌篇目，几经打磨评注，希望提交给读者一部精良的白居易散文读本。

　　作为学界第一部白居易散文选本，《白居易小品》所选篇目是在全面参考古今各类相关选本的基础上，斟酌而定，主要侧重选择文学性较强的小品文。全书分为记体、序体、书体、赋体及其他，共五类。注释部分，涵盖史实、人物、官制、地理等。赏读部分，主要品评分析白居易小品之立意、结构、修辞和艺术表现等，循其文而申其意，阐其艺而畅其趣。着意介绍与所选白文题旨相关的其他作品，以资比较；同时联系所选白文对后世的影响，以见传承，藉此勾勒白居易散文承上启下之接受与影响史的线索和轨迹，希望更好地再现这位广大教化主之于前世的继承、之于后世的遗泽，这也是白居易接受史研究的有机组成部分。

白居易的时代，距今已经遥远，他所生活着，并为之喜为之怒为之哀为之乐的环境，也已成为历史陈迹，但他的文章和他的诗篇一样还活着，著述长存，没有失去生命力，既属于未来，也属于当今，且其神日新。他的文章不仅文字清婉动人，气度从容不迫，而且投射着百年大唐兴衰的回眸，激荡起超越千载轮回的反思，正愈来愈显现出夺目的当代价值。正所谓：野草烧不尽，春风吹又生！

回二　从比德于竹到养竹之德：说《养竹记》

在后人眼中，白居易诗歌创作的影响较大，其实他的散文也具有同样重要的地位。白居易的文章，无论表现内容的广泛性、深刻性，还是艺术成就的鲜明与个性，都不逊于其他任何一位唐代作家。尤其是其文学性散文，在文体上多选择记、书、序三类。其中"记"，始于记事，后来逐渐发展壮大，成为涵盖颇广的一种文体，最能体现小品文融记叙、描写、议论为一体的基本功能，《养竹记》堪称这方面的代表。

《养竹记》作于贞元十九年（803）春，白居易时年32岁，考上进士已有三年，被授予秘书省校书郎，在长安校勘书籍。"帝都名利场，鸡鸣无安居"，尽管"小才难大用，典校在秘书"（《常乐里闲居偶题……》），而且"官小无职事，闲于为客时"（《首夏同诸校正游开元观因宿玩月》），但毕竟还是不错的起点，因为秘书省校书郎虽是闲职，品级不高，只是正九品上，职掌也与直接行政无关，但却为文词清华之选，是文人官僚初仕最有希望的途径，主要工作不是学术性的，而是技术型的，目的只是让刚释褐的士人，有一些工作的经验，远比县尉的工作性质单纯，元稹与白居易都是由此而进入仕途。上面诗题中提到的"常乐里"，据清人徐松《唐两京城坊考》卷三，位于朱雀门街东第五街常乐坊，是由兴庆宫往南的第二坊，东面离春明门很近，是白居易最初在长安定居之处。

　　唐代长安是当时世界知名的大都市，白居易来到长安，首要的问题是住在哪儿。虽说他少年时就曾来到京城闯荡，但是真正在长安城落户还是到任校书郎后。徐松《唐两京城坊考》卷三载："乐天始至长安，与周谅等同居永崇里之华阳观，至选授校书郎，乃居常乐里，盖此为卜宅之始也。"所谓"卜宅之始"，即出自白居易《养竹记》所云"始于长安求假居处"。不过，据白居易自己永贞元年所作《春中与卢四周谅华阳观同居》诗，居华阳观实际上是在常乐里之后，徐松的叙述尚有失准确。忽略这一细节，同现在的北漂一族相似，初入京城的白居易选择了租房。租住的房子就在长安城常乐坊内，房主原是已故相国关播，唐德宗时曾为检校尚书右仆射。《旧唐书·关播传》载："关播，字务元，卫州汲人也。天宝末，举进士。……建中三年十月，拜银青光禄大夫、中书侍郎、同中书门下平章事。……贞元十三年正月卒，时年七十九。"关相国去世六年后，白居易搬入关相国的旧宅，就住在其中被称作东亭的所在，宅院不大，倒很清幽。上引《常乐里闲居偶题十六韵》一诗还写道："茅屋四五间，一马二仆夫。俸钱

〔明〕仇英《梧竹书堂图》

万六千，月给亦有余。既无衣食牵，亦少人事拘。遂使少年心，日日常晏如。勿言无知己，躁静各有徒。兰台七八人，出处与之俱。旬时阻谈笑，旦夕望轩车。谁能髌校间，解带卧吾庐。窗前有竹玩，门外有酒沽。何以待君子，数竿对一壶。"正可为《养竹记》一文参考。

　　住进相国府的第二天，白居易在东亭内四处走走，来到东南角，发现这里有一片竹丛，然而这片竹丛却枯黄憔悴，没有丝毫生机。他向相府里的老人家请教，得知这片竹子是已故相国亲手所植，相国六年前去世以后，府内房舍外租，房客常将竹子编筐子、做扫帚，乱砍滥伐，剩下的残竹不足百根，杂草丛生。爱竹之人白居易，有感而发，由物及人，写下这篇托物寓意的散文《养竹记》，以竹子为题咏的对象，将竹子比作贤人，赞美具有正直坚强品德的君子贤人，对肆意摧残竹子的行径表示愤慨，同时，深感人才的成功离不开环境因素，"地虽生尔材，天不与尔时。不如粪土英，犹有人掇之"（《寓意诗五首》其一），竹子和贤人都是由于使用者不同才显示出差别，所以提出应该正确培养和使用人才。

　　这篇小品文很短，寓意却深远，其最突出的艺术特色就是借物咏志。宋人刘挚（1030～1097）撰有《和洗竹诗》，洪咨夔（1176～1236）《题刘忠肃和洗竹诗帖》称刘挚："洗竹和篇，与白乐天《养竹记》同意，辟邪卫正，严矣。异时罢相，乃出于所善之杨畏，何荟蔚托根之深耶？"刘、白写竹诗文意同之处，即在于借物咏志，辟邪卫正。宋人黄坚选编《详说古文真宝大全》评价白乐天《养竹记》说："此作与濂溪《爱莲说》相似，一寄意于贤，一寄意于君子，非徒在于竹与莲而已也。白居易字乐天，其人乐易，君子也。文字明白平正，不尚奇异深奥，亦与其诗大体相类云。"也看出这篇小品文借物咏志的特点。

　　白居易的《养竹记》围绕竹子展开，记叙中显真意，描写中有见识，二者自然和谐，看似无意，实则藏锋。全文可分为三个部分来赏读。第一部分开篇不凡，"竹似贤"，兼含贤德与贤人。以下用排比句式，将竹子的特征和人的高尚品性联系起来，表面写竹，实则写人。这一传统渊源有自。《吴越春秋·弹歌》所载"断竹、续竹、飞土、逐突"，还只是客观描写，至《诗经·卫风·淇奥》中的"绿竹猗猗""绿竹青青"，已开始将竹赋予主观色彩。此后，写竹之篇绵延未断，以赋为主。如初唐许敬宗《竹赋》称其"惟贞心与劲节，随春冬而不变"，王勃《慈竹赋》美其"抽劲绿以垂霜，总严青而负雪"，盛唐吴筠《竹赋》赞其"不规而圆，不揉而直"。而真正确立以竹寄物寓意并比德于君子的文章，应该始于白居易的《养竹记》。文章从竹的"本固""性直""心空""节贞"四方面，写出人的品德节操，文字酣畅淋漓，不愧是大手笔。作者对竹的评价，其实就是对贤者的评价，作者对竹的特征归纳得精辟简练，隽永含蓄。古往今来，那些仁人志士不正是这样吗——虚中洁外，坚定正直，光明磊落，处逆境不折腰，陷污泥而不染，在史册上留下美好的一页。

　　白居易早年笔下的竹意象多用于比德，例如元和八年（813），他以"孤""直"来喻其友元稹，《酬元九对新栽竹有怀见寄》写道"曾将秋竹竿，比君孤且直。中心一以合，外事纷无极。共保秋竹心，风霜侵不得"，秋竹正直孤高的品格，见证了文学史上少见的一对挚友的金石胶漆般的友谊。《与微之唱和来去常以竹筒贮诗陈协律美而成篇因以此答》又称："粉节坚如太守信，霜筠冷称大夫容。"《题卢秘书夏日新栽竹二十韵》则写道"久持霜节苦，新托露根难"，说明守节之难，于是有《别桥上竹》的感慨："穿桥进竹不依竹，恐碍行人被损伤。我去自惭遗爱少，不教君得似甘棠。""进竹"即迅猛生长的竹子，寓意积极进取。"甘棠"象征勤政爱民，德治化民。"竹"与"甘棠"意象的对比，反映出所憧憬的政治人格理想，以及这种憧

成化辛卯初夏余遊毗陵
過竹爐山房得普照師，
酌竹林深處談話閒出素紙
索畫余時薄醉挑燈戲作此
圖以憑清賞
南齋沈貞

階下回徐惠泉
竹爐小甲趙州
神鎗不我六帝
漫啜甌漚飛
三百年
南齋竹爐飈

〔明〕沈貞《竹爐山房圖》

憬未能完满实现的自惭。这些皆可与《养竹记》相互参读。

第二部分记叙作者的经历。由于拔萃选及第，在长安租了房子，在房子的东南，见到"丛竹于斯"，但"枝叶殄瘁，无声无色"。原来是主人辞世后，编筐的人砍竹子，扎扫帚的人割竹子。经过劫难，"刑余之才"，还有什么生气，加上杂草丛生，美好的竹子已被折腾得惨不忍睹。这是多么让人痛心，痛惜之情随之变为愤慨之意。"居易惜其尝经长者之手，而见贱俗人之目"，不甘让竹子就这样面目全非地存在，于是除去杂草脏土，给竹子松土施肥，竹子从破败中解脱出来。"日出有清荫，风来有清声"，竹子是"依依然、欣欣然，若有情于感遇也"。多么丰富的想象，那竹子富有情意，对自己的厄运不埋怨，对他人的扶持充满感激。这又是竹子象征意义的凸显。

第三部分卒章显志，是全文精华所在。结出文章题目中的"养"字，点出竹德须养，养竹之德，即养君子之德，贤者之德；与此前许敬宗、王勃、吴筠等人的赋竹之篇那种简单比德于竹的写法，至此真正拉开了境界上的间距。作者从竹子的遭遇，想到贤者被压抑。大千世界，万事万物，各有其别。竹子和草木，就如同贤者和常人不能同日而语，不能使自己惊世骇俗，他们需要爱护扶持，只有这样，美的事物才有价值，贤者才能为国效力。所以在结尾处点明：此文不仅是"贻其后之居斯者"，同时"亦欲以闻于今之用贤者"。从比德于竹到养竹之德，白居易以《养竹记》写出自己对寓意于竹的文学传统的创新。

拓而言之，这一创新出自白居易对竹的热爱，从常乐里开始，还一直延续至"竹木池馆，有林泉之致"（《旧唐书·白居易传》）的洛阳履道里。《吾庐》诗中写道："履道幽居竹绕池。"《履道西门二首》（其一）则曰："履道西门有弊居，池塘竹树绕吾庐。"《招山僧》亦云："欲知住处东城下，绕竹泉声是白家。"大和三年（829），他在《池上篇序》描述其履道里宅园的构成，"地方十七亩，屋室三之一，水五之一，竹九之一"，文中又云"有水一池，有竹千竿"，环池而种的大片竹林，强化了园林的雅致情趣。"竹径绕荷池，萦回百余步"（《闲居自题》），诗人或池畔闲步，或泛舟池中，或长吟，或酌饮，竹为其营造高洁脱俗的氛围。"日晚爱行深竹里，月明多上小桥头"（《池上闲咏》），"一酌池上酒，数声竹间吟"（《林下闲步，寄皇甫庶子》）。触目可见的清竹，是成就履道里池台清幽脱俗意境的重要元素。《秋池二首》（其二）："露荷珠自倾，风竹玉相戛。"《池上清晨候皇甫郎中》："深扫竹间径，静拂松下床。"《秋凉闲卧》："露荷散清香，风竹含疏韵。"《池上作》："岂如白翁退老地，树高竹密池塘深。华亭双鹤白矫矫，太湖四时青岑岑。"《小台》、《立秋夕有怀梦得》、《池上二绝》（其一）诗也用到竹的意象。《小台》："六尺白藤床，一茎青竹杖。风飘竹皮落，苔印鹤迹上。"《立秋夕有怀梦得》："露簟荻竹清，风扇蒲葵轻。""回灯见栖鹤，隔竹闻吹笙。"可见竹林的幽静，竹间的清风，是白居易内心追求淡泊、闲适的向往不可或缺的重要元素。而《池上二绝》（其一）："山僧对棋坐，局上竹阴清。映竹无人见，时闻下子声。"写竹阴里与山僧对弈的情境。清清竹阴，寂无人喧，唯闻下子之声，清幽绝俗的诗境，传递出淡淡的禅意。

竹意象本身所独具的幽静淡泊，常见于白居易笔下。例如《东楼竹》："影转色入楼，床席生浮绿。空城绝宾客，向夕弥幽独。"《新栽竹》："已觉庭宇内，稍稍有余清。最爱近窗卧，秋风枝有声。"幼竹还没长成，就已感觉到清静之感，更不用说挺拔的竹林是多么的幽静，难怪诗人如此喜爱并付之歌咏。《北窗竹石》："筠风散馀清，苔雨含微绿"，"莫掩夜窗扉，共渠相伴宿"，窗外种竹，以竹为伴。《竹窗》曰："是时三伏天，天气热如汤。独此竹窗下，朝回解衣裳"，"无客尽日静，有风终夜凉"，"清风北窗下，可以傲羲皇"，竹窗下如此宁静舒适，甚至可以傲视羲皇，可见诗人对闲适淡泊生活的欣赏。而一旦远离这种闲适之境，便产生深深的忆念，《思竹窗》："惟忆新昌堂，萧萧北窗竹。"《玩松竹》"幽怀一以合，俗念随缘息"，"乃知性相近，不必动与植"，性情与竹的幽静特性相近，因此可以抛弃功名利禄俗念，安享淡泊闲适的生活。《题李次云窗竹》："不用裁为鸣凤管，不须截作钓鱼竿。千花百草凋零后，留向纷纷雪里看。"诗人并不追求竹的功用，不作"鸣凤管"，不作"钓鱼竿"，只留着"雪里看"。

　　竹之幽静，令人宁静安详，使人心绝尘虑；悠闲自得的情趣和理性思辨，于是在不经意间闪现。《池上竹下作》写道："水能性澹为吾友，竹解心虚即我师。"外在的幽静与内心的虚静相映衬，营造出清幽绝俗的意境。《竹楼宿》"小书楼下千竿竹，深火炉前一盏灯。此处与谁相伴宿，烧丹道士坐禅僧"，既是诗人以竹为伴的参禅生活的形象写照，也是清竹掩映之下禅机禅趣的自然流露。所谓平常心是道，白居易对竹的热爱与其佛教（尤其是南禅宗）修养密切相关，同时相互促发。像《浥浦竹》"谁肯浥浦头，回眼看修竹。其有顾盼者，持刀斩且束。剖劈青琅玕，家家盖墙屋"，描写竹多盖房的平常事实。《食笋》"此州乃竹乡，春笋满山谷。山夫折盈抱，抱来早市鬻"，"置之炊甑中，与饭同时熟"，描写最平常的吃饭问题——吃竹笋。《洗竹》"独立冰池前，久看洗霜竹。先除老且病，次去纤而曲"，"小者截鱼竿，大者编茅屋"，描写洗竹的过程和分类。极为普通的小事，也能成为白居易歌咏的对象，既表明诗人对日常生活的留意，同时也是南禅宗的"平常心是道"这一思想的体现。

　　在白居易《养竹记》之后，延承其以竹寄物寓意传统并且继续发扬光大的散文作品有两篇值得一提，分别出自刑部侍郎刘伯刍的两位公子。一篇是刘岩夫的《植竹记》，文章明确提出"君子比德于竹"之论，并云："原夫劲本坚节，不受霜雪，刚也；绿叶萋萋，翠筠浮浮，柔也；虚心而直，无所隐蔽，忠也；不孤根以挺耸，必相依以林秀，义也；虽春阳气王，终不与众木斗荣，谦也；四时一贯，荣衰不殊，恒也。垂蕡实以迟凤，乐贤也；岁擢笋以成干，进德也。"（《全唐文》卷七三九）一连列出竹的八大特点：刚、柔、忠、义、谦、常、乐贤、进德，这也正是君子应有的道德品性。另一篇是刘宽夫的《竹记》，文章认为竹之美，在于"群居不乱，独立自持，振风发屋，不为之倾，大旱干物，不为之瘁；坚可以配松柏，劲可以凌雪霜，密可以泊晴烟，疏可以漏宵月，婵娟可玩，劲挺不回"（《全唐文》卷七四〇），所谓"群居不乱，独立自持"，以及坚、劲、密、疏等，也从另一侧面道出竹之可以比德于君子的特点。

宋代三山先生林之奇（1112～1176）的弟子吕祖谦（1137～1181）编有《东莱集注类编观澜文集》，其中选录白居易诗文九篇，《养竹记》即为其一，其余八篇是《江南遇天宝乐叟歌》《无可奈何歌》《长恨歌》《太行路》《座右铭并序》《太湖石记》《庐山草堂记》《饶州刺史吴府君神道碑铭》。乾隆皇帝（1711～1799）有《题白居易养竹记》云："潇洒白少傅，妙理寄清谈。自为养竹记，竹性颇能谙。森森抽枝筱，千头绿玉篸。欲疏不欲密，三昧还须探。亦思觅几个，琅玕栽宅南。"乾隆之弟爱新觉罗·弘昼（1712～1770）亦有《题白乐天养竹记》，诗云："乐天爱竹取何意，取其劲直耸千亩。亭亭苍秀在我园，萧萧幽韵傍我牖。乐天记竹记何美，记其不凋与不朽。森森密叶待风来，通中直外耐长久。想彼夭夭桃李花，与彼翠翠岸旁柳。秋风瑟瑟霜露寒，前日妖娇今皆丑。何如此君历四时，翠色不改挺操守。宜乎乐天作竹记，永与松梅为三友。"皇兄御弟二人的共同推崇，无疑对白乐天《养竹记》

　　的广泛流传有引导之功。

　　而此前的宋代，吕午（1179～1255）《跋漕司金厅壁书白乐天养竹记》曾云："金所改造既成，靓深闳丽，于王畿漕幕为称。堂后有隙地，同官相与种竹，仅百个，翠叶交加，秀色可餐。每朱墨余闲，启窗视之，心目开明，俗尘一洗。竹之有助于人如此。乃书白乐天《养竹记》于壁，庶几来者知所封植云。嘉定五年闰九月某日，新安某书。"早有先发之功。不过嘉定五年无闰月，因此落款或为嘉定六年。

　　续此佳话，1995 年，这篇《养竹记》由陕西师范大学霍松林教授

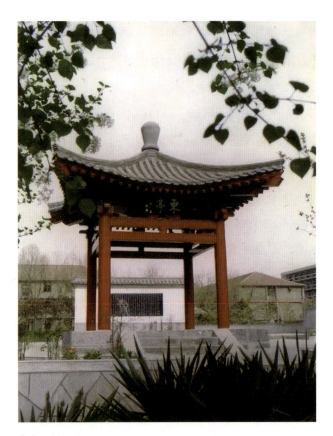

东亭旧址

题写，刻碑立于东亭旧址，石碑嵌入一面仿古的白墙之中，意在建构白居易题壁《养竹记》的佳话。白墙的后面，是一片郁郁葱葱的翠竹。在西安交通大学百年校庆之际，在教学主楼以东、东六舍以南的一块清幽之地，又重建了东亭，"东亭"牌匾由启功先生题写，环以茂林修竹，琉璃瓦墙。纪念亭的一侧，是雕塑家陈云岗创作完成的诗人白居易的全身立像，昔日的一代诗豪，中立不倚，节概凛然，昂首眺望远方，似乎在追溯大唐昔日的荣光。

章五　藏书与空间

回一　无书不能训——白居易与藏书史

在藏书史上，白居易还是和氏璧，尚无人留意。这位广大教化主能有今日之声名，与他的早慧有关系，与出道较早有关系，与前辈提携有关系，与他自己精励刻苦有关系，与他善于团结同道有关系，与他的作品高产（水平高、数量多）有关系，与他年寿长、文学活动持续的时间长有关系。除此之外，其实与白居易善于藏书也颇有关系。"世间富贵应无分，身后文章合有名"，这是他写给好友元稹和李绅的感慨。感慨还不算，而且付诸实际。为了完整妥善且久远地藏书，综合权衡誊录成本与散佚的风险，白居易做出周密安排，将著作抄写五部，分别弆藏私家和不同的寺院。去世前一年，他在《白氏长庆集后序》中说："诗笔大小凡三千八百四十首。集有五本，一本在庐山东林寺经藏院，一本在苏州南禅寺经藏内，一本在东都胜善寺钵塔院律库楼，一本付侄龟郎，一本付外孙谈阁童，各藏于家，传于后。其日本、暹罗诸国及两京人家传写者，不在此记。"用心可谓良苦。

其中弆藏在东都洛阳胜善寺那一部，有好友李绅的点赞，名唤《题白乐天文集》，又作《看题文集石记因成四韵以美之》，赞曰："寄玉莲花藏，缄珠贝叶扃。院闲容客读，讲倦许僧听。部列雕金榜，题存刻石铭。永添鸿宝集，莫杂小乘经。"以珠玉之珍，赞乐天诗文之美；以鸿宝之集，誉香山著述之贵。不仅与佛经同列，而且地位还非小乘杂经可比。这样到位的推重，出自与乐天同年生同年卒的李丞相。果然不负所望，梦想成真——《白氏文集》成为目前唐代保存最完整的诗文集；而且预言落实，名不虚传——乐天已经与李杜齐名，在日本、暹罗诸国，声望甚至还要更高。

白居易不但善于收藏自己的著作，在藏书史上，还曾担任主管官藏经籍和图书的秘书监，这是从三品的秘书省高级长官，其《闲行》诗云"专掌图书无过地，遍寻山水自由身"，可见其尽职尽责。这是官藏领域，而私人藏书方面，则有其专属的"池北书库"。池北书库建造在哪里呢？在东都洛阳。有学者说是在今天洛阳白园的乐天堂（范凤书《中国著名藏书家与藏书楼》，大象出版社 2013 年版，第 3 页）。此说不妥。洛阳白园只是白居易归葬之地琵琶峰所在，非要寻找此园与藏书相关之所，亦非乐天堂，而是道时书屋。这是白居易研究专家顾学颉（1913 ～ 1999）所题。"道时"二字，据笔者理解，应是取义于元稹《酬孝甫见赠十首（各酬本意，次用旧韵）》其二称扬杜甫之语："怜渠直道当时语，不着心源傍古人。"钱锺书《谈艺录》云："直道时语，不傍古人者，指新乐府而言，乃不用比兴、不事婉隐之意，非泛谓作诗不事仿古也。"

那么，白居易的池北书库在哪儿呢？来看其大和三年（829）撰《池上篇》所述：

> 东都风土水木之胜在东南偏，东南之胜在履道里，里之胜在西北隅，西闬北垣第一第，即白氏叟乐天退老之地。地方十七亩，屋室三之一，水五之一，竹九之一，而岛树桥道间之。初，乐天既为主，喜，且曰："虽有池台，无粟不能守也。"乃作池东粟廪。又曰："虽有子弟，无书不能训也。"乃作池北书库。

可见，池北书库在洛阳东南偏点儿，那儿是当时风土水木最佳胜之处！东南偏哪里呢？当时的黄金地段——履道里！履道里何处呢？西北隅，当时更是风土水木最佳胜之处！西北隅第几处宅第呢？第一

第！白居易的池北书库就在履道里第一第，是长庆四年（824）罢杭州
刺史时，从散骑常侍杨凭旧宅的新主人田氏手中购得。宝历元年（825），
白居易《泛春池》诗写到池台的由来："谁知始疏凿，几主相传受？
杨家去云远，田氏将非久。天与爱水人，终焉落吾手。"诗中原注："此
池始杨常侍开凿，中间田家为主，予今有之，蒲浦、桃岛皆池上所有。"
池台易主那年春天，白居易修葺新园。新园方圆十七亩，屋室三之一，
景物以水、竹为主，水占五之一，竹占九之一。园中有岛，有树，有池，
池边有路，池上有桥，环池有竹，池中有舟，舟上有胡床。水香莲开之旦、
露清鹤唳之夕，主人酒酣琴罢，吟风弄月，酿酒之法，为颍川陈岵所
授，其味甚佳；琴则博陵崔玄亮所与，其韵甚清；蜀客姜发授《秋思》，
其声甚淡；弘农杨归厚所赠青石三方，长且平滑，可以坐卧。再加上
白居易自己罢杭州刺史所得天竺石一方，华亭鹤两只；罢苏州刺史时
所得太湖石五方，及白莲、折腰菱、青板舫等；罢刑部侍郎时所得粟
千斛，书一车，以及操习管磬弦歌的家奴。

中唐以下，诗文中池水之景的描写渐多，而白居易堪称代表。每
到一处新址，白居易即造池水景，如《官舍内新凿小池》即道："帘
下开小池，盈盈水方积。中底铺白沙，四隅甃青石。勿言不深广，但
足幽人适。泛滟微雨朝，泓澄明月夕。岂无大江水，波浪连天白。未
如床席间，方丈深盈尺。清浅可狎弄，昏烦聊漱涤。最爱晓暝时，一
片秋天碧。"如诗所云，池多不大，以小见胜，趣味愈可亲近，一般
文人居处也可营建，弃官隐居者也能安顿身心，白居易《过骆山人野
居小池》小注即云："骆生弃官居此二十余年。"诗云："茅覆环堵
亭，泉添方丈沼。红芳照水荷，白颈观鱼鸟。拳石苔苍翠，尺波烟杳
眇。但问有意无，勿论池大小。……善哉骆处士，安置身心了。"又
如白居易《草堂前新开一池养鱼种荷日有幽趣》写道："淙淙三峡水，

浩浩万顷陂。未如新塘上，微风动涟漪。小萍加泛泛，初蒲正离离。红鲤二三寸，白莲八九枝。绕水欲成径，护堤方插篱。已被山中客，呼作白家池。"在这里，"淙淙三峡水，浩浩万顷陂"的川洋烟波记忆，被融缩为小小白家池塘的日常。书斋院落的清雅明丽，与书斋眼前的池塘水景，提供给读者另一方天光云影，淡去了江湖风波的承载，人生至此开启歇息与归隐的新篇。

《履道里第宅记》不知何人所撰，堪与《池上篇》参看："履道里在都城偏东南。其内买（常侍）杨凭宅，价不足，以两马偿之。宅在西北（里）隔西闲（间）北垣第一第也。坐向南方。于东五亩为宅，其宅西十二亩为园，方正共十七亩。园中花忻（开）最茂。有映日堂三间，有九老堂五间，有池水可泛舟。舟中有胡床，床前有广酒池。池中龟游鱼跃。池上有桥。道（旁）有蒲、蒲桃（葡萄）。岛（上）杨柳槐梧，荫翳清凉。池东有粟廪，池北有书库，池西有琴亭，池南有（天）竺石两（峰）。岸有华亭鹤一只。"（《白居易家谱》，白书斋续，顾学颉注释编纂，中国旅游出版社1983年版，第100页）竹木池馆，有林泉之致，这样的藏书之所，读书之地，可谓古今无两。来看《池上篇》中池北书库主人自己的感受：

> 十亩之宅，五亩之园，有水一池，有竹千竿。勿谓土狭，勿谓地偏，足以容膝，足以息肩。有堂有亭，有桥有船，有书有酒，有歌有弦。有叟在中，白须飒然，识分知足，外无求焉。如鸟择木，姑务巢安；如蛙作坎，不知海宽。灵鹊怪石，紫菱白莲，皆吾所好，尽在我前。时引一杯，或吟一篇。妻孥熙熙，鸡犬闲闲。优哉游哉，吾将老乎其间。

　　池上佳境，淡淡写来，疏淡点染而已，而欣然之意，已出言外。古今藏书者多矣，但如此"优哉游哉"者鲜矣。苏轼云，白乐天事事可及，唯风流一事不可及。笔者以为，风流竹林七贤亦可及，唯此襟怀淡宕不易及也。"澄澜方丈若万顷，倒影咫尺如千寻。泛然独游邈然坐，坐念行心思今古"，这是《池上作》；"身闲当贵真天爵，官散无忧即地仙。林下水边无厌日，便堪终老岂论年"，这是《池上即事》；"水能性淡为吾友，竹解心虚即我师。何必悠悠人世上，劳心费目觅亲知"，这是《池上竹下作》。林林总总的池上诗作，构筑起乐天诗风的堂庑之境。置身池上，返归池北，由园林之境，回到精神空间。池北书库，成为白居易心路历程由外而内的最好象征物，正如白居易范式是唐宋文学转型的代表。

　　"一编长庆集，三复池上篇。"清代颐道堂主人陈文述（1771～1843）是白香山的异代粉丝，他倾心香山之处，即其"随遇皆欣然"的人生态度，《画屏怀古诗》的这句，正点出《池上篇》是白居易思想要义之体现，在《白氏长庆集》里十分重要，所以受到彭年、钱榖、董其昌等明代书画家的钟爱。康熙临董其昌书《池上篇》，还命焦秉贞取其诗中画意，画《池上篇》图一轴。张照亦有白居易《池上篇》书迹一轴。白居易另有《府西池北新葺水斋即事招宾偶题十六韵》，说的也是池北书库，新修水斋后，邀诗友来游，诗的结尾讲："读罢书仍展，棋终局未收。午茶能散睡，卯酒善销愁。檐雨晚初霁，窗风凉欲休。谁能伴老尹，时复一闲游？"书棋为伴，茶酒相随，风休雨霁，真无所不适，使人恨不能穿越时空，以应白尹之邀，一赴池北，为此闲游。

　　不同于后世藏书家，池北书库主人的藏书并非意在收藏，主要是为了阅读和利用。白居易曾利用藏书，编纂《事类集要》，又称《白氏经史事类》，即后来通称的《白氏六帖》。据宋人杨亿（974～1020）

的《杨文公谈苑》记载，编纂流程是带领门生，首先采集经籍，捃摭史传，分别事类，区分汇聚，事提其要，类归其门。然后列置七层书架，上置陶瓶，多达数千，其上标写门目名类，将写好的纸条放入分好类别的陶瓶中，编辑前从陶瓶中倒取，辑录成书。在抄本时代，《白氏六帖》无疑是作家援引典故、撷取词藻的宝库，在当时被称许为"不语先生"。在今日，于文献学而言，这部聚旧成新的类书，不仅富有辑佚和校勘等价值，也能帮助我们了解白居易藏书的大致框架和范围，考见其收藏和阅读兴趣，从而了解其文化素养的渊源与知识背景的形成。

白居易的池北书库，在唐代诗人中绝无仅有，引来后人无数艳羡。北宋诗人韩琦（1008～1075），曾任北宋三个皇帝的宰相，屡次被置于散地，深深羡慕白居易的园林生活，他营造的醉白堂，所醉之白即白乐天，苏轼为之撰《醉白堂记》，称其"取乐天《池上》之诗，以为醉白堂之歌"，一段说魏公之所有，乐天之所无；一段是乐天之所有，又魏公之所无；一段论乐天魏公之所同，并非王安石所云，只是"韩白优劣论"。韩宰相《醉白堂》云：

> 懑老新成池上堂，因忆乐天池上篇。乐天先识勇退早，凛凛万世清风传。古人中求尚难拟，自顾愚者孰可肩。但举当时池上物，愧今之有殊未全。……吾今谋退亦易足，池南大屋藏群编。一车岂若万籍富，子孙得以精覃研。……人生所适贵自适，斯适岂异白乐天？未能得谢已知此，得谢吾乐知谁先？

诗酒年华，覃研万籍，藏书池上，风流林下，如此自适的人生，悟尽识分知足者，深谙及早勇退者，足堪先乐，足堪先醉。东坡自己即深谙此意，他还将白居易与王摩诘晚年退隐辋川相提并论，其《李伯时画其弟亮功旧宅图》说："乐天早退今安有，摩诘长闲古亦无。五亩自栽池上竹，十年空看辋川图。"又专门撰《池上二首》，向乐天致意，并且与李太白对比，作出取舍，说："不作太白梦日边，还同乐天赋池上。"清代谢良琦（1624～？），全州（今广西全州）人，历官燕、吴、闽、越，孤直刚正，不容于时，罢归乡里。晚年自定文四卷，以先世所名表其集，示不敢忘德。其集名曰《醉白堂集》，亦取义于韩琦、苏轼诗文。

韩琦的同乡许有壬（1287～1364），是元代历事七朝的权臣，从政近50年，他题乐天《池上篇》说："香山白公勇退于强健时，享闲居之乐者十八年，吾乡魏忠献韩公慕之，作醉白堂，东坡苏公作记，谓公道德高于古人，非溢美也。又尝谓其出处老少粗似，而东坡之号，实本于忠州之诗，盖又慕之深者也。公年五十八，分司东都，有'今日是长归'之句，终身不渝其言。彼称其文章精纯，不欲一披，恐回其心者，适足以成公之志，而自襮其愎焉。"许有壬少年时读《池上篇》，就慨然有摆脱尘俗之想，但62岁才回乡归隐，归作圭塘西郭，虽交游构筑之盛不及白居易的池北书库，但松竹荷柳，杂植之蕃茂，倒是不相上下。

明人秦瀚有《广白居易池上篇》云：

百仞之山，数亩之园，有泉有池，有竹有竿。有繁古木，青荫盘旋。勿谓土狭，勿谓地偏。足以容膝，足以息肩。有堂有室，有桥有船。有阁焕若，有亭翼然。菜畦花径，曲涧平川。有书有酒，有歌有弦。有叟在中，白发飘然。识分知足，外无求焉。如鸟择木，姑取巢安。如鱼在坎，不知海宽。动与物游，矫若游仙。静与道契，寂如枯禅。灵鹤怪石，紫菱白莲。皆我所好，尽在目前。携笼摘果，举网得鲜。约我生计，斯亦足焉。时饮一杯，或吟一篇。老怀熙熙，

鸡犬闲闲。天地一瞬，吾忘吾年。日居月诸，莫知其然。优哉游哉，
吾将终老乎其间。

秦瀚（1493～1566），先字会洋，号艾斋，改字叔度，号从川。
邑廪生。无锡（今属江苏）人。秦镗子。以子梁贵，封奉政大夫，通
政司左参议。嘉靖四十三年（1564），与张选、俞宪等于惠山立石，
结成诗社，记《碧山吟社志》。有《从川诗集》《严栖集》。这篇《广
白居易池上篇》承白居易《池上篇》之结构句式而广之以篇幅，不少
语句直接袭自《池上篇》原作，但白诗原作"淡淡写来，自见老洁"（《唐
宋诗醇》卷二十六）之处，秦作不免略逊。

一般认为，明人王世贞（1526～1590）是全面否定白居易诗歌风
格和价值的代表，因为他在《艺苑卮言》卷四曾有一段被称引极多的
论断："张为称白乐天'广大教化主'，用语流便，使事平妥，固其
所长。极有冗易可厌者，少年与元稹角靡逞博，意在警策痛快，晚更
作知足语，千篇一律。诗道未成，慎勿轻看，最能易人心手。"但实
际上，通观上下文可知，王世贞并未否定白居易"用语流便，使事平
妥"的优长之处。另外，王世贞在晚年对白居易的认识亦有所改变，
正如李维桢（1547～1626）《读苏侍御诗》所云："余友邹孚如尝言：
'王元美先生《卮言》抑白香山诗太过。'余谓此少年未定之论。晚
年服膺香山，自云有白家风味，其续集入白趣更深。香山邃于禅旨，
翛然物表，又不立崖岸门户，故其诗随语成韵，随韵成适，兴象玲珑，
意致委宛。每使老妪听之，易解而后可，不则再三更定。是以真率切
至，最感动人。……王先生恐效香山而失之，故峻为之防，所谓'以
鲁男子之不可，学柳下惠之可'耳。……此论固不始自弇州，非但诗
家，即禅家烧木佛、施棒喝，岂可平等皆然，守为常法？若以世眼观，

无真不俗；若以法眼观，无俗不真。"陈田《明诗纪事》己签卷一亦云："七子论诗，断自大历以上，故弇州于张文昌、白乐天乐府，曾不齿及，暨晚年论定，于茶陵乐府，且津津不置。此中甘苦，非济南所得知矣。"可见，泛泛地认为王世贞是否定白居易的代表，其实并不符合实际。全面论述这一问题，笔者另有专文，此处不赘。仅引述王世贞对白居易《池上篇》的议论，王世贞《题〈池上篇〉彭孔嘉、钱叔宝书画后》云：

> 余少读《归去来辞》，虽已高其志，而窃难其事，以为非中人所能。后得白乐天《池上篇》览之，颇有合，谓此事不甚难办，此文不甚难构，而千百年少俪者，何也？苏长公云："乐天事事可及，唯风流一事不可及。"余则云："风流亦可及，唯晓进退不可及也。"友人彭孔嘉尝为余书此篇，遒劲丰美，备得颜柳骨态。长夏无事，钱叔宝复系以图，宛然履道里白叟退休所矣。吾名位虽小薄而年差壮，小祇园水竹差胜，图籍差具，酒量差益，今年湖田不沮洳，亦何必请分司奉耶！便当一决，书此以俟。

可见王世贞对白居易的心仪与瓣香之迹。王世贞题跋所云"风流亦可及，唯晓进退不可及也"，董其昌玄赏斋有行书《池上篇》，篇后之跋亦有相似意见，中云"白香山《池上篇》其所谓'十亩之宅，五亩之园'，似亦人所易办，第识分知足为难耳。"《唐宋诗醇》卷二十六亦云："'识分知足'四字是乐天一生得力处，真实受用在此，序中未及，诗中特为清出，可为奢汰逾分、营营无厌者，痛下针砭。"对白居易"识分知足"的意见，即承自董其昌。另外，王世贞《宋画香山九老图》画跋又云："考《池上篇》水五之一，竹九之一，岛树间之，而今水与树胜，而竹太不胜，又无中高桥，石樽，红莲，折腰菱，

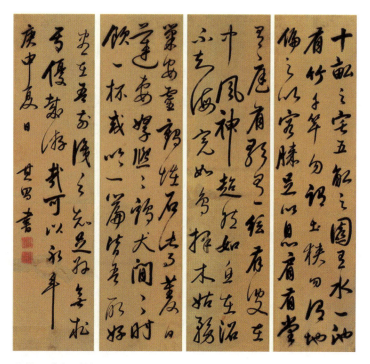

董其昌《池上篇》

华亭鹤，红绡，紫绡，蛮腰，素口之属，而分配琴弈书画，以缀其寂寞……
吾生平雅慕乐天，自纳节来，颇治弇山园，以希十五年后，耆英之盛。
而今复厌，且弃之矣。兹与吾弟约，异时肖吾貌，必不为乐天，如不
为僧赞宁者，当为百三十六岁之李元爽哉！"直言"生平雅慕乐天"，
并以白居易《池上篇》的园林建筑为参照和榜样，可谓推崇之至。

　　清顺治七年（1650），松江画家顾大申（1620～1670？）仿韩
琦之意兴，在宋代进士朱之纯谷阳园和明代画家董其昌"拄颊山房"
旧园遗址处，掘地开池，取名"醉白池"，遂成华亭园林之胜景，与
诗酒文会之胜地。黄之隽（1668～1748）《醉白池记》载："韩魏公
慕白居易而筑醉白堂于私第之池上，水部君（指顾大申）又仿韩而以

堂名其池。”

醉白池后来几易园主，乾隆年间，归娄县人禀贡生顾思照所有，曾作池园使用。其著述有《醉白池诗草》《醉白池诗钞》。蔡显《闲渔闲闲录》专门记载醉白池诗会的盛景：

> 往年醉白池诗会，黄宫允、周比部、徐明府、李茂才辈，酒酣兴王，余以《接五路》为题，喝三韵，西枝随口吟云：“五更牲杀接神忙，利市年年酹一觞。欲往迎之何处所，东西南北与中央。”坐皆叹赏。盖新正五日，松俗贸易家五更陈牲醴于街，以祀财神，名曰“接五路”，无赖子闯坐，醉饱径起，主人喜欢，谓神降，获利市也。

所云参与醉白池诗会者，皆松江闻人，多见于其他文献。黄宫允，即黄之隽（1668 ~ 1748），雍正三年（1725）官至左春坊中允，别称宫允。周比部，即周吉士（1690 ~ 1750），字蔼公，自号渔山，娄县（今属上海松江）人，学者周思兼六世孙。雍正元年（1723），乡试列名榜上。次年中进士，被选为庶吉士。后任刑部主事、员外郎。徐明府，即徐槱（1681 ~ 1758），雍正七年被保荐贤良方正，官知县。李茂才，即李进。

蔡显《闲渔闲闲录》还载有其陇西婿藏《醉白池老树轩图》，所称“陇西婿”当为上云李进，其中陈慧香题云：

> 谷阳城外路西南，画景还将诗景参。绿水萦纡桥第五，名园潇洒径开三。峁然一树推耆旧，藉甚群贤筮盍簪。我忆童游如梦幻，书堂深柳独何堪。

陈慧香即陈崿（1664～1742），字咸京，号岈岚，晚号慧香，江苏太仓人。康熙贡生。以荐充纂修《诗经》馆分校，议叙知县，遽乞归，杜门著述。康熙五十三年（1714)助王鸿绪纂《明史稿》，雍正五年（1727）与修《子史精华》，有《祖砚堂集》《呵壁词》。诗中所云"绿水萦纡桥第五"，诗人自注云："原醉白池前，有河通舟楫，北接长寿桥水，南通大涨泾。在长寿桥至醉白池榆树头一段，自北至南有石桥五座，以便行人，名宋家桥、毛家桥、袁家桥、黄家桥、沈家桥。醉白池前即沈家桥，排行第五。"末句蔡显注云："轩北为霖说王子深柳读书堂，余总角同业处，今废矣。"蔡显又专门称道陈慧香作诗之敏捷，《闲渔闲闲录》云："张敬夫见王荆公墨迹，谓此公那得有许多忙，程子见人静坐，便叹其善学，不作草书，不逐外物，余唯见陈丈慧香一人。古时文士宴集赋诗，或刻烛一寸，后乃击铜煎饼，斗捷争奇。"

《闲渔闲闲录》载徐今吾《题醉白池老树轩图》云：

> 胜地争传醉白池，当轩有树最离奇。百年老幹干霄立，六月清阴满径垂。杖策欲乘幽兴访，展图先慰寸心思。庭槐潭柳何须问，点缀名园此独宜。

徐今吾，即徐是儆，字景予，号今吾，康熙二十一年（1682）秀才，与黄之隽同学齐名。工诗古文，兼擅书画，诗歌力追白居易、元结。乾隆元年（1736），巡抚荐试博学鸿词，坚辞不就。又载施道园题云："曩居溪上，对老树名园，玲珑堪赏。中有一泓烟水，绿于春酿。移家去后频回首，遡东风，几番惆怅。近来喜见，新诗满册，画图萧爽。树不改旧时苍莽。但惜我槁面鳞皴，愁心皀怳。词人泼雪吹云处，算相悬别峰千丈。华轩妙句，惟应读罢，倚阑吟想。"祝德麟（1742～1798）

为赋《醉白池》，中云："池名义奚取，云自白太傅。当年苏郡守，焉得此闲驻。名贤游览迹，往往多牵缚。欧公未仕杭，六一泉偏署。我今作寓公，到处留杖屦。未知后视今，谁复识故步。且尽手中杯，安问恒沙数。"王庆勋有《同胡蔼堂丈游醉白池》，诗云："万树梅花万古春（四面皆种梅），当年胜迹幸重新。径中黄叶堆成路，篱外青山远有神。千载纲常留正气（地为夏忠节公殉节处），前朝词赋重名人（地本幾社遗址）。西风吹尽英雄泪，碧血犹闻闪野磷。"以不同体式，从各个侧面，传承着融风流于日常的醉吟诗风。此外还有词作，如云间王顼龄《满庭芳·醉白池》，及华亭董俞苍水《水龙吟·秋日饮顾水部醉白池上》、云间王九龄子武《满庭芳·后山招同人集醉白池》。

时至今日，位于上海松江区人民南路的醉白池，占地 5 公顷，以一泓池水为中心，环池三面古木葱茏，曲廊亭榭，乐天轩、池上草堂及四面厅等，古色古香，环布其间，一派江南园林风貌，已经与豫园、漪园、秋霞圃、青浦曲水园并称为上海五大古典园林，而醉白池历史最为悠久，至今已有九百余年的历史。

连一向鄙薄乐天诗风的一代诗宗王渔洋，都记得池北书库。这位清代声望最高的诗人，也是清初著名的藏书家，今存《渔洋山人池北书库藏书目》。他不仅径袭白居易池北书库之名，还郑重其事，把自己的《池北偶谈》也"取乐天池北书库之名名之"，可谓既奉又违，有点纠结。欲知其详，可见拙作《王渔洋之于白香山——取舍避就之道》（《文学遗产》2016 年第 3 期，增订版收入《纪念王渔洋诞辰 380 周年全国学术研讨会论文集》，齐鲁书社 2016 年版）。

　　十亩园，意自闲。池有泉，竹千竿。伴灵鹤，赏白莲。琴一张，书万卷。诗与酒，随遇安。歌与弦，欣欣然。己所好，在目前。

陶然醉，静参禅。天地瞬，忘其年。香山老，白乐天。长庆集，池上篇。虽为宦，若游仙。

权以俚句，总结全篇。

松江醉白池

回二　苏东坡眼中的白乐天——以徐州为中心

翁方纲《是日又题坡公真像轴后》称苏东坡"诗怀白傅接陶公"（《复初斋诗集》卷五十八）。假如站在苏轼的角度向前追溯，我认为，白居易和陶渊明，是对苏轼最具影响力的前辈和榜样，而陶、白、苏三人，又构成中国文学范式的三块重要基石，中国文人思想也随之经历"起转合"三个阶段。这三个阶段大致所处的元嘉、元和与元祐，正是中国文化三大重要的转关时代，伴随着魏晋玄学经佛学至宋学的三级跳，中国文人心态的发展亦经历由青春至壮而老成的三境界，也即前人所谓诗学三元或三关。

转关之所以重要，一是因为时代变局的转折之际，往往最能考验一个人的反应能力，二是转折或转角往往要占据更大的空间，时代是否能够容许接纳，正需求与呼唤其代表者，分别由陶、白、苏三人为三元或三关之代表，可谓三英而无愧。苏轼作为三英中的最后一位，更是浩若星辰的中国文人中，最具非凡独特性的集大成者。继晋代陶渊明和唐代白居易之后，苏轼成为中国诗人范式的新典型。白居易自比"异世陶元亮"，而苏轼则自云"出处依稀似乐天"。从承传上看，陶渊明，晋代之白乐天也；苏东坡，宋朝之白居易也。

在苏轼的诗世界里，陶诗的融激情于沉静，白诗的融风流于日常，升级为融豪犷于枯澹，而明朗畅达的意脉，平易自然的语言，淡泊情趣的追求，则有着一脉相承的精神联系。尤其是苏之于白，更由钦慕、效仿而至于并称，堪称两位伟大文人之间的跨代对话。这里谨以徐州为中心，梳理和分析苏轼眼中的前代诗豪白居易。

（一）

熙宁十年（1077）四月，42 岁的苏轼赴任徐州，两年时间里，在"乐其土风"（苏轼《灵璧张氏园亭记》），交出完美的政绩答卷之外，留下 365 篇诗词文赋。其中诗 193 首，词 29 首，书信文赋等 143 篇，书迹 20 余帖。其中，在在可见前辈白居易的身影。此前，苏轼眼中白居易的特征是俗，所谓"元轻白俗"，而他到徐州之后，胸襟和眼光都开拓了。可以说，徐州时期作为关节点，划分了苏轼慕白效白之路的分水岭。不妨从熙宁十年（1077）六月所撰《次韵答邦直、子由四首》

其二说起：

> 城南短李好交游，箕踞狂歌不自由。尊主庇民君有道，乐天知命我无忧。醉呼妙舞留连夜（邦直家中舞者甚多），闲作清诗断送秋。潇洒使君殊不俗，樽前容我揽须不。

诗题所言子由，苏辙也，对徐州他曾抒发喜爱之情，说"爱此山河古"（《雨中陪子瞻同颜复长官送梁焘学士舟行归汶上》）；邦直，及首句所云"短李"，指与苏轼兄弟唱酬甚多的旧友李清臣，李清臣在徐州所建之快哉亭，即苏轼所命名，取义于宋玉《风赋》"快哉此风"，白居易亦有"何处披襟风快哉"（《题新涧亭兼酬寄朝中亲故见赠》）的诗句，苏轼并撰有《快哉此风赋》。"短李"之典，源自白居易诗歌《代书诗一百韵寄微之》所谓"闲吟短李诗"，白氏自注："李二十绅，形短能诗，故当时有……短李之号。"此即"短李"这一绰号的来历。白诗《东南行一百韵》"李酺尤短窆"，自注亦曰："李廿身躯短小……每因醉中，各滋本态，当时亦因为短李……"白居易《编集拙诗成一十五卷因题卷末戏赠元九李二十》"苦教短李伏歌行"，《江楼夜吟元九律诗成三十韵》"短李爱应颠"，苏轼《四望亭》"故老犹言短李亭"，三句诗中的"短李"亦指李绅。"箕踞狂歌不自由"，一作"箕踞狂歌总自由"（或为避免与诗末之"不"相重而改），与白居易《醉游平泉》"狂歌箕踞酒樽前，眼不看人面向天"，词句亦有相仿之处，皆用刘伶《酒德颂》"奋髯箕踞，枕曲藉糟"之典。最引人注目的一句是"乐天知命我无忧"，较邦直、子由原作相应位置的诗句气度更胜一筹，当足以令短李和子由心服。这一句，王注引《列子·仲尼篇》，颜回曰："昔闻之夫子，曰乐天知命故不忧"，恐未中肯綮。肯綮所在——白居易字乐天，其字来自《周易·系辞上》所谓"乐天知命故不忧"，白诗《枕上作》"若问乐天忧病否，乐天知命了无忧"，亦双关此意。至于"闲作清诗断送秋"，断送者，犹云发付也。言以闲作清诗，发付秋意也，与白诗《同梦得和思黯见赠来诗中先叙三人同宴之欢次有叹鬓发渐衰嫌孙子催老之意因继妍唱兼吟鄙怀》"断送樽前倒即休"，言以醉倒发付饮酒之兴致，也有相似之情境。苏轼到徐州不久所撰这组次韵之作的其他几首，也多处用到白诗之典，于此可以概见白居易诗歌对徐州太守苏轼的影响痕迹。

徐州于白居易而言，是印记深刻而久远的准故乡，白家在徐州丰县还有旧宅。据白居易《襄州别驾府君事状》，早在德宗建中元年（780），白居易九岁时，其父白季庚曾授徐州彭城县令。建中二年（781）正月，唐发军讨成德节度使李惟岳、魏博节度使田悦。同年二月，讨襄阳节度使梁崇义；八月，崇义伏诛，平卢留后李纳以军助田悦；九月，讨李纳，李纳将徐州刺史李洧以徐州降，白季庚与李洧坚守徐州城池，拒李纳，亲当矢石，昼夜攻拒，凡四十二日，而诸道救兵方至，以功自朝散郎超授朝散大夫，擢拜徐州别驾，赐绯鱼袋，仍充徐泗观察判官。徐州之战十分惨烈，朔方军建功尤多。白季庚说动李洧，颇有权谋；复能聚众坚守，刚韧有加。其名虽不大著，亦不失为佼俊之士，在白氏家族史上更是彪炳光耀。白季庚抗击藩镇、尊王忠君的义勇行为，对哲嗣白居易政治立场、道德品质的塑造，有着持久而积极的影响。建中三年（782），白居易从父赴任徐州，举家移居符离。贞元元年（785），朝廷追念前功，加授白季庚检校大理少卿，依前徐州别驾、当道团练判官，仍知州事。白居易早年避难旅居苏杭，他的兄弟还都留在了徐州，白居易《江南送北客因凭寄徐州兄弟书》，就是写给白行简、白幼美的，结尾说"数行乡泪一封书"，情真意切，深切表达他的思念之情。

苏轼对前贤白居易的亲近，与北宋早期白体流行，李昉、李至、王禹偁等文人的推尊，同代欧阳修、梅尧臣、韩琦、司马光等慕白效白之风，都有密切的关系。欧阳修，自号醉翁，源于白居易《别柳枝》诗句"两枝杨柳小楼中，袅娜多年伴醉翁"。明道元年（1032），欧阳修在洛阳撰《游龙门分题十五首》，其中《八节滩》《白傅坟》均可见对白傅之追慕，景祐元年（1034）《独至香山忆谢学士》所写在香山伊水之间，"却寻题石处，岁月已堪嗟"，亦含白香山之遗迹，欧阳修《琵琶亭》"乐天曾谪此江边，已叹天涯涕泫然。今日始知予罪大，夷陵此去更三千"，同病相怜，对乐天报以同情之理解。其《玉楼春》亦有"露湿浔阳江上月，不知商妇为谁愁"之慨。

韩琦作堂于私第之池上，名之曰醉白。取乐天《池上》之诗，以为醉白堂之歌，其《醉白堂》云："懿老新成池上堂，因忆乐天池上篇。乐天先识勇退早，凛凛万世清风传……酒酣陶陶睡席上，醉乡何有但浩然。人生所适贵自适，斯适岂异白乐天。未能得谢已知此，得谢吾乐知谁先。"苏轼认为此乃"意若有羡于乐天而不及者"，熙宁八年（1075），苏轼践其生前之约，作《醉白堂记》，反复将白乐天与醉白堂主人韩魏公参错相形，加以比较，留下"韩白优劣论"公案，其实正是白乐天在北宋文坛巨大影响力的一个缩影。

较欧阳修、韩琦有过之而无不及，司马光《戏呈尧夫》更宣称"只恐前身是，东都白乐天"，其《久雨效乐天体》则于诗题直言效白，其晚年之号迂叟，则源于白居易《迂叟》："初时被目为迂叟，近日蒙呼作隐人。冷暖俗情谙世路，是非闲论任交亲。"《闲居偶吟招郑庶子皇甫郎中》亦云："自哂此迂叟，少迂老更迂。"熙宁六年（1073），司马光以端明殿学士提举西京崇福宫，在洛阳修葺私家园林，较韩琦的醉白堂，有过之而无不及，号独乐园，并撰《独乐园记》、《独乐园七题》、《独乐园》二首及《独乐园新春》等。《孟子·梁惠王下》曾言，独乐乐，不如与人乐乐。与少乐乐，不如与众乐乐。司马光《独乐园记》则认为，此王公大人之乐，非贫贱者所及也。独乐之乐，自然不同于庆历六年（1046）范仲淹《岳阳楼记》的"后天下之乐而乐"，尤其与庆历五年（1045）欧阳修《醉翁亭记》写滁州太守等众乐之乐，嘉祐六年（1061）明州太守钱公辅建众乐亭，并围绕其《众乐亭记》的众乐亭唱和，形成互文，耐人寻味。追溯起来，白居易在洛阳《题新涧亭兼酬寄朝中亲故见赠》曾云："自得所宜还独乐，各行其志莫相咍"，故宋人李刘《寿友人》有"独乐园中闲日月，香山图里永神仙"的诗句。元人许有孚《摸鱼子·引》亦曰："香山独乐，不是过也。"弘历《题金廷标画》云："不拟白傅履道坊，定是温公独乐园。温公独乐乐岂独，白傅履道道亦履。"可见独乐与香山之缘。司马光《独乐园七题·浇花亭》云："吾爱白乐天，退身家履道。酿酒酒初熟，浇花花正好。作诗邀宾朋，栏边长醉倒。至今传画图，风流称九老。"这篇是七首独乐园组诗的殿尾之作，可视为司马光慕白效白的诗意宣言。

有鉴于此，熙宁十年（1077）五月六日，苏轼在徐州寄题《司马君实独乐园》："青山在屋上，流水在屋下。中有五亩园，花竹秀而野。花香袭杖屦，竹色侵盏斝。樽酒乐余春，棋局消长夏。洛阳古多士，风俗犹尔雅。先生卧不出，冠盖倾洛社。虽云与众乐，中有独乐者。才全德不形，所贵知我寡。先生独何事，四海望陶冶。儿童诵君实，走卒知司马。持此欲安归，造物不我舍。名声逐吾辈，此病天所赭。抚掌笑先生，年来效瘖哑。"[①]所附《与司马温公》称："久不见公新文，忽领《独

[①] 或谓作于元丰三年（1080），见贾珺《洛中小圃独乐吟》（《读库1801》，新星出版社2018年版），恐不足为据。

乐园记》，诵味不已，辄不自揆，作一诗，聊发一笑耳。彭城嘉山水……但朋游阔远，舍弟非久赴任，益岑寂矣。"可证作于彭城。全篇格调和词句，显然是白居易《池上篇》的翻版五言诗，只是又添上了照应司马光《独乐园记》的诗意化描写。所以，明人胡应麟《诗薮》外编卷四评论说："'青山在屋上，流水在屋下。中有五亩园，花竹秀而野'，此乐天声口耳，而坡学之不易已。"清人赵克宜《角山楼苏诗评注汇抄》卷六亦云："颇似香山，语虽平易，不伤浅率。"元丰五年（1082）正月，文彦博、富弼、司马光等仿效香山九老会，倡尚齿会，时人所谓洛阳耆英会，也是这一效白之风顺理成章的有机延承，而苏轼《司马君实独乐园》"冠盖倾洛社"一语，可谓已道其先声。

（二）

对于苏轼而言，徐州是他仕途轨迹的闪光亮点，这里存在着两处与白居易有关的文化遗迹，令这位新任徐州太守倍加留意和瞩目，一处是朱陈村，另一处是燕子楼。朱陈村，在徐州丰县东南一百里深山中，民俗淳质，一村惟朱陈二姓，世为婚姻。白乐天有《朱陈村》诗三十四韵：

> 徐州古丰县，有村曰朱陈。去县百余里，桑麻青氛氲。机梭声札札，牛驴走纭纭。女汲涧中水，男采山上薪。县远官事少，山深人俗淳。有财不行商，有丁不入军。家家守村业，头白不出门。生为陈村民，死为陈村尘。田中老与幼，相见何欣欣。一村唯两姓，世世为婚姻。（自注：其村唯朱、陈二姓而已）亲疏居有族，少长游有群。黄鸡与白酒，欢会不隔旬。生者不远别，嫁娶先近邻。死者不远葬，坟墓多绕村。既安生与死，不苦形与神。所以多寿考，往往见玄孙。我生礼义乡，少小孤且贫。徒学辨是非，只自取辛勤。

世法贵名教，士人重冠婚。以此自桎梏，信为大谬人。十岁解读书，
十五能属文。二十举秀才，三十为谏臣。下有妻子累，上有君亲恩。
承家与事国，望此不肖身。忆昨旅游初，迨今十五春。孤舟三适楚，
羸马四经秦。昼行有饥色，夜寝无安魂。东西不暂住，来往若浮云。
离乱失故乡，骨肉多散分。江南与江北，各有平生亲。平生终日别，
逝者隔年闻。朝忧卧至暮，夕哭坐达晨。悲火烧心曲，愁霜侵鬓根。
一生苦如此，长羡陈村民。

　　此诗，朱金城《白居易集笺校》谓约作于元和三年（808）至五年，
然据白居易《唐故坊州鄜城县尉陈府君夫人白氏墓志铭》，其外祖母
陈白氏，贞元十六年"疾殁于徐州古丰县官舍。其年冬十一月，权窆
于符离县之南偏。至元和八年春二月二十五日，改卜宅兆于华州下邽
县义津乡北原"。盖白家在徐州丰县旧有住宅，因此，谢思炜《白居
易诗集校注》认为，此诗最有可能为元和八年（813）回徐州迁葬外祖
母时所作。明都穆《南濠诗话》称赞此诗，称："予每诵之，则尘襟
为之一洒，恨不生长其地。后读坡翁《朱陈村嫁娶图》诗云：'我是
朱陈旧使君，劝农曾入杏花村。而今风物那堪画，县吏催钱夜打门。'
则宋之朱陈，已非唐时之旧。若以今视之，又不知其何如也？"明徐𤊟
《徐氏笔精》卷五亦云："二诗切中时弊，予喜诵之。"清张培仁《妙
香室丛话》评价白诗"感慨遥深，别有寄托"，梁启超批点《白香山诗集》
则称赞此诗"气极浑灏，无集中习见语，少作之佳者"，其美誉与影
响可见一斑。
　　苏轼有题画诗《陈季常所蓄朱陈村嫁娶图》：

　　　　何年顾陆丹青手，画作朱陈嫁娶图。闻道一村惟两姓，不将

门户买崔卢。

　　我是朱陈旧使君，劝耕曾入杏花村。而今风物那堪画，县吏
催钱夜打门。

　　其自注云：“朱陈村，在徐州萧县。”诗从称誉画作生发，以古今对
比来宕开画意，将一幅普通的风俗画，注入社会内涵和现实意义。第
一首赞美“不将门户买崔卢”的淳朴民风，勾画出一幅安恬的生活图景；
第二首则笔锋一转，将美好毁灭给人看，描绘新法实施过急带来的“县
吏催钱夜打门”的残酷现实。第一首情调轻松舒缓，第二首风格沉郁
苍劲，两相对照，迸发出惊心动魄的撼人力量。诗人忧国忧民之心也
就随着两首诗中现实与理想差距的刻画充分体现了出来。这首并非作
于徐州，而是作于元丰三年（1080）正月，苏轼被贬黄州，路过岐亭
（今属湖北麻城），在好友陈季常（名慥）家中所撰，但一句“我是
朱陈旧使君”，已直接点明自己前任徐州太守的身份。至于其“劝耕
曾入杏花村”的具体时间，或在元丰元年（1078）春。[1] 诗中“闻道一
村惟两姓，不将门户买崔卢”所对应的，正是白居易诗“一村唯两姓，
世世为婚姻”，“生者不远别，嫁娶先近邻”，因此，完全可以将此
视为徐州太守苏轼对白居易的另一种致敬形式。

　　对此，明代无锡钱子义又有《咏史诗·朱陈村》，诗序云：“白
乐天有诗曰：‘徐州古丰县，有村曰朱陈。……一村惟两姓，世世为婚姻’
云云。东坡诗曰：‘我亦朱陈旧使君，劝农曾入杏花村。如今风俗那堪说，
县吏催租夜打门。’”诗云：“阴阴桑梓掩柴扉，税足年丰吏到稀。
曾见文章贤太守，杏花深处劝农归。”可谓与白苏一脉相承。

---

[1] 参见孔凡礼：《三苏年谱》，北京古籍出版社 2004 年版，第 1002 页。

〔明〕唐寅《浔阳八景图》（局部一）

（三）

唐代徐州太守张愔为能歌善舞的爱妾关盼盼所建燕子楼，飞檐挑角，状似飞燕，每年一到春天，又多有燕子栖息于此，故得名燕子楼。张愔死后，关盼盼心念旧恩，守在楼上，十多年不嫁，成为当时引人注目的公共事件，身后还留下一桩是非迷离的罪案。①元和十年（815），太子左赞善大夫白居易撰有《燕子楼诗》，序云："徐州故张尚书有爱妓曰盼盼，善歌舞，雅多风态。予为校书郎时，游徐、泗间。张尚书宴予，酒酣，出盼盼以佐欢，欢甚。予因赠诗云：'醉娇胜不得，风袅牡丹花。'一欢而去，迩后绝不相闻，迨兹仅一纪矣。昨日，司勋员外郎张仲素缋之访予，因吟新诗，有《燕子楼》三首，词甚婉丽。诘其由，为盼盼作也。缋之从事武宁军累年，颇知盼盼始末，云：'尚书既殁，归葬东洛。而彭城有张氏旧第，第中有小楼，名燕子。盼盼念

---

① 莫砺锋：《死后是非谁管得》（《文史知识》2010 年第 12 期），曾辨析其案实为子虚乌有，以讹传讹。

旧爱而不嫁，居是楼十余年，幽独块然，于今尚在。'予爱缋之新咏，感彭城旧游，因同其题，作三绝句。"诗曰："满窗明月满帘霜，被冷灯残拂卧床。燕子楼中霜月夜，秋来只为一人长。""钿晕罗衫色似烟，几回欲著即潸然。自从不舞霓裳曲，叠在空箱十一年。""今春有客洛阳回，曾到尚书墓上来。见说白杨堪作柱，争教红粉不成灰？"一唱三叹，风调凄楚感人，尤其是结尾发自内心的呼唤——"争教红粉不成灰"，折射出一颗善良之心，故《唐宋诗醇》有"余音绕梁"之嘉评。

此后燕子楼历经沧桑，基址几经变迁，且屡毁屡建，唐景福二年（893），朱温攻打徐州，徐州行营兵马都统时溥战败，携妻子登此楼自焚而死，楼亦被烧毁。此后，州人多次续建续修燕子楼。至宋代，燕子楼仍在，就位于徐州官衙之内。宋人咏此楼者，资政殿学士陈薦《燕子楼》诗云："仆射新阡狐兔游，侍儿犹住水边楼。风清玉簟慵欹枕，月好珠帘懒上钩。寒梦觉来沧海阔，新诗吟罢紫兰秋。乐天才思如春雨，断送残花一夕休。"宋人蔡絛《西清诗话》载："徐州燕子楼直郡舍后，乃唐节度使张建封为侍儿盼盼者建。白乐天赠诗，自誓而死者也。陈彦升尝留诗，辞致清绝：'仆射荒阡狐兔游，侍儿犹住水西楼。风清玉簟慵歌枕，月好珠帘懒上钩。寒梦觉来沧海阔，新愁吟罢紫兰秋。乐天才似春深雨，断送残花一夕休。'后东坡守徐，移书彦升曰：'彭城八咏，如《燕子楼》篇，直使鲍谢敛手、温李变色也。'"[1] 关于燕

---

① 明抄本《西清诗话》卷中。智按：燕子楼事，非张建封，乃其子张愔。宋陈振孙《白文公年谱》早有辨正："燕子楼事，世传为张建封。按建封死在贞元十六年，且其官为司空，非尚书也。尚书乃其子愔，《丽情集》误以为建封耳。此虽细事，亦可以正千载传闻之谬。"清张宗泰《质疑删存》卷下亦云："汪立名《白公年谱》辨《丽情集》以为张建封有误，良是。然谓建封未为尚书，亦非。《唐书·张建封传》：建封于贞元七年进位检校礼部尚书，十二年加检校右仆射，不过加仆射后不可仍称尚书耳。不若据贞元二十年断之。建封卒于贞元十六年，则二十年非愔而何？"（参见陈才智《白居易资料新编》，中国社会科学出版社 2021 年版，第 2 册，第 826 页）

子楼，苏轼在黄州答复邀其撰写《燕子楼记》的朋友——《黄州与人五首》之二云："示谕《燕子楼记》。某于公契义如此，岂复有所惜。况得托附老兄与此胜境，岂非不肖之幸。但困踬之甚，出口落笔，为见憎者所笺注。儿子自京师归，言之详矣，意谓不如牢闭口，莫把笔，庶几免矣。虽托云向前所作，好事者岂论前后。即异日稍出灾厄，不甚为人所憎，当为公作耳。千万哀察。"称彭城燕子楼为胜境，可见苏轼对自己官衙之内的燕子楼不仅熟稔，而且很有感情。但当时乌台诗案刚刚尘埃落下，心有余悸之际，苏轼只能"牢闭口，莫把笔"，留下了历史性的遗憾。

熙宁十年（1077）四月，苏轼撰《和赵郎中见戏二首》，题注："赵以徐妓不如东武，诗中见戏，云：'只有当时燕子楼。'"诗曰："燕子人亡三百秋，卷帘那复似扬州。西行未必能胜此，空唱崔徽上白楼。""我击藤床君唱歌，明年六十奈君何。（自注：赵每醉歌毕，辄曰明年六十矣）醉颠只要装风景，莫向人前自洗磨。"赵郎中即赵成伯，时以尚书屯田郎中为密州（即题注所云东武）通判，是前密州太守苏轼的僚属。苏轼《和赵郎中捕蝗见寄次韵》在夸赞之余曾叮嘱赵成伯："爱君有逸气，诗坛专斩伐。民病何时休，吏职不可越。慎无及世事，向空书咄咄。"与白居易《重题》其四所云"世事从今口不言……胸中壮气犹须遣"，用意是一样的，施注苏集即亦此为释。元和十年（815）白居易作《燕子楼诗》及序，至苏轼写作《和赵郎中见戏二首》的熙宁十年（1077），业已262年，"三百秋"自然是取其成数。下句"卷帘那复似扬州"，用杜牧《赠别》"春风十里扬州路，卷上珠帘总不如"之典，意谓自燕子楼能歌善舞的关盼盼之后，徐州歌姬已远不如当年之盛矣。这一年七月黄河决口澶渊，苏轼领导抗洪取得胜利，第二年宋神宗降敕奖谕，赐钱发粟，苏轼建黄楼，在重阳之节，元丰元年（1078）九月九日，写下《黄楼致语口号》，中云"不用游从夸燕子，直将气焰压波神"，也提到名闻遐迩的燕子楼。

苏轼还有一首更负盛名的词作，即《永遇乐》词，亦作于徐州太守任上，专咏燕子楼和盼盼之事，撰于元丰元年（1078）十月。其小序云："彭城夜宿燕子楼，梦盼盼，因作此词。"一云："徐州梦觉，北登燕子楼作。"词曰：

> 明月如霜，好风如水，清景无限。曲港跳鱼，圆荷泻露，寂寞无人见。紞如三鼓，铿然一叶，黯黯梦云惊断。夜茫茫，重寻无处，觉来小园行遍。天涯倦客，山中归路，望断故园心眼。燕子楼空，佳人何在，空锁楼中燕。古今如梦，何曾梦觉，但有旧欢新怨。异时对，黄楼夜景，为余浩叹。①

全词借关盼盼之事，以梦为线索，通过惊梦、寻梦、梦醒等描写，将历史与现实联系，将自身仕宦那种天涯倦客的倦怀，比照眼前人去楼空之渺茫，古今如梦的沧桑之感，沛然而出。人生所遇，无论如何执着，终将事过而境迁，转头想来，真似一梦。苏轼从关盼盼燕子楼到黄楼之叹，暗含着苏轼与关盼盼相通的幽独与忠义，虽有立事功的黄楼，仍有生命飘荡与兄弟早退、相守风雨、对床难圆之梦。在这首词里，苏轼已将对前贤白居易的理解，与自身、未来和眼下无痕而有机地衔接起来。篇末的黄楼，在徐州城东门之上，是苏轼为纪念徐州

---

① 傅幹《注坡词》："张建封镇武宁，盼盼乃徐府奇色，公纳之于燕子楼，三日乐不息。后别为新燕子楼，独安盼盼，以宠嬖焉。暨公薨，盼盼感激深恩，誓不它适。后往往不食，遂卒。"

抗洪保城所建，以黄土涂楼，取土厌水之意，故名黄楼。① 词的上片，是梦中所见燕子楼的实景，本是梦境，却如幻似真，令人生出无限恍惚之感，又恰是东坡梦中乍醒来时的感受。真是行笔若神，形神俱现。梦醒后低回流连，别有幽情，遂起身在居所楼外徘徊，"行遍"，见徘徊时间之久，又见心事之迷离低沉。"明月"三句，写梦中燕子楼景色，印象应得自于白居易《燕子楼》诗其一所云"满窗明月满帘霜，被冷灯残拂卧床。燕子楼中霜月夜，秋来只为一人长"。"曲港"三句，仍是梦中燕子楼景色，属近写：曲池里的鱼偶然拨水而出，荷叶上的露珠静静地滴下，都增添了暗夜的寂静。下片，将自身仕宦的倦怀，与燕子楼空人渺茫之眼前事比照，发出人生如梦、古今如梦的感慨。苏轼设想着，后人面对黄楼凭吊自己时，亦如同自己今日面对燕子楼凭吊盼盼一般，辞简而余意悠然无尽。宋人曾敏行《独醒杂志》卷三载："东坡守徐州，作燕子楼乐章，方具稿，人未知之。一日，忽哄传于城中，东坡讶焉。诘其所从来，乃谓发端于逻卒。东坡召而问之，对曰：'某稍知音律，尝夜宿张建封庙，闻有歌声，细听乃此词也。记而传之，初不知何谓。'东坡笑而遣之。"② 此事虽难以尽信，但亦可见当时流传之语境。③

---

① 秦观《黄楼赋引》："太守苏公守彭城之明年，既治河决之变，民以更生；又因修缮其城，作黄楼于东门之上。以为水受制于土，而土之色黄，故取名焉。"傅榦《注坡词》："公守徐州，河决澶渊，徐当水冲，而城几坏。水既去，公请增筑徐城。于是为大楼于城东门之上，垩以黄土，曰：'土实胜水。'因名之黄楼。"《苏轼诗集》卷一六《答范淳甫》："重瞳遗迹已尘埃，惟有黄楼临泗水。"自注："郡有厅事，俗谓之霸王厅，相传不可坐。仆拆之以盖黄楼。"合注："《却扫编》：东坡南窜，黄楼易名观风。"按，白居易《冷泉亭记》："有裴庶子棠棣作观风亭。"

② 曾敏行：《独醒杂志》卷三，清知不足斋丛书本。梁廷柟《东坡事类》卷十六所引同，又见叶申芗《本事词》卷上，文字微异。

③ 《四库全书总目提要》卷一九八："其事荒诞不足信，然足见轼之词曲，舆隶亦相传诵，故造作是说也。"冯煦《蒿庵论词》："宋人每好自神……《独醒杂志》谓逻卒闻张建封庙中鬼歌东坡燕子楼乐章，则又出他人之傅会，益无征已。"

（四）

苏轼在徐州的交游和文学创作，还有前贤白乐天的诸多痕迹。如熙宁十年（1077）所撰《和孔周翰二绝·观净观堂效韦苏州诗》：

乐天长短三千首，却爱韦郎五字诗。

据白居易去世前一年，会昌五年所作《白氏集后记》："诗笔大小凡三千八百四十首。"韦郎，指白居易推崇仰慕的前辈韦应物，白居易《自吟拙什因有所怀》遗憾自己未能与韦应物同处一个时代，《与元九书》又云："近岁韦苏州歌行，才丽之外，颇近兴讽。其五言诗，又高雅闲淡，自成一家之体，今之秉笔者，谁能及之？然当苏州在时，人亦未甚爱重，必待身后，人始贵之。"不仅称扬韦应物歌行，而且最赏其五言诗。宋代诗评家葛立方（1098～1164）《韵语阳秋》卷一云："韦应物诗平平处甚多，至于五字句，则超然出于畦径之外。如游溪诗'野水烟鹤唳，楚天云雨空'，南斋诗'春水不生烟，荒冈筠翳石'，咏声诗'万物自生听，太空常寂寥'，如此等句，岂下于'兵卫森画戟，燕寝凝清香'哉！故白乐天云：'韦苏州五言诗，高雅闲淡，自成一家之体。'东坡亦云：'乐天长短三千首，却爱韦郎五字诗。'"宝历元年（825），白居易《吴郡诗石记》复回忆道："贞元初，韦应物为苏州牧……嗜诗……每与宾友一醉一咏，其风流雅韵，多播于吴中……时予始年十四五，旅二郡，以幼贱不得与游宴，尤觉其才调高而郡守尊，以当时心言，异日苏、杭，苟获一郡足矣……韦在此州，歌诗甚多，有《郡宴》诗云'兵卫森画戟，燕寝凝清香'，最为警策。"白居易对韦应物文采风流的钦羡与爱重，即使37年后写来，仍记忆犹新，历年未改，而体会至深，则近乎偏好矣。①在江州，白居易追思江州刺史韦应物遗踪，又有《题浔阳楼》诗："常爱陶彭泽，文思何高玄。又怪韦江州，诗情亦清闲。"韦应物诗高雅闲淡，不仅表现于隐逸情趣中，也表现于对日常生活平铺直叙式的描述中，白居易于兹深受影响。

苏轼也非常推崇韦应物，上述《和孔周翰二绝·观净观堂效韦苏州诗》就是苏徐州向韦苏州致敬的例子，所言"乐天长短三千首，却爱韦郎五字诗"，除赞赏韦诗外，亦有认同白居易所爱之意，特举"乐天长短三千首"，意在强调爱韦诗者白居易具备足够的资格，不仅是数量的资格，更是质量的资格。爱者和被爱者的地位，在苏轼眼中是对等的。除此之外，苏轼的《寄邓道士》："一杯罗浮春，远饷采薇客。遥知独酌罢，醉卧松下石。幽人不可见，清啸闻月夕，聊戏庵中人，空飞本无迹。"也是专门向韦应物的名作《寄全椒山中道士》致敬的。诗前苏轼引语称："罗浮山有野人，相传葛稚川之隶也。邓道士守安，山中有道者也。尝于庵前，见其足迹长二尺许。绍圣二年（1095）正月二日，予偶读韦苏州《寄全椒山中道士》诗云：'今朝郡斋冷，忽念山中客。涧底束荆薪，归来煮白石。遥持一樽酒，远慰风雨夕。落叶满空山，何处寻行迹。'乃以酒一壶，依苏州韵，作诗寄之。"可见苏轼学白，有时是通过学习白居易的学习对象来体现的，这是更高级别的学习方式，学习陶渊明与此亦有相仿之处。

元丰元年（1078）三月，苏轼在徐州撰《和孙莘老次韵》："去国光阴春雪消，还家踪迹野云飘。功名正自妨行乐，迎送才堪博早朝。虽去友朋亲吏卒，却辞谗谤得风谣。明年我亦江东去，不问雄繁与寂寥。"

---

① 不过，文中所言"年十四五"略有不合。据白居易行年，贞元四年（788）随父季庚官衢州，盖于其时经苏、杭，时年白已17岁。韦应物亦于此年出刺苏州，且与此文称"前后相去三十七年"相合。

其中结尾"不问雄繁与寂寥"一句，有取于白居易长庆二年（822）所撰《初到郡斋寄钱湖州李苏州》"雪溪殊冷僻，茂苑太繁雄"，雄繁或繁雄，意指（州郡）繁华，乃冷僻之反面，诗歌表达的是，不管是繁华的剧郡，还是冷僻的异乡，总之是要到江东去，以便与在江东做官的孙觉（字莘老）更近一些。而颔联"迎送才堪博早朝"一句，则源自白居易元和十三年（818）《晓寝》结尾之爽利的"鸡鸣一觉睡，不博早朝人"，博，犹云换，意谓不肯以早朝之贵仕，换易鸡鸣之晏睡。这一感慨最令古今仕途中人共鸣，谚云："骨边肉，五更睡，虽不多，最有味"，也是此意。与此相关，苏轼《夜饮次韵毕推官》"红烛照庭嘶骢嫠，黄鸡催晓唱玲珑"，也是源自白诗《醉歌（示妓人商玲珑）》："谁道使君不解歌，听唱黄鸡与白日。黄鸡催晓丑时鸣，白日催年酉前没。"①这一典故，苏轼用过多次，最著名者是在黄州所作《浣溪沙》：

　　山下兰芽短浸溪，松间沙路净无泥。萧萧暮雨子规啼。谁道人生无再少，门前流水尚能西。休将白发唱黄鸡。

苏轼《游沙湖》云："黄州东南三十里为沙湖，亦曰螺师店，予买田其间。因往相田得疾，闻麻桥人庞安常善医而聋，遂往求疗。安常虽聋，而颖悟绝人，以纸画字，书不数字，辄深了人意。余戏之曰：'余以手为口，君以眼为耳，皆一时异人也。'疾愈，与之同游清泉寺。寺在蕲水郭门外二里许，有王逸少洗笔泉，水极甘，下临兰溪，溪水西流。

---

① 敦煌曲《十二时》："日入西，金罇多泻蒲桃酒。劝君莫弃失途人，结交承仕须朋友"；"鸡鸣丑，莫惜黄金结朋友。蓬蒿岂得久荣华，飘摇万里随风走"。入矢义高《白居易作品中的口语表达》（中译文载《传统文化与现代化》1996 年第 4 期）："白氏这一作品，确是运用了'十二时歌'的形式。……'黄鸡催晓丑时鸣'就是扩展了的'鸡鸣丑'；'白日催年酉前没'就是扩展了的'日入西'。"

余作歌云：'山下兰芽短浸溪……休将白发唱黄鸡。'是日剧饮而归。"
还有在湖州之《浣溪沙》"莫唱黄鸡并白发，且呼张友唤殷兄"，在
临安之《与临安令宗人同年剧饮》"试呼白发感秋人，令唱黄鸡催晓
曲"，在密州之《过密州次韵赵明叔乔禹功》"黄鸡催晓凄凉曲，白
发惊秋见在身"，在杭州之《次韵苏伯固主簿重九》"只有黄鸡与白发，
玲珑应识使君歌"，其中，都从不同角度寄寓着对时光的珍惜，岁月
的感慨，也体现着苏轼对前贤白居易的认可和追慕。

元丰元年（1078）清明初过，苏轼在徐州有《坐上赋戴花得天字》：

> 清明初过酒阑珊，折得奇葩晚更妍。春色岂关吾辈事，老狂
> 聊作座中先。醉吟不耐欹纱帽，起舞从教落酒船。结习渐消留不住，
> 却须还与散花天。

如果说，首联只是与白居易《酬郑二司录与李六郎中寒食日相过
同宴见赠》"杯盘狼藉宜侵夜，风景阑珊欲过春"偶然巧合的话，那么，
末联显然在用《维摩经·观众生品》"散花天女"典故之外，也同时
让人联想起白居易《斋戒满夜戏招梦得》"方丈若能来问疾，不妨兼
有散花天"，因为颈联里"醉吟"二字，已经暗点出醉吟先生白居易
的名号。

元丰元年（1078）六月，苏轼在徐州撰《王元之画像赞并序》，
云："《传》曰：'不有君子，其能国乎？'余常三复斯言，未尝不
流涕太息也。如汉汲黯、萧望之、李固，吴张昭，唐魏郑公、狄仁杰，
皆以身徇义，招之不来，麾之不去。正色而立于朝，则豺狼狐狸，自
相吞噬，故能消祸于未形，救危于将亡。使皆如公孙丞相、张禹、胡广，
虽累千百，缓急岂可望哉！故翰林王公元之，以雄文直道，独立当世，

足以追配此六君子者。方是时，朝廷清明，无大奸慝。然公犹不容于中，
耿然如秋霜夏日，不可狎玩，至于三黜以死。有如不幸而处于众邪之间，
安危之际，则公之所为，必将惊世绝俗，使斗筲穿窬之流，心破胆裂，
岂特如此而已乎？始余过苏州虎丘寺，见公之画像，想其遗风余烈，
愿为执鞭而不可得。其后为徐州，而公之曾孙汾为兖州，以公墓碑示余，
乃追为之赞，以附其家传云。"赞云："维昔圣贤，患莫己知。公遇太宗，
允也其时。帝欲用公，公不少贬。三黜穷山，之死靡憾。咸平以来，
独为名臣。一时之屈，万世之信。纷纷鄙夫，亦拜公像。何以占之，
有泚其颡。公能泚之，不能已之。茫茫九原，爱莫起之。"王元之，
即北宋白体诗代表人物王禹偁。熙宁四年（1071），苏轼路过苏州虎
丘寺，曾瞻仰寺中陈列的王禹偁画像，所以，当王禹偁曾孙王汾从兖
州来信，邀请徐州太守苏轼为其曾祖作画赞题于其碑阴时，苏轼借此
表达了对前辈王禹偁"雄文直道，独立当世"风范的仰慕。众所周知，
王禹偁是北宋早期白体诗的代表。他自称"本与乐天为后进"，其《得
昭文李学士书报以二绝》题注："来书云：'看书除庄老外，乐天诗
最宜枕藉。'"胡应麟《诗薮》外编卷五云："学白乐天者，王元之、
陆放翁。"这样的诗学背景，自然会潜移默化地对苏轼产生影响，使
他诗学视野中的白乐天，生发出谱系性的脉络。

（五）

综上，苏轼在古城徐州留下的以山水吟咏为主的文学创作，以及
诗文评论，在在可见白居易的影子，多方面地体现出对白居易的主动
接受，其中既有继承前贤和师长的成分以及时代因素的熏陶，更有自
己的独到理解，因此，既有偶然性，更有必然性。同时，就徐州这一
南北兼具的特定的文化地理空间而言，苏之于白的学习，既有转折性

和阶段性，也有整体性和一贯性，所以，堪称苏轼慕白效白道路上的重要分水岭。在白居易的时代，苏轼笔下徐州著名的云龙山，是苏轼的命名，塑造了云龙山在今日徐州的文化地理符号的地位。与此同理，苏轼如何回应和改造白居易遗留下来的文化遗产，既透露着唐贤白居易作用于宋代大文豪苏轼人生与文艺思想的痕迹，同时也在重新塑造着宋代文坛视野下的白居易形象。在这个新的形象的定型过程中，醉吟诗风以及其独特的个性风范，已经超越其文本，化为苏轼生命诗学的有机营养成分。明代状元唐文献《跋东坡禅喜集后》谓：

> 唐有香山，宋有子瞻，其风流往往相类……香山云："外以儒行修其身，内以释教汰其心，旁以琴酒山水诗歌乐其志。"则分明一眉山之老人而已。[1]

在这个意义上，苏轼眼中的前贤白乐天，不仅是其诗文创作学习效仿的重要对象，也是他为人处世的榜样之一。苏之于白，由钦慕、效仿，以至于后来逐渐并称，堪称两位伟大文人之间的跨代对话。正是在徐州期间，苏轼钦慕和学习白居易的倾向得以奠基。从"乐天知命我无忧"，可见白居易诗歌对徐州太守苏轼的影响痕迹。从"我是朱陈旧使君"，可见苏轼对白居易致敬的别样形式，从"燕子楼空三百秋"，可见苏轼已经将对前贤白居易的理解，与自身、眼下和未来无痕而有机地衔接起来。因此，自称"出处依稀似乐天"的苏轼，不愧是白居易接受史上典型和优秀的代表。

---

[1] 祝尚书：《宋集序跋汇编》，中华书局 2010 年版，第 637 页。

杭州白苏二公祠

回三　千载诗传白忠州——《白居易在忠州》序

岁月如河，千载轻轻流过。相逢如歌，白居易在忠州传下未朽的诗作。2022 年恰逢白居易诞辰 1250 周年，在此时回望一代诗豪留给忠州的物质文化遗产和非物质文化遗产，不免令人感慨良多。白居易生于大河之南，岁近知天命之年，告别江州和庐山，来到大江之边，就任仕途的首任地方长官，在长江上游、三峡的腹心，迎来人生的拐点。三峡名郡，古城忠州，从此昂首进入中国诗歌版图，迎来千载诗传白忠州的新篇。

"好在天涯李使君，江头相见日黄昏"（《初到忠州赠李六》），元和十四年（819）阳春三月的那个黄昏，白居易乘坐的官船，停泊于长江岸边，忠州城下，前来交接工作的前任忠州刺史李景俭热情相迎。履新之际，白居易在忠州的第一首诗，就是写给这位通过至交元稹结识的故友（李景俭是历代忠州刺史中家世最为显赫者，其叔曾祖即唐玄宗李隆基）。故友，你还好吗？好在，是地道的唐人存问语，犹云无恙，意谓还好吧。那么，天涯有多远？从忠州到长安，共两千二百里。就在这个月，三月十一日夜，白居易、白行简一行，与自通州（今四川达州）转官虢州（今河南灵宝）的元稹邂逅于峡中，停舟夷陵（今湖北宜昌），置酒畅饮，倾述离情，赋诗相勉，三宿而别，留下三游洞之佳话；三月二十八日到达忠州，自峡州夷陵至忠州约一千三百里的航程，白居易舟行用了 13 天。

　　无论和长安、洛阳，还是江州、下邽相比，天涯之地忠州皆堪称荒凉。杜甫永泰元年（765）赴夔州时路过这里，曾《题忠州龙兴寺所居院壁》："忠州三峡内，井邑聚云根。小市常争米，孤城早闭门。空看过客泪，莫觅主人恩。淹泊仍愁虎，深居赖独园。"云根者，深山云起之处。井邑因为近山，竟然还有老虎出没，只得孤城早早闭门，荒僻萧疏的景况，可以概见。54 年之后，白居易初到忠州，对荒僻穷陋的恶劣环境，尤其是"吏人生硬都如鹿"（《初到忠州赠李六》）的窘况，也很不适应。忠州，在太守眼中，确是一个"安可施政教？尚不通语言"（《征秋税毕题郡南楼》）的蛮荒之地，诚可谓海角天涯了，但就在这海角天涯的蛮荒之地，忠州刺史白居易发现了美，发现了美味的荔枝——"嚼疑天上味，嗅异世间香"（《题郡中荔枝诗十八韵兼寄万州杨八使君》），发现了美丽的木莲——"花房腻似红莲朵，艳色鲜如紫牡丹"（《画木莲花图寄元郎中》），还发现了动人的忠州民歌——《竹枝词》，"江畔谁人唱竹枝，前声断咽后声迟"，含思宛转，凄楚动人，兴奋的诗人一口气学着写了四首，这是中国文学史上"竹枝词"的首次亮相，对其后不久刘禹锡在夔州的《竹枝词》创作的影响可想而知。

　　川东山水，忠州最为清妍。美景、美食、美味和美好的音乐一样可贵。白居易很快就爱上了忠州，接纳并融入了这片土地，做了很多勤政为民的实事好事。告别之际，带着对忠州的深厚感情，他依依不舍地作别忠州，深情写下"二年留滞在江城，草树禽鱼皆有情"（《别种东坡花树》）的诗句，表达挚爱和不舍。回到京城，忠州的山川风物、一草一木常常让他魂牵梦绕，"巫峡中心郡，巴城四面春"（《感春》），忠州岁月，已成为白居易生命中美好的回忆，"时时大开口，自笑忆忠州"（《发白狗峡，次黄牛峡登高寺，却望忠州》），"长忆小楼风月夜，红栏杆上两三枝"（《寄题忠州小楼桃花》），"最忆东坡红烂漫，野桃山杏水林檎"（《西省对花忆忠州东坡新花树因寄题东楼》），这些饱含真情的诗句，满含着白居易对忠州的眷念。

"无论海角与天涯，大抵心安即是家"（《种桃李》），多美的句子，不仅包含着真善，还有旷达乐观！这是白居易贡献给忠州、同时也是留给后人精彩无比的佳句。心安，就是安心，墨子讲："非无安居也，我无安心也。"人生如寄，如果能安心静意，随便置身何处，都可视为自己的家乡。若不能心安，即便居家，自我隔离，也可能没有家的感觉。白居易元和八年（813）在下邽所撰《效陶潜体诗十六首》其三曾云"心安时亦过"，其十五又曰："心安体亦舒。"在元和十年（815）被贬江州司马、百口莫辩之际，他写下《自诲》，其中曾说"无妄喜，无浪忧，此中是汝家，此中是汝乡。汝何舍此而去，自取其遑遑"，这是从反面自诲，元和十二年（817）在江州又从正面说"心泰身宁是归处，故乡可独在长安"（《重题》），后来的长庆二年（822），离开长安，去杭州赴任，又写下"我生本无乡，心安是归处"（《初出城留别》），大和五年（831）在洛阳复云"身心安处为吾土，岂限长安与洛阳"（《吾土》），皆可为此诗注脚，彼此互文，但好像都不如在忠州用来自我救赎的这两句——无论海角与天涯，大抵心安即是家——说得精彩，你说怪不怪？苏东坡说得好："秀句出寒饿，身穷诗乃亨"。

白忠州这一秀句最佳的衣钵传人，正是一生九番高歌"吾生如寄"的苏东坡，其《定风波》序云："王定国歌儿曰柔奴，姓宇文氏，眉目娟丽，善应对，家世住京师。定国南迁归，余问柔：'广南风土，应是不好？'柔对曰：'此心安处，便是吾乡。'因为缀词。"词末云："试问岭南应不好？却道，此心安处是吾乡。"这位千古词人，居然径取白诗，化为己句，就像以东坡之号向白忠州致敬一样。站在忠州，沿江的上游，即可远眺苏轼的家乡，而下游的九江，则是陶渊明的故里所在。千古诗魂，系于一江。由此展望，窃以为，白乐天型人格范式，上承陶渊明，下启苏东坡，是中国文人三大人格范式中的重要一环。白居易自比"异世陶元亮"，苏轼则自云"出处依稀似乐天"。从承传上看，陶渊明，晋代之白乐天也；苏东坡，宋朝之白居易也。九江有陶白合祠，苏杭则有白苏二公祠。陶诗融激情于沉静，白诗融风流于日常，苏诗融豪旷于枯澹，各自在诗歌史上独树一帜，而精神却又一脉相承。苏轼和白居易，皆为兼具文人、朝臣和学者的三位一体的通才全才，人生经历和风范做派，相似之处尤其居多。苏轼号东坡，即源自白忠州的东坡种花，还自称"平生自觉出处，老大粗似乐天"。苏轼亦步亦趋地加以认同和钦佩者，不仅是白诗的文采意境之美，更是其中所表现出来的超脱畅达的情怀，因此，白忠州在东坡所种，不仅是花，不仅是树，还有文化的种子——凡有井水处，即可播种的文化种子。

平心而论，与后来的杭州刺史、洛阳分司不同，巴蜀文化中巴文化的发祥地忠州，并非白居易的主动选择，但是，在后来的岁月里，忠州主动选择了白居易。这是历史的选择，也是人民的选择。"诗者，民之性情也。"（王通《中说》卷十关朗，又见刘熙载《艺概·诗概》）

三峡名郡忠州滋养了白居易，为时代玉成了一位诗文并擅的贤太守，白居易也以其独特魅力在后世不断反哺忠州——其人生仕途远和之末、长庆之初的重要拐点。在这个意义上，白居易对于忠州的意义，绝不亚于忠州对于白居易的意义；白居易与忠州，是完美的相互成就，是天作之合的彼此赋能。比如，宋孝宗时期，嘉州何友谅出任忠州知州，考虑到自己任职于白忠州之旧治，于是刊刻《白氏文集》，又作《白居易年谱》，刊之集首，这是为数不多的宋人所刻白居易集和白居易年谱之一，无疑也是忠州对白居易的主动选择。

就像苏州从五贤祠最终选择白太傅祠，忠州则从宋代的四贤祠——并尊刘晏、陆贽、李吉甫与白居易，到明代创修白公祠，这是四里挑一的主动选择。选择者——忠州知州马易从的解释是："四贤之中，风流自赏，则白文公为最。以大贤裁治理，犹之慈母之保子、良医之察脉，此一方之沐浴膏泽，可想而知也。"（《创修白公祠记》）马知州的判断平易可从，道出了"白傅风流造坦夷"的独特气度。"长庆贞元人去后，一官谁称古忠州"（张问陶《忠州二绝》其二）？四贤之中，确实是白居易对后世的文化膏泽最为久远。在日本，白居易的声名甚至超过李白和杜甫。而最早流传到日本的白居易诗歌，就是白忠州的《春江》："炎凉昏晓苦推迁，不觉忠州已二年。闭合只听朝暮鼓，上楼空望往来船。……"作于元和十五年（820）的春天。《江谈抄》载，与白居易同时代的日本第五十二代嵯峨天皇（786～842），召见臣下小野篁（802～852），赋诗曰："闭阁惟闻朝暮鼓，登楼遥望往来船。"小野篁奏曰："圣作甚佳，惟'遥'改'空'更妙也。"天皇道："此白乐天句，试汝也，本'空'也，今汝之诗思，已同乐天矣。"日本江户时代的《史馆茗话》也有类似记载。这一则诗情遥与乐天同的材料，足以说明白诗早期传入日本、卓然有闻的具体情况。

　　说来也巧，2021 年出版的拙编《白居易资料新编》，第一则材料就源自白忠州的诗歌；而其中收录的白居易两个弟弟白行简（776～826）和白敏中（792～861）的资料，皆与白忠州密切相关，不能不说是难得的因缘。我与白居易结缘三十余载，常常沉醉于其独特的人格和诗风，醉白之余，深感这位广大教化之主，兼得黄河文明与长江文明的南北之长，在日月争辉的李杜之外，树起了一座新的唐诗丰碑，走出了一条融风流于日常的新路，建构起上承陶渊明、下启苏东坡的乐天型人格范式，而这些正可与白居易在忠州的功业和遗产彼此互文，相互映衬。如果回到 1203 年前，白居易来到忠州的那个春天，我愿意带着自己的学生，高吟下面的诗句，向他致敬——

　　野草烧不尽，春风吹永生！

忠县白公祠

章六　学术史纵览

回一　白居易研究的回顾与前瞻

"离离原上草，一岁一枯荣"，写下这伟大诗句的诗人，是一位妇孺皆知、有世界影响的伟大作家。他的诗风平易流畅，开创了影响深远的诗歌流派，即学界相沿而称的"元白诗派"。拙著《元白诗派研究》曾从流派角度探讨白居易文学集团及其诗歌创作，在回答"元白诗派"何以可称为诗派的基础上，探讨元白诗派的组成人员、形成过程、文学特征和发展状况。这里旨在回顾 20 世纪以来的白居易研究的历史，并在此基础上前瞻未来的发展。总结百年来的白居易研究，前已有谢佩芬《近四十年来台湾地区白居易研究概况》（《中国唐代学会会刊》第 3 期，1992 年 10 月），罗联添校阅，被译为日文，收入《白居易研究讲座》第五卷（勉诚社，1994 年 9 月）；蹇长春《八十年来中国白居易研究述略》，《西北师范大学学报》1993 年第 3 期；谢思炜、郭勉愈《近年来中国白居易研究概况》，日本《白居易研究年报》创刊号（2000 年）；尚永亮《白居易百年研究述论》，《中州学刊》2006 年第 3 期，又收入《白居易诗歌国际研讨会论文选》（河南文艺出版社 2009 年版；《中唐元和诗歌传播接受史的文化学考察》，武汉大学出版社 2010 年版）；王永波《当代元稹白居易研究著作叙录》，《唐代文学研究年鉴 2005》，广西师范大学出版社 2005 年版。其中《50年白居易研究著作述评》，又载《周口师范学院学报》2005 年第 3 期。本文重点就以上未备之处加以论述。

（一）

20 世纪初叶，最早发表在期刊上与白居易有关者，多是一些仿用白居易诗体诗韵的诗歌，如署名曲水山房的《拟白乐天新乐府》，署名一旅的《拟白乐天乐府因归狱（美虞令之德政也）》，杨梦梅拟香山《新乐府》的《紫毫笔（诚失职也）》和《涧底松（哀寒隽也）》，康毓英的《菊花（仿白居易六言律体）》，也有像署名天虚我生《戏拟检察厅公诉白居易文》这样的滑稽文，还有像江纫兰《斥白居易立言之谬》这样驳斥《长恨歌》"不重生男重生女"者，虽可称妇女解放之先驱，然只是政论性札记，并非真正的研究论文；唯一可以称道的是，因为发表在《妇女时报》上，它开启了现代白居易研究在题材上的一个别致的类别，即白居易的妇女文学和妇女观问题研究，引发了此后胡寄尘的札记《白居易之妇女观》、张友鹤《白香山诗中的妇女问题》、徐景贤《白乐天的妇女文学：从白乐天谈到唐代妇女问题》、杨荣国《与妇女共鸣的白居易》、李蕴华《白乐天的妇女文学》、彭兆良《白乐天诗中反映的妇女思想》、秦桂祥《白香山诗中关于非战思想及妇女问题之探讨》、星子《白乐天的妇女思想》、齐公远《白居易的妇女观》、曼云《白居易与妇女问题》、芝熏《白居易诗中妇女问题的研究》等文章。值得一提的是，1917年2月1日，陈独秀在《新青年》第2卷第6号发表《文学革命论》，将"革命"引进文学，否定桐城谬种、选学妖孽，对中国文学史重要流派、作家进行评判，其中提到元白，称元白应运而出，是南北朝贵族古典文学向宋元国民通俗文学过渡的中枢。这，可以视为后来胡适《白话文学史》对白居易"高大上"定位的先声。

关于白居易的真正现代意义上的研究性论文，以期刊而论，开风气之先的第一篇，是1921年署名"四郎"所发表的《白居易底"新乐府"》。尽管发表在偏于文艺性质上的报刊《晨星》，但已经明确置于"研究"一栏，以别于"叙述""诗歌""杂感"等其他栏目，应该说已经颇具现代论文的样貌。此前，梁启超1920年撰有《晚清两大家诗钞题辞》，认为白香山是"专描写社会实状"一派的代表，但并非专论白居易之文。四郎当即潘漠华（1902～1934），宣平（今浙江武义）人，诗人，曾任中共天津市委宣传部部长，后被捕牺牲。著有《漠华的诗》等。该文篇幅不长，首先点出白居易是中国屈指可数的真正的几位诗人之一，然后评述《新乐府》，重点分析《新丰折臂翁》《缚戎人》《卖炭翁》《红线毯》《上阳白发人》《李夫人》《井底引银瓶》这几首诗。结尾总结说，白居易用热烈的仁爱之心，对于人间所现出的罪恶（这些罪恶使人们受了痛苦），很微细地攒入他们每一个底细胞里，用普通的辞句——既没有什么神秘的气味，也没有什么虚伪的态度——恳挚地写出他们的悲哀来。这是很恰切的评论。

　　两年后，1923年1月1日至23日，甘蛰仙撰写了《白香山的文艺》，于1923年2月12日至3月23日，连载于《晨报副刊》，分31次，平均每次至少一个版面，全部大约15万字，不仅篇幅大大增加，俨然一部专著的规制，学术性也更强了。甘蛰仙（1892年前～？）[1]，又名甘大文（一说字蛰仙），大竹人（今属四川达州）。其《白香山的文艺》共计四章，第一章"白香山在文艺史上的位置"，作者认为，白居易在他那个时代，是代表时代的文艺作家，白居易文艺的表现形式有两个特点，一是诗体的活用，二是诗句语料的通俗。第二章"对于白氏文艺见解的批评"，一方面绍述白香山诗文中有关文艺上的见解，另一方面对这些见解给予批评。第三章"对于白氏文艺作品的考证"，首先从纵的角度，考察白香山的人生经历，然后从横的角度，即他与元稹等同代诗友的交往唱和，加以评述。同时结合政治、社会、家庭、

---

[1] 朱羲胄《林氏弟子表》云："（甘蛰仙）少先生四十余岁。"（《民国丛书》第94册，上海书店1989年版）先生指林纾（1852～1924），甘蛰仙当生于1892年之前。

地理等外缘因素，探讨形成白香山文艺作品风格的原因。第四章"对于白氏文艺作品的赏会"，分为九个小节，前八节是具体的析观，分别析观白香山描写社会、自然等各类诗歌作品，最后一节"人生观念的根本回照"为综观，其中总结说，从艺术独立派和耽美派文学的角度看，白香山的文艺被评价得稍低，但在人生派文学中，白香山确为有唐之绝代英物。以上这些评论，可以与后来胡适的《元稹白居易的文学主张》相互参看，很有可能受到其老师胡适的影响。该文在发表的第二年，1924 年，即与梁启超《情圣杜甫》并列，成为中学语文诗歌评论教学的参考讲义。其影响可见一斑。

　　1926 年 1 月，佘贤勋发表在《金陵光》杂志第 15 卷第 1 期的《白香山诗研究》，也是值得推介的论文。文中指出，香山诗可谓今日白话诗之鼻祖，盖其诗在各家中最称浅易，且其取材于社会现实，故益觉动人。[①] 此后，诏年《诗人白居易的两个特征》论述白居易诗的两个特征，一是纯自然的描写，二是社会问题的取材。陶愚川《诗人白居易析论》分析并评论白居易的性格和思想，云："白居易不是一个普通的诗人，他有伟大的抱负和热烈的心肠。他做诗的目的是很纯正的，他要在诗中充分的暴露出当时政治的黑暗和人民的苦痛"，指出，"惟有人们所不爱的讽谕诗，却正是他的'诗的灵魂'"。作者希望有人出来像白居易一样对二三十年代诗坛上的那些"吟风月"之诗进行总攻击。近代《琵琶行》研究的第一篇专文，是 1931 年戴仁文在《澄衷半年刊》发表的《读白居易〈琵琶行〉》，从"苍茫万古的事实"和"作

---

① 佘贤勋（1903～1942），字磊霞，安徽含山人，南京汇文女子中学国文教员，一面执教，一面就读金陵大学中文系，从胡翔冬、吴梅、黄侃等学诗词古文，毕业后留校任讲师，主讲中国文学史、中国诗学。1937 年抗日战争爆发，随校西迁成都。历任教授、中文系主任。1942 年，病逝于成都。酷爱收藏古籍字画，除明清作品外，多为同代诗人学者及书画家所题赠。遗著《珍庐诗词稿》由夫人陈泽珩整理，金陵大学出版。

者如神的文笔"两个方面谈论读白居易《琵琶行》的感想和心得，对《琵琶行》处理景、情、声的高超艺术大加赞叹。张正夫《读了白居易的〈新丰折臂翁〉〈杜陵叟〉以后》、吴绍泰《读白居易〈新丰折臂翁〉诗》、王槐林《读〈长恨歌〉后》等，也是读后感性质的文章，评论多于分析，今天看来影响都不是很大。

（二）

影响较大的白居易研究，应始于胡适。1915 年 8 月 3 日，胡适《留学日记》有"读白居易《与元九书》"一则，将元白一派称为"唐代之实际派"，并云："李公垂有《乐府新题》二十首，元微之和之有十二首，盖皆在白诗之前，则其时必有一种实际派之风动（Movement），香山特其领袖耳。"[①] 1927 年，胡适在北京文化学社出版《国语文学史》，称"白居易是有意做白话诗的"，"是一个平民诗人"。[②] 更为系统的论述是《元稹白居易的文学主张》，初刊载于《新月》第一卷第二期（1928 年 4 月 10 日），后收入其《白话文学史》，成为第十六章的内容，影响更为深远。后人的研究，对胡适的观点或有所参考，或有所深入，或有所扩展。胡适在开创新一代中国文学史写作风格的同时，也开创了元白研究的新思路。尤其值得一提的是，在中国文学批评史上，

---

① 季羡林主编：《胡适全集》第 28 卷，《留学日记》卷十，安徽教育出版社 2003 年版，第 214 页。

② 《国语文学史》原是胡适 1921～1922 年在教育部主办的第三、四届国语讲习所和南开大学讲课时所编的讲义，1927 年由北京文化学社正式出版。此处引文见《胡适学术文集·中国文学史》上册，中华书局 1998 年版，第 43 页。此前，梁启超 1920 年撰有《晚清两大家诗钞题辞》，认为白香山与杜工部是中国旧诗"专描写社会实状"一派的代表（另一派是陶渊明、王摩诘、李太白、孟襄阳等，专玩味天然之美）。"白香山诗，不是说'老妪能解'吗？天下古今的老妪，个个能解，天下古今的诗人，却没有几个能做，说是他的理想有特别高超处吗？其实并不见得。只是字句之间，说不出来的精严调协，令人读起来，自然得一种愉快的感受。"见《饮冰室文集》卷四十三，中华书局 1936 年版。

〔明〕唐寅《浔阳八景图》（局部二）

胡适是较早借鉴现代西方文艺思想来研究中国古代文学的，也是最早将元白这一派诗人的创作称为"文学革新运动"的。后来众多中国文学史著作中所谓"新乐府运动"的名称，乃是直接地受到了胡适的影响。

胡适 1928 年 4 月撰有《跋宋刻本白氏文集影本》[①]，以《传法堂碑》《与元九书》《长恨歌传》《琵琶引》及《旧唐书·白居易传》所收白居易"奏状"四篇为范围，用涵芬楼影瞿氏铁琴铜剑楼藏宋绍兴刻本，与《四部丛刊》影印日本那波道圆翻宋本《白氏长庆集》对勘，列表比较二本之优劣。其勘校范围虽小，内容也较简略，却引起时任浙江图书馆中文部主任、古籍版本学家单丕（字不庵，1877～1930）的极大兴趣，并就此与胡适展开学术讨论，先后利用文澜阁本《白氏长庆集》及《文苑英华》《全唐文》等与《四部丛刊》本对校。[②]尽管二者文献考据的范围未出胡适所列篇章，后来更仅限于禅宗史料《传法堂碑》的勘校，但胡适的这项研究及与单不庵的讨论，却为后来专力于白居易考据的岑仲勉所注意。岑仲勉《论〈白氏长庆集〉源流并评东洋本〈白集〉》一文，即提到刊布于《浙江图书馆报》上的胡适之文及其与单不庵的学术通信。[③]

在胡适之后，20 世纪 30 年代末到 50 年代初，岑仲勉、陈寅恪两位学者的卓越成果，代表了白居易实证研究方面的高水准。1947 年，岑仲勉发表《论〈白氏长庆集〉源流并评东洋本白集》等七篇有关白居易文集的考证文章，共十八万多字，对白集流传的版本、白居易诗

[①] 胡适：《跋宋刻本白氏文集影本》，《浙江图书馆报》第 2 卷第 1 期，1928 年 8 月；又收入欧阳哲生主编《胡适文存》三集卷四，北京大学出版社 2013 年版。
[②] 胡文及与单不庵的通信，见欧阳哲生主编《胡适文集 4·胡适文存三集》，北京大学出版社 2013 年版，第 267～294 页。
[③] 岑仲勉《论〈白氏长庆集〉源流并评东洋本〈白集〉》提到："此本抄自东瀛，鲁鱼滋甚，略览《浙江图书馆报》所校《传法堂碑》数篇，足窥涯略。"（《岑仲勉史学论文集》，中华书局 1990 年版，第 98～99 页）

文的真伪进行了详细、精博、系统的研究和考证，解决了白居易研究在文本方面的不少关键性问题。而陈寅恪的《元白诗笺证稿》，其言说背景和对象，与胡适对白居易的推崇密切相关，但因为深入论及具体作品，所以在文学研究界的影响更大更广更深。该著结合中唐时代的社会政治、科举制度、佛道文化、生活习俗、民间歌谣和古文运动等各种因素，来研究元白的诗歌创作，将元白对照并举，逐一加以详细地考释、分析、笺证，发覆其典故本事、写作背景，在字词语句背后寻绎其文化内涵；先考并世材料之异，复合古今情意之同；对白居易作品与事实不符之处多有辨正。尽管在个别细节、个别结论上，或有时而可商，或后出乃转精，但其用思之绵密、学识之博深、见解之独到，却堪称超拔，罕有其匹；而且无论在"诗史互证"的文化分析方法上，还是在"比较分析"的发覆与论证上，其思路都具有典范意义，沾溉至今。

　　除实证研究外，学界在白居易研究的文学评论方面亦颇有进益，尽管它们大都并非白居易研究专论之著。例如闻一多在《贾岛》一文开篇中，论及元和、长庆间诗坛动态中三个较有力的新趋势：韩孟、姚贾之外，"那边元稹、张籍、王建等，在白居易的改良社会的大纛下，用律动的乐府调子，对社会泣诉着他们那各阶层中病态的小悲剧"。文章还说，"白居易等为讲故事而做乐府"；白居易是带着"那样悲伤"的眼光在观察时代。① 这些出自诗人的对诗的评价，自然别有会心。

　　1948 年，钱锺书的《谈艺录》出版。其中论及元稹、白居易的笔墨很多，剖断精当而富有启迪。像第五十则，论述白居易一派之形成：

---

① 闻一多：《贾岛》，载昆明《中央日报·文艺》第 18 期。除此之外，郑临川述评《闻一多论古典文学》（重庆出版社，1984 年 11 月）第 122～123、156 页亦涉及对白居易的评价。

韩之于孟，欧之于梅，工同曲异……白傅、元相，风格相近，而才力相悬，白之尊元，与斯异例。《诚斋集》卷十《读元白长庆二集》诗曰："读过元诗与白诗，一生少傅重微之。再三不晓渠何意，半是交情半是私。"盖文人苦独唱之岑寂，乐同声之应和，以资标榜而得陪衬，故中材下驷，亦许其齐名忝窃。白傅重微之，适所以自增重耳。黄公（贺裳）谓"诗文之累，不由于谤而由于谀"，其理深长可思。余则欲更进一解曰：诗文之累学者，不由于其劣处，而由于其佳处。《管子·枢言》篇尝谓"人之自失也，以其所长者也"，最是妙语。盖在己则窃憙擅场，遂为之不厌，由自负而至于自袭，乃成印板文字；其在于人，佳则动心，动则仿造，仿造则立宗派，宗派则有窠臼，窠臼则变滥恶，是则不似，似即不是，以彼神奇，成兹臭腐，尊之适以贱之，祖之翻以祧之，为之转以败之。

第五十九则，批评白诗才情之外的弊病：

香山才情，照映古今，然词沓意尽，调俗气靡，于诗家远微深厚之境，有间未达。其写怀学渊明之闲适，则一高玄，（按香山《题浔阳楼》称渊明曰："文思高玄。"）一琐直，形而见绌矣。其写实比少陵之真质，则一沉挚，一铺张，况而自下矣。故余尝谓：香山作诗，欲使老妪都解，而每似老妪作诗，欲使香山都解；盖使老妪解，必语意浅易，而老妪使解，必词气烦絮。浅易可也，烦絮不可也。（按《复堂日记补录》光绪二年八月二十二日云："阅乐天诗，老妪解，我不解"；则语尤峻矣。）西人好之，当是乐其浅近易解，凡近易译，足以自便耳。

第二十五则，分析张籍与韩、白两派之离合：

　　张文昌《祭退之》诗云："公文为时帅，我亦微有声；而后之学者，或号为韩张"；是退之与文昌亦齐名矣。然张之才力，去韩远甚；东坡《韩庙碑》曰"汗流籍湜走且僵"，千古不易之论。其风格亦与韩殊勿类，集中且共元白唱酬为多。惟《城南》五古似韩公雅整之作，《祭退之》长篇尤一变平日轻清之体，朴硬近韩面目，押韵亦略师韩公《此日足可惜》。其诗自以乐府为冠，世拟之白乐天、王建，则似未当。文昌含蓄婉挚，长于感慨，兴之意为多；而白、王轻快本色，写实叙事，体则近乎赋也。近体唯七绝尚可节取，七律甚似香山。按其多与元白此唱彼于，盖虽出韩之门墙，实近白之坛坫。

近代以来古典文学研究方式新旧递嬗，文学史著作这样崭新的形式也多有关于元白的研究成果。例如郑宾于《中国文学流变史》、曾毅《中国文学史》、胡云翼《中国文学史》、顾实《中国文学史大纲》、赵景深《中国文学小史》、郑振铎《插图本中国文学史》、刘大杰《中国文学发展史》、林庚《中国文学史》、陈钟凡《中国韵文通论》、李维《诗史》、胡朴安和胡怀琛《唐代文学》、陆侃如和冯沅君《中国诗史》、费有容《唐诗研究》、胡云翼《唐诗研究》、吴经熊《唐诗四季》、苏雪林《唐诗概论》、杨启高《唐代诗学》、陈子展《唐代文学史》等，不少是与专题研究结合在一起，其中论及元稹、白居易，多能各有所得，不乏精彩之见，并非像 20 世纪 80 年代前后许多陈陈相因、教材性质的文学史著那样乏善可陈。如曾毅《中国文学史》说，"白之诗尚坦夷"，"白务言人所欲言"，"白之诗能沁人心脾，耐人咀嚼"，

"如水之荡荡，亦觉有平浅之陋，然其抗垒前贤，特开生面，皆于文学上可大书特书者也"，"论者以其清空如话，绝少豪放高古之趣，而嗤为浅俗，亦非无故，然与李白之飘逸、杜甫之沉郁、韩愈之奇险外，卓然以流丽伍于三家之间，为百代之仪型，亦不可谓非人杰者矣"。顾实《中国文学史大纲》指出："盖当时之诗，竞拟汉魏，甚者至肖《诗》之雅颂，强自鸣高，而炫学博。白居易独以入俗耳为主者；显为一种反动，洵具有慧眼卓见者也。今观《长恨歌》《琵琶行》，皆无注脚，即可明白。宜乎彼诗在当时，大行于世，上自王公，下至野老村姬，莫不玩诵之。白居易者，纯粹平民诗人也。"赵景深《中国文学小史》亦云："因为他反对'艺术的艺术'，所以他以白话做诗；因为他主张'人生的艺术'，所以他有许多诗为社会鸣不平。"相对于元稹、白居易专论而言，这些文学史著作，与前引闻一多、钱锺书等文学批评者的论评，虽然往往只言片语，但因为有更广阔的诗学及文学史背景作参照，所以多有不容忽视的慧眼卓识。

1949 年以前，在白居易集的文本整理方面，诗文全集有《四部丛刊》初编中所收《白氏长庆集》，系日本元和四年（1618）那波道圆翻刻朝鲜刻本《白氏文集》之影印本，《万有文库·国学基本丛书》中所收《白香山集》，乃《四部丛刊》本《白氏长庆集》之铅印本；诗歌全集有《四部备要》中所收《白香山诗集》，乃清人汪立名（西亭）编订《白香山诗集》之排印本。诗歌选集有沈伯经《音注白乐天诗》、傅东华选注《白居易诗》、高剑华选注《白香山诗选》、史漱石编校《（新式标点）白香山诗前集》、杜芝泉标点《（新式标点）白香山诗后集》、中华书局据沈德潜（归愚）选本音注《白乐天·柳柳州·韦苏州诗》和王学正编选《白居易诗选》。

生平事迹研究方面，有周庆熙《白乐天评传及其年表》、郭虚中《白居易评传》、戴传安《白发诗人白乐天》、施学习（鸠堂）《白香山关系年谱》。周庆熙的《白乐天评传及其年表》是 20 世纪最早的白居易评传，但此文对白居易一生行事、思想和诗文创作的评述还显得粗浅，文后所附年表极为简略，对乐天生平事迹亦无甚发明。稍后出版的郭虚中《白居易评传》，是作者用不到 4 个月时间写就的一部介绍性质的小册子，也比较简略，只有 87 页。除"导言"外，分为"白居易的一家""白居易的生平""白居易的思想及人物性格""白居易的作品"四个部分。尽管作者自己也感到"浅薄"和"浅陋"，但毕竟是近代以来第一部略具框架的白居易评传。

（三）

20 世纪 50 年代以后，白居易在中国被推为伟大的现实主义诗人，成为与李白、杜甫齐名的唐代最为著名的三大诗人之一，真正应验了白氏"身后文章合有名"的预言，白居易研究也随之一度形成热潮。

在白居易集的文本方面，有文学古籍刊行社据宋绍兴刊本影印的《白氏长庆集》七十一卷，附敦煌卷子本白氏诗集残一卷（用北京图书馆所摄唐抄本影印），书末据日本翻宋本（当即那波道圆本）补了不少阙字。但稍有遗憾的是，出版说明增加了一个误字，即其中引用白居易的名句"但伤民病痛，不识时忌讳"，将"时"误作"诗"。这部《白氏长庆集》既有线装，一函十册（14.68 元），也有精装，全三册（9.23 元），1955 年 6 月北京第 1 版，1955 年 8 月上海第 1 次印刷；如今的价格，分别是线装本 5000 元和精装本 1200 元。读者还可以选择另一种物美价廉的平装本，即北京图书馆出版社 2017 年 12 月版，改题为《宋本白氏文集》，收入"国学基本典籍丛刊"，全十册，定价 198 元。

　　中华书局1958年据光绪十九年（1893）武进费念慈（1855～1905）
影刻宋本《新雕校正大字白氏讽谏》影印的《白氏讽谏》。整理本先
后有顾学颉校点的《白居易集》、朱金城的《白居易集笺校》、喻
岳衡点校的《古典名著普及文库·白居易集》、刘明杰点校的《白居
易全集》、丁如明和聂世英校点的《白居易全集》及《增订注释全唐
诗》中的白居易诗。其中，顾学颉校点的《白居易集》，以宋绍兴刻
七十一卷本《白氏长庆集》为底本，参校宋、明、清的一些主要刊本，
改正了原本明显的错误和脱漏，并将前人已经拾补的连同新发现的佚
诗佚文编为外集两卷。虽远非各本之汇校汇勘，却是1949年以后第一
个经过整理的白居易全集，给当时的研究者带来了极大的方便。而朱
金城1955年开始撰写的《白居易集笺校》，以明万历三十四年（1606）
马元调刊本《白氏长庆集》为底本，参校宋绍兴本、日本那波道圆本、
清汪立名一隅草堂本等各种白集刊本11种，及唐、宋两代重要总集和
选本7种，罗列异同，近乎集校，同时尽力吸收已有的学术成果，因
而具有较高的学术价值。笺证部分以笺释人名为主，兼及历史事件、
人物交游、地理名物、典章制度、词语典故；在广泛吸收陈寅恪、岑
仲勉等前辈学者相关成果的基础上，努力发掘新材料，纠正了不少前
人和时人的失误。总之，《白居易集笺校》在笺证和校勘两方面均有
丰硕的成果，堪称是20世纪白集整理的集大成之作。
　　谢思炜《白居易诗集校注》和《白居易文集校注》以1955年文学
古籍刊行社影印宋绍兴刻本《白氏文集》七十一卷为底本，是白居易
集的全新整理本，广泛吸收海内外研究成果，以国内近20种珍本、善
本及日本16种珍稀刻本、写本参校，同时对照以相关总集，是国内迄
今为止文字校勘上参照最为广泛、权威的校本。于史实、典事、语源、
词义均有揭橥，对理解、研究白诗白文及相关语言现象很有帮助。对

作品所涉及的各种问题，诸如地理、人事、制度朝章、官职服饰、农桑商贸、日用百工、房舍建筑、四时习俗、婚丧礼仪、歌舞伎艺乃至象戏博弈之类，都通过钩稽史料，提供尽可能详实的说明，或对前人考释成果有所补充修正。无论文字校订，还是文本注释，皆后来居上，厥功至伟。

诗文选集方面，20世纪五六十年代三部各有特色的白诗选集先后问世。其中苏仲翔《元白诗选》是较早的一部，比较简略。霍松林《白居易诗选译》的特色主要在白居易诗的今译上，作者选择白诗100多篇，用现代汉语做了诗体翻译。其中不少篇什能保持原作的诗意，重视文词的藻饰，在古诗今译方面做了有益的探索。列入"中国古典文学读本丛书"的顾肇仓和周汝昌的《白居易诗选》则在注释和编年上都做了不少扎实的工作，学术性较强，书后还附有《白居易年谱（简编）》，是当时印数较多、影响较大的白居易诗选注本。

20世纪80年代以来，又陆续出版不少白居易诗文选注本。如王汝弼《白居易选集》、李希南和郭炳兴《白居易诗译释》、龚克昌和彭重光《白居易诗文选注》、梁鉴江《白居易诗选》、朱金城和朱易安《白居易诗集导读》、郑永晓《白居易诗歌赏析》、褚斌杰主编《白居易诗歌赏析集》、吴大奎和马秀娟《元稹白居易诗选译》、徐子宏《白居易诗精华》、王一娟和傅绍良《白居易元稹韩愈柳宗元诗歌精选200首》、邹言《白居易诗词：插图本》、时宜之《白居易诗歌精选》、施蓉和苏建科《白居易诗精选精注》、王培源等《中国诗苑英华·白居易卷》、姚大勇等《唐名家诗选赏·白居易卷》、谢思炜《中国古代十大诗人精品全集·白居易卷》和《白居易诗选》、赵立和马连湘《白居易诗选注》、郭杰《元白诗传》《白居易诗歌选注》、汪启明《白居易诗选》、姜洪伟《中国古典文学精品屋·白居易》、张少康主编《古诗名家诵读本·白居易》、周勋初和严杰《白居易选集》、萧瑞峰和彭万隆《刘禹锡白居易作品选评》、孙安邦和孙蓓《中国家庭基本藏书·名家选集卷·白居易集》、孙明君《唐诗名家诵读·白居易诗》、陈才智《白居易诗赏读》《白居易诗品汇》、霍松林编选《历代名家精选集·白居易集》等。中国台湾地区则出版有许凯如《白居易诗选译》、李瑞腾《一曲琵琶说到今：白居易诗赏析》、陈香《白居易的新乐府》、张健《大唐诗魔白居易诗选》、汤华泉《白居易诗选》、陶敏和鲁茜《新译白居易诗文选》等。

　　年谱及生平事迹考证方面，有王拾遗《白居易生平事迹考略》和《白居易生活系年》、苏仲翔《元白简谱》、顾肇仓《白居易年谱（简编）》、朱金城《白居易年谱》、白书斋续谱和顾学颉编注《白居易家谱》，中国台湾地区则有罗联添《白香山年谱考辨》和《白乐天年谱》。其中，王拾遗《白居易生活系年》是问世较早的著作。该书以系年的形式考订了白居易生平、行事、思想、交游等各个方面的情况，每年白居易事迹下均列出论据若干，但因资料来源不广，故发明不多。书后附《白居易简要年表》，分为纪年、时事、出处、主要诗文等四个栏目，使人对白居易一生行事和诗文创作一目了然。朱金城《白居易年谱》是作者多年笺校白居易集积累的成果，征引广博，论证缜密，对白居易的生平事迹、作品系年、人事交游及相关史实进行考订，有不少自己的新见解，是目前公认最为完备详实的白居易年谱。《白居易家谱》原名《乐天后裔白氏家谱》，是1980年7月在河南洛阳白家发现的，记载了从白居易到现代共50余代的情况。谱中记载各代的婚配、子嗣、昭穆次序，井然不乱，为研究白居易的后裔情况提供了宝贵的资料。但其中有关白居易卒日（八月十四日）的记载，未见于他书，不知何据。书中还编入顾学颉撰写的《白居易行实系年》。

　　传记方面，先后出版了王进珊《人民诗人白居易》、苏仲翔《白居易传论》、范宁《白居易》、万曼《白居易传》、王拾遗《白居易》和《白居易传》、张炯《白居易诗传》、褚斌杰《白居易评传》和《白居易》、陈友琴《白居易》、刘维崇《白居易评传》、邱燮友《白居易》、刘太棟《白居易》、陈翔《大诗人白居易》、子谔、一飞和吉庠《白居易的故事》、汪禔义《白居易传》、王遂今《白居易与杭州》、胡济涛和施星火《江州司马传奇》、黄绵珠《白居易：平易旷达的社会诗人》、陈敏杰和羊达之《白居易》、梁容若《文学二十家传·白居易》、花房英树《白居易》、王能杰《白香山之性情与生活》、肖文苑《白居易》、潘秦泉《白居易传》、居新宇和王宪章《白居易》、李芍《白居易》、刘剑锋《白居易风雨之旅》、刘维治和焦淑清《白居易传》、吴伟斌《文章已满行人耳：白居易全传》、杨志贤《白居易：中唐·现实主义诗人（772～846）》、蹇长春《白居易评传》、张先德《白居易》、陈建国《江州司马白居易》、郑京鹏《大唐贤刺史》、赵瑜《人间要好诗——白居易传》等。其中，学术性较强的是蹇长春《白居易评传》。

　　研究著作和论文集方面，先后有王拾遗《白居易研究》和《老妪都解白居易》、施鸿堂《白居易研究》、张静晔《白居易新乐府研究》、陈立伟《白居易研究》、刘兰《白居易与音乐》、杨宗莹《白居易研究》、丸山清子《〈源氏物语〉与〈白氏文集〉》、廖美云《白居易新乐府研究》和《元白新乐府研究》、朱金城《白居易研究》、梁厚建《白乐天陆放翁两家较析》、彭安湘《白居易研究新探》、左忠诚主编《白居易研究》、金文男《诗情与友情：元稹、白居易》、四川省忠县政协委员会编印《白居易与忠州》、秦泥《唐代三大诗人：李白、杜甫、白居易的诗歌与生平》、马宝莲《白居易律赋研究》、马歌东编译《日本白居易研究论文选》、李中编著《白居易在渭南故里》、谢思炜《白居易集综论》、刘维治《元白研究》、马铭浩《唐代社会与元白文学集团关系之研究》、王元明《白居易新论》、陈焕祥编著《论说白居易》、张弘《迷路心回因向佛：白居易与佛禅》、杨树民、刘百宽、姜继业、陈西军《白居易与下邽故里》、中西进《〈源氏物语〉与白乐天》、王相民《白居易研究》、张荣庆和张海娜《贤达诗人白居易与〈白氏长庆集〉七二个慧知》、张再林《唐宋士风与词风研究：以白居易、苏轼为中心》、蹇长春《白居易论稿》、白高来和白振修《白居易与洛阳》、莫砺锋《莫砺锋评说白居易：品味一代文豪白居易的别样人生》、肖伟韬《白居易研究的反思与批判》《白居易生存哲学本体研究》和《白居易诗歌创作考论》、隽雪艳《文化的重写：日本古典中的白居易形象》、靳亚洲编著《白居易与新乐府》、文艳蓉《白居易生平与创作实证研究》、鲍鹏山《白居易与〈庄子〉》、赵建梅《心安是归处——白居易诗歌空间书写研究》、焦尤杰《白居易生平与作品导读》等。

其中，谢思炜《白居易集综论》是最为出色、值得推重的一部研究专著。针对专篇的单行本则有杨国娟《白居易长恨歌与琵琶行的研究》、周天《〈长恨歌〉笺说稿》、贾恩洪《破绎〈长恨歌〉之谜》、靳极苍《〈长恨歌〉及同题材诗详解》、周相录《〈长恨歌〉研究》、张中宇《白居易〈长恨歌〉研究》、王万岭《〈长恨歌〉考论》、付兴林与倪超《〈长恨歌〉及李杨题材唐诗研究》等。

而大陆、港台和新加坡有关的博士和硕士学位论文至少已有254篇。此外，陈友琴《温故集》和《长短集》、顾学颉《顾学颉文学论集》、罗联添《唐代文学论集》、裴斐《看不透的人生：裴斐学术论文集》亦收有各自在白居易研究领域的系列论文。值得参考的相关著作还有张修蓉《中唐乐府诗研究》、黄浴沂《唐代新乐府诗人及其代表作品》、尚永亮《元和五大诗人与贬谪文学考论》、曾广开《元和诗论》、钟优民《新乐府诗派研究》、孟二冬《中唐诗歌的开拓与新变》、查屏球《唐学与唐诗：中晚唐诗风的一种文化考察》、胡可先《中唐政治与文学：以永贞革新为研究中心》、唐晓敏《中唐文学思想研究》、贾晋华《唐代集会总集与诗人群研究》、刘宁《唐宋之际诗歌演变研究：以元白之元和体的创作影响为中心》、刘航《中唐诗歌嬗变的民俗观照》、马自力《中唐文人之社会角色与文学活动》等。

资料整理方面，有陈友琴《白居易诗评述汇编》，尽管远未收罗无遗，但筚路蓝缕，不仅为当时白居易研究的进一步深入提供了必要的资料，而且方便后学之功也未可埋没。此外还有中国台湾地区朱传誉主编的《白居易传记资料》，将各种白居易传记资料复印汇订为 21 册；栾贵明、田奕、陈抗、林沧编著的《全唐诗索引·白居易卷》，以中华书局排印本《全唐诗》1960 年 4 月第 1 版、《全唐诗外编》1982 年 7 月第 1 版为底本，逐字立目，标明所在诗句（或异文、标题、序言、注文）的册、卷、页、行。其他书目类文献有北京图书馆 1953 年编印的《白居易作品及有关参考书目》，北京图书馆群众工作组 1957 年编印的《谈谈白居易和他的〈长恨歌〉：馆藏白居易作品及其有关参考书目》，张基美和马真冰编《解放后关于白居易研究的资料索引》，苏仲翔《白居易诗文集版本目录》（《白居易传论》附）。

据蹇长春《八十年来中国白居易研究述略》，从 20 世纪 20 年代初到 1991 年年底，"国内已发表的白居易研究著作（包括对其诗文作校释的全集和选本）40 余部"。据尚永亮《白居易百年研究述论》，1900～2002 年，中国大陆地区共产生专著 52 部。而据拙著《元白研究学术档案》统计，1900～2002 年，国内出版的各类有关白居易的书籍有 207 部。若延至 2012 年，则至少有 289 部。

至于研究论文方面，据蹇长春《八十年来中国白居易研究述略》，从 20 世纪 20 年代初到 1991 年年底，国内已发表白居易研究方面的论文 900 余篇；据尚永亮《白居易百年研究述论》，1900 ～ 2002 年，中国大陆地区共产生研究论文 1334 篇。而根据拙著《元白研究学术档案》统计，1907 ～ 2002 年，国内发表的各类白居易评论性文章 2193 篇。若延至 2012 年，则至少有 3438 篇。通过这些文章的撰写和发表，学术界在白居易的先祖世系、家族家世、生平交游、人生观及思想转变、政治倾向、与佛道之关系、新乐府的理论与实践、《长恨歌》的主题等方面进行了相当深入的研究。就新乐府运动是否存在、《长恨歌》的主题还产生过广泛的争鸣，至今未能达成共识。

笔者所著《元白研究学术档案》，意在总结 20 世纪元稹、白居易研究的成绩，就上述存在争议的论题加以综述和评骘。全书分为两个部分：专书和论文评介、论著目录。前者求精，依照出版或发表时间为序；后者求全，在论著性质、语种国别分类的基础上依时间为序，并附列文献资料的来源，希望可以帮助大家拓宽和加深对 20 世纪白居易研究状况的了解和认识。

可以说，在唐代文学研究领域中，白居易研究一向占有举足轻重的地位。各种成果的发表数量，近年以来保持着高速增长的惯性，虽有碔砆乱玉之虞，但无可争议的是，研究范围确实进一步得到拓宽，论述对象确实更加细致入微，不少论著确实有突破性进展，资料整理为进一步拓展打下基础。由此而论，或将目光上溯以寻渊源，或将视野下延后世以探流变，接受与传播研究渐次铺开，从空间角度出发的诗迹研究方兴未艾。作家作品、文体流派等传统纯文学意义上的白居易研究固然日渐深入，新兴的角度也在逐渐拓宽，不少选题拓展至文化学、思想史、历史学、社会学、考古学、文物学、地理学、建筑学、园林学、养生学、心理学等，学科界限日渐模糊，但问题认识则愈发清晰。

（四）

尽管学术界在白居易研究方面已取得相当可观的实绩，成果业已涵盖白居易的生平研究，如世系、家族、交游、恋情、婚姻、贬谪等；白居易思想研究，如儒释道思想、人生观、政治观等；白居易文论研究，包括文学观、美学观等；白居易诗歌创作研究，如诗歌成就总评和风格总论、艺术渊源和影响、分类和题材研究等；白居易散文创作研究；白居易词作研究；白居易作品集的整理和版本研究。但毋庸讳言，在这一领域中仍有不少空白点和有待深入之处。如白居易研究方面，主要集中在《长恨歌》《琵琶行》《新乐府》等作品，和《与元九书》等所体现的诗歌理论方面，而占更大比例的其他内容的诗作，以及新乐府诗论之外的其他文学思想尚未受到足够的重视。此外，大陆学者的研究受 1949 年以后主流文艺思潮的影响，更侧重于诸如人民性[①] 等研究角度，方法和理论不免单一，范围和领域还不够广阔；缺乏对白居易诗歌创作全面系统的梳理、分析和挖掘；在艺术研究方面，概括性的描述较多，具体化的剖析尚少。

尤其应当指出的是，与日本学术界相比，国内在白居易研究中的很多领域都已经落在后面。由于白居易与日本文化史深久的渊源，白居易研究在日本堪称显学。下定雅弘《战后日本的白居易研究》曾给予全面而翔实的梳理。此外，根据《中国文学研究文献要览 1945～1977（战后编）》统计，1945 年 8 月至 1977 年 12 月，日本白居易研究文献的数量（209 篇）仅略少于杜甫（241 篇），而几乎两

[①] 王拾遗《白居易研究》、范宁《白居易》等 20 世纪 60 年代的著作，多以"人民性"为主要出发点来评判白居易的思想与创作。参见黄药眠《论文学中的人民性》，《文史哲》1953 年第 6 期，第 34 页。

倍于李白（106 篇）；其间发表过白居易研究专著及论义的学者近二百人。而据丸山茂编《白居易相关图书目录（日文）》统计，自 1896 年至 1994 年，日本已出版与白居易相关之图书达 107 部之多（如果不包括修订或再版，则为 78 种），加上此后出版的《白居易研究讲座》第五至第七卷，则至少有 110 部。其中研究著作近 20 部。而丸山茂《白居易相关图书目录（中文）》统计，1930～1992 年中国大陆和台湾地区有关白居易的出版物合计才 65 种。[①]

　　日本的白居易研究者，各以其不同的角度阐说各自的理解，以其不同的特点在研究中做出了贡献。例如，堤留吉（1896～？）著有《白乐天：生活与文学》（敬文社，1947）、《白居易的文学理论与文学主张》（敬文社，1961）及《白乐天研究》（春秋社，1969），是日本战后白居易研究的早期开拓者；近藤春雄（1914～1994）以《长恨歌》《琵琶行》研究闻名，著有《长恨歌、琵琶行研究》（明治书院，1981）、《白氏文集与国文学新乐府·秦中吟的研究》（明治书院，1990）、《长恨歌与杨贵妃》（明治书院，1993）、《白乐天与其诗》（武藤野书院，1994）；太田次男（1919～　）著有《讽谕诗人白乐天》（集英社，1983），还曾与小林芳规（1929～）合著有《神田本白氏文集的研究》（勉诚社，1982），是白氏文集版本研究方面的专家，代表作《以旧抄本为中心的白氏文集本文研究》（勉诚社，1997）是其有关白集文本研究的论文结集；神鹰德治（1947～）也是版本研究方面的专家，对《新乐府》和《策林》的版本研究颇有创获。此外，金子彦二郎（1889～1958）对平安时代文学与白氏文集的比较研究，平野显照（1928～）对白居易及其作品与佛教关系的研究，前川幸雄

---

① 丸山茂《白居易相关图书目录（中文）》尚有遗漏，详见拙编《元白研究学术档案》。

（1937～）对元白唱和诗的研究，埋田重夫（1957～）对白居易作品中各种具体的语言特色的研究，宇都宫睦男（1936～）对白氏文集训点的研究，布目潮沨（1919～2001）、大野仁对白居易《百道判》的研究，静永健（1964～　　）对白居易讽谕诗的研究，也各有千秋。其他白居易研究领域的重要学者还有小松英生（1933～）、西村富美子（1934～）、高木重俊（1944～）、波户冈旭（1945～）、松本肇（1946～）、下定雅弘（1947～）、川合康三（1948～）、新间一美（1949～）、丸山茂（1949～）、远藤宽一（1949～）、赤井益久（1950～）、津田潔（1951～）、芳村弘道（1954～）、泽崎久和（1955～）、丹羽博之（1955～）、诸田龙美（1965～）等。

老辈学者中，平冈武夫（1909～1995）和花房英树（1915～1998）尤为引人注目。他们以多年孜孜不倦的努力和卓异的成就，成为日本白居易研究领域当之无愧的专家。平冈武夫的白居易研究成就是多方面的，其中关于《白氏文集》的成立和版本，以及白居易家世生平的研究尤为突出。其成果已结集为《白居易：生涯と岁时记》。花房英树的代表作《白氏文集の批判的研究》和《白居易研究》，更是白居易研究的扛鼎之著。

20世纪90年代，日本的白居易研究出现高潮，其标志就是：日本勉诚社自1993年至1998年，陆续出版了太田次男、神鹰德治、川合康三、下定雅弘、丸山茂等编集的煌煌七卷的《白居易研究讲座》。其作者以日本学者为主，涵盖中国、韩国和美国，可以视为白居易研究领域的一个国际舞台。讲座分为"白居易的文学与人生""日本对白居易的接受（韵文篇）""日本对白居易的接受（散文篇）""围绕白诗接受的有关问题""白氏文集的本文""日本的白居易研究"等六个专题，收录中、日上述专题之下的研究论文或研究概述近百篇，是白居易研究集大成之作，同时也堪称古代作家个案研究的史无前例的创举。其中收录的太田次男《白居易文学如何产生》、兴膳宏《白居易的文学观：以〈与元九书〉为中心》、成田静香《白居易之诗的分类与变体》、入矢义高《白居易的口语表现》、松浦友久《白居易的节奏：诗型及其个性》、中纯子《白居易与词：洛阳履道里的江南再现》、宫泽正顺《白居易对三教之态度》、蜂屋邦夫《白居易与老庄思想：兼论道教》、孙昌武撰（副岛一郎译）《白居易与佛教：禅与净土》、吉川忠夫《白居易的仕与隐》、布目潮沨《白居易之官历》、泽崎久和《白居易之日常生活》、砺波护《白居易生长的时代》、金在乘《白居易与元稹》、斋藤茂《白居易与刘禹锡》、丸山茂《白居易周边的人们：作为交游录的〈白氏文集〉》、周建国撰（橘英范译）《白居易与中晚唐的党争》、涩谷誉一郎《白居易的周边与传奇：从说话的观点来看传奇》、静永健《白居易的讽谕诗》、埋田重夫《白居易的闲适诗》、川合康三《言语的过剩：唐代文学中的白居易》等，涵盖了时代、交游、思想、传记、生活、文学观、诗体分类等白居易研究的主要范围。

从 2000 年起，勉诚社又开始出版《白居易研究年报》，以日本为主的白居易研究者以之为阵地，发表了许多扎实的研究论文。蒋寅主编《日本唐代文学研究十家》（中华书局 2014 年版）汇集了日本研究唐代文学的中坚学者的代表性论著，其中下定雅弘《中唐文学研究论集》、丸山茂《唐代文化与诗人之心》、赤井益久《中唐文人之文艺及其世界》、芳村弘道《唐代的诗人研究》、斋藤茂《文字觑天巧：中晚唐诗新论》、户崎哲彦《唐代岭南文学与石刻考》，关于白居易的研究占有相当比重，例如户崎哲彦《白居易〈七老会诗〉中所见卢贞考辨》一文，即颇多新见，足可与陈冠明《唐诗人卢贞考辨》、金景芝、王玲玲《唐代范阳诗人卢真与卢贞考辨》相互补充。韩国在白

居易研究领域，也有不容忽视的成绩。据统计，1925 年至 1999 年，
韩国出版的白居易研究单行本 5 种，论文 59 种（其中包括 13 篇硕士
论文和 2 篇博士论文），代表学者有金在乘（1937 ~ ）、俞炳礼（1954 ~ ）、
金卿东（1960 ~ ）等。

　　白居易也是西方国家最为熟悉的唐代诗人。在欧洲，白居易与大
艺术家贝多芬齐名。《英译文学百科全书》（*Encyclopedia of Literature
Translation into English*）对几乎所有英译中国文学作品加以统计，在"中
国文学译介"这个独立的单元中，中国历代作家作品里，唐代诗人占
了一半，依目录排次有：白居易、杜甫、韩愈、寒山、李白、李商隐、
王维。也就是说，在英译唐代诗人作品的数量上，白居易名列前茅。
白居易诗歌英译的第一人是英国汉学家翟理斯（Herbert A. Giles,
1845 ~ 1935），一译翟理思，出身书香门第，22 岁来华，在华生活
24 年，先后任英国驻华使馆翻译和汕头、厦门、宁波、上海等地英国
领事馆官员，返英后，1891 ~ 1932 年，继威妥玛之后，任剑桥大学
第二任汉学教授。他在 1883 年自费印刷、1884 年公开出版的《古文
选珍》里选译了白居易的 10 首诗。最早介绍和评价白居易的西方学者
也是翟理斯。在两卷本《古文选珍》中，每个诗人均有简介，其中《古
文选珍》散文卷的介绍是："白居易（772 ~ 846）：中国最伟大的诗
人之一，一生丰富多彩的政治家。升至高位后他突然被贬谪，放逐到
偏远之地，使他从此开始厌倦政治生涯。结香山九老会，与诗酒为伍。
后来他被召回，官至兵部尚书。"《古文选珍》诗歌卷则介绍说："白
居易，中国最伟大、最多产的诗人之一，一位仕途上有过正常起伏的
成功的政治家。孩提时代很早熟，17 岁就得到最高学历。"其《中国
文学史》（*A History of Chinese Literature*），1897 年作为戈斯（Edmund
W. Gosse）主编的"世界文学简史丛书"第 10 种在伦敦出版，是世界

〔明〕周臣《香山九老图》

上第一部现代意义的、以西方语言写成的中国文学通史，其中译述并评论了白居易的代表作《琵琶行》《长恨歌》。

此后，亚瑟·韦利（1889～1966）英译有 200 多首白居易诗歌，因其流畅优美和著名的"跳跃韵"而成为英美文学的经典之作。作为西方白居易诗歌翻译和研究专家，亚瑟·韦利还撰有《白居易的生平与时代》（*The Life and Times of Po Chü-I, 772–846 A.D.*），不仅是西方最著名的白居易研究著作，也堪称是一部有影响力的西方汉学研究经典著作。其贡献与得失，可参见拙撰《一部有影响力的西方汉学经典——评亚瑟·韦利〈白居易的生活与时代〉》（收入《海外中国古典文学研究》，社会科学文献出版社 2016 年版）。

1971 年至 1978 年，美国汉学家霍华德·列维（Howard S. Levy，1923～）又陆续出版有四卷本《英译白居易诗歌》，其中后两册与诗人威尔斯（Henry W. Wells, 1895～1978）合译。总之，目前来看，白居易诗歌英译总数是中国诗人里最多的，影响也自然最大。有关研究，可参见北京外国语大学莫丽芸的博士论文《英美汉学中的白居易研究》。翻译首先是一个对原文进行理解的过程，而后才是一个文字转化的过程，为了提高译者的原文理解水平，可以引入一些方法和模式来引导译者对原文的解构。借由跨文化角度的审视，白居易诗歌的深层内涵得到挖掘。通过对不同译本的比较，可见出原文的理解程度，对译文质量起着决定性的影响。

（五）

回顾是为了前瞻，总结 20 世纪白居易研究的历史，介绍国内外白居易研究的现状，目的无疑是为了前瞻今后前进的方向。未来的研究，我认为需要留意以下两个方面。第一，白居易诗迹研究。诗迹指诗人留下的历史遗迹。广义上涵盖物质性遗迹和非物质性遗迹，狭义上仅指前者，包括与诗人相关的遗迹遗址、故居旧宅、坟茔墓地、祠堂庙祀、墓碑墓葬、楼阁亭榭、堂舍石窟、石刻壁画，及各种纪念性塑像、雕塑、场馆、建筑物等不可移动或难以移动的名胜遗迹。

"诗迹"一词，至晚在唐代已经出现。孔颖达《毛诗正义序》云："诗理之先，同夫开辟；诗迹所用，随运而移。上皇道质，故讽谕之情寡；中古政繁，亦讴歌之理切。"言古今《诗》迹之所用，或讽谕或讴歌，应当根据不同的时运政情变化而随时转移。宋庆历中，罗道成游岳题诗云："白骡代步若奔云，闲人所至留诗迹。欲知名姓问源流，请看郴阳山下石。"（宋陈葆光《三洞群仙录》卷四）元人赵孟頫有《题温雪峰诗迹》（《松雪斋文集》卷五），"诗迹"之涵义已随时转移为诗歌之遗迹。不少宋代地志方志更开设有独立部类收录各地之诗迹。[①]地不自美，借诗而显；迹难自胜，因诗而彰。山川名胜，因为诗歌吟咏而魅力倍增。假设在中国广大的风土中没有形成各种各样的此类诗迹，那么，对于古今中外爱好中国诗歌的读者来说，其风土的魅力也许会减少一半。正因为有名诗对历史或风土抒发情感，地名才具有诗歌的强烈唤起力并永远闪耀。

宋元明清以降，关于各地山川名胜、文人遗迹诗歌吟咏的记载和品评，一向不绝于缕。在各种山志、县志、府志、镇志等方志中比较集中。北宋陈舜俞（1026～1076）《庐山记》已经关注作诗地点，其中卷二

[①] 地方志如《吴郡志》（范成大）、《乾道四明图经》（张津等）、《（宝祐）重修琴川志》（孙应时、鲍廉）、《嘉泰会稽志》（施宿等）、《（嘉定）剡录》（高似孙）、《开庆四明续志》（梅应发等）、《景定建康志》（周应合）、《咸淳临安志》（潜说友）、《（咸淳）重修毗陵志》（史能之）等。总志如《舆地纪胜》（王象之）专列有"诗"一栏，大量收录咏诵各地的诗歌，并注重与诗歌鉴赏创作相关的舆地胜迹，"江南西路·江州"部分录有琵琶亭诗七篇；《方舆胜览》（祝穆等）则专列有"题咏"一栏。

详录白公草堂之迁变及周围环境、胜迹等。至南宋陆游《入蜀记》、范成大《吴船录》等游记，寻访诗迹已成旅行重要主题，其中也述及白公草堂。《入蜀记》并引白诗"白狗到黄牛，滩如竹节稠"写峡州，引"浔阳欲到思无穷，庾亮楼南溢口东"，论庾楼附会承误之久；《吴船录》则述及与白居易相关的忠州四贤阁、荔枝楼、江州琵琶亭、思白堂，及江州吕胜己隶书《琵琶行》刻石。据拙编《白居易资料新编》，以琵琶亭为题之诗词，共计 203 题 234 首，还有许多未在题目出现但主题亦为咏琵琶亭者，合计 232 题 266 首，涉及作者 166 人。[①] 可见，除仿拟扩续与唱和之外，《琵琶行》主题沿承主要体现在蔚为大宗的琵琶亭诗。

而所谓诗迹研究则兴起于 20 世纪 80 年代末的日本。松浦友久教授及其学生寺尾刚、松尾幸忠均有相关论作。2010 年，植木久行开始主持编纂《中国诗迹事典》，2015 年面世。国内学者相关研究近年来也日渐增多，仅 2014 年，即有焦尤杰《白居易和新郑》《白居易洛诗纪年表现与探因》《白居易"忠州情感"述论》，彭静静《论忠州之移与白居易思想及诗歌创作转变之关系》，王定璋《小宅·大宅·凶宅——从白居易诗看白居易的住宅观》，孙丽娟《洛阳东都履道坊白居易第宅庭园研究》，徐畅《盩厔县尉白居易的长安城乡生活体验》，周治杰《"野火春风古原情"：白居易的符离情缘及其〈赋得古原草送别〉》，卢秀峰《"失意"与"诗意"的交融：白居易的江州生活与诗歌创作》等，均从诗迹或者说环境地域角度出发的研究，成为 2014 年白居易研究的一个重要趋向。

尤其值得一提的是，近年来白居易终老之地——洛阳与白居易的相关成果比较突出。以洛阳白居易研究会为核心，仅 2014 年，洛阳白

---

① 拙撰《白乐天流寓江州的流响——以琵琶亭诗为中心》（收入《区域文化与文学研究集刊》第 3 辑，中国社会科学出版社 2015 年版）曾估算为百余首，在此订正。

氏家族后裔即出版 3 部研究论著和 1 部诗文选集。其中白宁北、白灵坤《走近白居易》以历史事实为准绳，以澄清历史真相、还原历史面目为宗旨，深入剖析千百年来强加在白居易及其家人头上的不实之词，深刻揭示这些不实之词的来龙去脉，展示白居易丰富多彩的壮阔人生。白坤堂、白璐瑶《再读白居易》在《解读白居易》基础上，加以提炼和完善，分两章二十二节，记述白居易的生平和创作，对网络上传播的一些亵渎之词多有辩驳。白坤堂、白振修《白居易的洛阳缘》，在《白居易与洛阳》《唐诗与洛阳》《白居易在洛阳》基础上，论述白居易与洛阳的不解之缘。白高来《白居易长安诗文精粹》分三编，辑录白居易在长安时期创作的诗歌 391 首，散文 50 篇，集中给予解读和赏析。

　　近年来，白居易诗迹研究随着地域文学研究的兴起，正逐渐成为大家关注的热点，民间学者的成果日益凸显，尽管在水准上可能和学院派无法相提并论，但其作用和特色毋庸置疑。与某些职业性乃至作业性的论文作者相比，那些因为地域和家族因缘而投入白居易研究的民间学者，拥有一份做事业乃至是志业的心怀。发上等志，寻平处论，向宽处展，姑以此与同道者共勉。

　　（六）

　　第二个值得留意的，我认为应该是白居易的接受和影响研究。白居易接受史研究，从现代学术意义上讲，始于异域日本，日语称为"受容"。1960 年，丸山清子撰有《〈源氏物语〉对〈白氏文集〉的受容概观》，太田次男撰有《平安时代白居易受容史的考察》，此后屡见不鲜；东京勉诚社 1994 年出版的《白居易研究讲座》第三、四、五卷，即日本对白居易的受容和围绕白诗受容的诸问题。若以借鉴西方接受学理论而言，则始于 20 世纪末，代表性文章有陈文忠《〈长恨歌〉接受史研究》（《文学遗产》1998 年第 4 期）等。进入 21 世纪，尚永亮等《中唐元和诗歌传播接受史的文化学考察》（武汉大学出版社 2010 年版），有专章从文化学角度考察元白诗派的传播接受史。此外，还有陈金现《白居易与宋代重"意""理"的诗学发展：宋人对白居易〈长恨歌〉的接受与详论》等论著，笔者亦有相关撰著，但全面梳理和研究尚付阙如。

　　作为唐代首屈一指的高产作家，白居易各体兼擅，取材广泛，加之精励刻苦，故作品数量之多，在唐代首屈一指。正因为白居易作品数量多、地位高，因此对中晚唐以来的后世文学影响极大。借由自己的作品，白居易已超越唐代的时空，经无数后代读者的阅读，证明其永恒的生命力。这样一位伟大的作家，应当也有必要拥有一部系统全面的接受史研究，这一方面可以更全面准确地定位和估量白居易的影响力，也将有助于深入理解中国文学和文化的精义，另一方面也有助于了解不同时代在审美情趣、鉴赏能力、期待视野、社会思潮以及某些意识形态上的发展和变化。而目前学界之所以尚无一部系统的白居易接受史，大概主要是因为关于这样一位众所瞩目的焦点人物，历代留存的文献资料比较丰富，给接受史研究带来一定的挑战性。

　　相对于文本文献整理的斐然成绩，学界在白居易的外学方面，如个性范式、思想发展、诗歌理论等关键问题上，尚鲜有突破。欲寻突破，往下接着说（用冯友兰语），当为一重要出路。如何接着说？不妨首先了解和认识白居易对后世文人的影响。从表面上看，这是迂回，不是创新，但为了创新或突破，有必要迂回；为了前进，有必要回顾。只有较好地总结历史，才能清晰地认清未来的方向。古今相通，时异境似，历代文人对白居易其人其文的接受历史，是寻找白居易研究突破口的重要参照。

　　从横通角度看，接受史研究可以参考的理论资源，一方面生根自本土，一方面需要借镜于异域。从本土理论资源看，诗无达诂，比兴附会，词主寄托，意内言外，披文入情，涵泳品味，知人论世，以意逆志，言不尽意，得意忘言，断章取义，笺证训诂，夺胎换骨，点铁成金，循名责实，活参体悟，切己体认，各以情遇，抉隐阐幽，见仁见智，实事求是，作者未必然而读者何必不然，这些传统诗学中的习见词语、经典命题，蕴含着丰富的接受美学思想。六祖惠能禅师曾云：不是风动，亦非幡动，只是心动，堪称接受理论的最佳写真。"风"者，知人论世之文学外部研究；"幡"者，强调文本维度的文学内部研究；"心"者，注重接受者维度的接受史研究。白香山《与元九书》曾云："风雪花草之物，《三百篇》岂舍之乎？假风以刺威虐也，因雪以愍征役也，感华以讽兄弟也，美草以乐有子也。皆兴发于此而义归于彼。"以为诗"义"虽"在言外"、在"彼"不在"此"，然终可推论而得确解。钱锺书《谈艺录》谓，其事大类西方心析学判梦境为"显见之情事"与"幽蕴之情事"，圆梦者据显以知幽……其于当世西方显学所谓"接受美学"……亦如椎轮之于大辂焉。东海西海，心理攸同；于此可见一斑。另外，自唐人孔颖达撰《毛诗正义》以来，中国典籍整理历来有集注、辑释、汇评、会笺、丛话之传统，其中蕴含着丰富的接受美学史料，亟待有志于建立中国特色之接受美学的研究者加以开掘和利用。

旧学商量加邃密，新知培养转繁荣。20世纪80年代末以来，接受美学引入中国，尧斯（Hans Robert Jauss）等《接受美学与接受理论》和《审美经验与文学解释学》，伊瑟尔（Wolfgang Iser）《审美过程研究——阅读活动：审美响应理论》，汤普金斯（Jane P. Tompkins）等《读者反应批评》，刘小枫选编《接受美学译文集》，斯坦利·费什（Stanley E. Fish）《读者反应批评：理论与实践》等译著，朱立元《接受美学》及《接受美学导论》、金元浦《接受反应文论》等论著，推动了国内接受美学研究的展开，为古典文学接受史研究提供了理论借镜，许多学者开始将中国文学研究与接受美学结合。陈文忠《中国古典诗歌接受史研究》从理论、方法层面上对古典诗歌接受史的研究作了有价值的探索，并以若干经典作品、艺术原型为个案进行尝试。其《文学美学与接受史研究》又略有增补。尚学锋、过常宝、郭英德《中国古典文学接受史》、邓新华《中国古代接受诗学》及《中国古代接受诗学史》、邬国平《中国古代接受文学与理论》，亦各有进境。断代方面，王玫《建安文学接受史论》允称先声，张浩逊《唐诗接受研究》与张毅《唐诗接受史》，则可互为补充。

作家个案方面，陆续有尚永亮《庄骚传播接受史综论》、杨合林《陶渊明接受史稿》、李剑峰《陶渊明接受史（元前）》和《陶渊明接受通史》、刘中文《唐代陶渊明接受研究》、杨文雄《李白诗歌接受史》、王红霞《宋代李白接受史》、蔡振念《杜诗唐宋接受史》、袁晓薇《王维诗歌接受史研究》、谷曙光《韩愈诗歌宋元接受研究》、查金萍《宋代韩愈文学接受研究》、全华凌《清代以前韩愈散文接受研究》、杨再喜《唐宋柳宗元传播接受史研究》、刘学锴《李商隐诗歌接受史》、米彦青《清代李商隐诗歌接受史稿》、程继红《辛弃疾接受史研究》、朱丽霞《清代辛稼轩接受史》、张静《元好问诗歌接受史》等。综观这些成果可以看出，传统的问题，加上崭新的视角，生发出耳目一新的感受。接受史研究业已成为热点，是近年来有机吸收外来理论运用于文学研究较为繁荣的领域。

白居易研究史，应该围绕白居易其人其诗、其文其学的独特面貌，力求全面准确展示其对后世文学影响的独特轨迹。如果说拙著《元白诗派研究》意在梳理白居易对中唐诗坛的影响的话，那么承之而下延，白居易接受史研究，无疑重在清理白居易在中唐以后的影响。通过评述、研究、接受、传播等相关文献资料的收集和排比，在此基础上，系统分析白居易其人其诗、其文其学的接受史，以期拓宽和加深对这位大作家的认识。拙编《白居易资料新编》的编纂目的，就是为撰写白居易接受史、传播史和研究史提供史料基础。前人有"著书不如编书"一说，剔除考量经济利益的因素，排除规避作者责任的调侃意味，窃意也暗含这样一个价值判断：承继高于出新。在提倡创新的今日，这种倾向或许有些落伍。但退一步讲，即使是出己一说，总须交代前人成果，方不负推陈出新之意。许多同侪顶礼膜拜钱锺书，而其代表作《谈艺录》《管锥编》，就名为"录"和"编"。这里绝非强调文献重过理论，收集和整理材料毕竟只是初步工作，科学的分析和综合的研究才是最终目的；但没有文献支撑的理论，就像有些光鲜流丽的广告，让人不免有几分悬心。其理想之境，或应如有源之水，有本之花。在个人成长历程中，少影响老，童年经历影响青年、中年和老年；但在群体系列中，则恰恰相反，老影响少，前辈（代）影响后辈（代）。这就是传统的统绪所在。撰写文学史，无非是要勾画出历代层累、前后影响的轨迹。"后之视今，亦犹今之视昔"（《兰亭集序》），慨之深矣；而"已有的事，后必再有；已行的事，后必再行。日光之下，并无新事"（《旧约·传道书》），则话说得更为斩绝，但不无启迪，亦颇堪玩味。阅读和考察前人在白居易研究领域留下的足迹，相信会对今日研究提供参考和借镜。

笔者因工作之需，长期承担撰写《唐代文学研究年鉴》白居易和元稹研究综述，已近十年，同时撰写《中国文学年鉴》唐代文学研究综述，持续关注学术动态，迄今已二十余载。尽管相对于研究对象而言，二十载只是历史长河中的一丝微澜，但对研究者而言，却堪称承旧启新的重要阶段。一方面，学者对研究对象的基本知识来源于纸本文献，另一方面，又适逢文献数字化、计算机检索乃至分析工具的飞速发展，心智与技术之间的交互作用日益频繁，数据库和网络资源日渐难舍难离。阅读和研究工具的转换，势必引发研究态势的丕变。前辈学者从前只能心领神会的一些朦胧模糊的认知，现在得以借助技术的手段，给予比较清晰准确的描述和印证。

　　仅就白居易资料收集而言，前辈学者陈友琴（1902～1996）编撰《白居易诗评述汇编》，主要还是利用其供职的中国社会科学院文学研究所之藏书，依靠目力披阅纸本文献。尽管作为"古典文学研究资料汇编"丛书中的开创之作，有垂范后来者的榜样意义，获得国内学术界的广泛好评，在海外也深受欢迎，并有力促进了当时的白居易研究，但今天看来，排除因转述而重复者，《汇编》远未收罗无遗，因此当时即被钱锺书先生讥为"伧荒家当"。笔者1998年始撰《元白诗派研究》，在得力于《白居易诗评述汇编》的同时，也发现它多有遗漏，开始留意搜辑其未备，原计划在《汇编》的基础上加以补订，但做下来，发现不仅《汇编》的讹误需要修订，遗漏需要补充，搜集范围需要扩大，而且作者先后次序，均需根据近50年来的研究成果重新编排，新加资料数量巨大，已远非补订所能容纳——《汇编》29万字，拙撰《白居易资料新编》历经十余年，迄今篇幅已扩至676万字。在此期间，古籍整理和数字化工作日新月异，《全宋诗》《全宋文》《全元文》《全元诗》《宋诗话全编》《辽金元诗话全编》《明诗话全编》《全明诗话》《民国诗话丛编》《中华大典·文学卷》等相继付梓；《四库全书存目丛书》及补编、《四库未收书辑刊》《四库禁毁书丛刊》《故宫珍本丛刊》《续修四库全书》《中国地方志集成》《清代诗文集汇编》等陆续影印；《中华电子佛典》《文渊阁四库全书电子版》《四部丛刊原文及全文检索版》《古今图书集成全文检索系统》《国学宝典》《汉籍全文检索系统》《中国基本古籍库》等大型数据库以及互联网资源，又为收集相关资料提供了便利条件。

例如，可输入检索关键词——"居易／白居易／乐天／白乐天／香山／白香山／香山居士／白公／白公居易／白二十二／白二十／白舍人／白学士／白侍郎／紫薇郎／白宾客／白赞善／东宫白赞善／白氏／白老／白侯／白才子／白先生／白须太守／迁叟／履道叟／履道主人／白监／白头老监／白尹／白头尹／白头老尹／白傅／白少傅／白太傅／白尚书／白司马／白江州／江州司马／江州白司马／浔阳司马／九江司马／青衫司马／白忠州／忠州刺史／南宾太守／杭州刺史／苏州太守／诗魔／醉吟／醉吟先生／醉尹／河南醉尹／河南大尹／东都闲散官／白庶子／白使君／白太守／醉太守／白文公"等关于名号者；"元白／刘白／陶白／白苏／白陆／香山会／七老会／九老会／香山九老"等关于合称者；"广大教化主"等关于尊称者；"乐天体／乐天句／白乐天体／香山体／香山句／元和体／元和诗体／元和体诗／长庆体／白派／白体／元白体"等关于诗体者；"元轻白俗／白俗"等关于诗风者；"琵琶图／浔阳图／七老图／九老图／会昌九老图／香山九老图／乐天九老图"等关于绘画者；"白诗／白词／白文／白赋／长庆集／长庆诗／九老诗／香山九老诗／新乐府／秦中吟／长恨歌／琵琶行／琵琶引／浔阳琵琶／拟何处难忘酒／何处难忘酒／何处春深好／何处生春早／不如来饮酒／拟不如来饮酒／刘麦行／观刘麦／拟放言／放言／忆江南／金针诗格／白朴／制朴"等关于作品者；"白乐天宅／乐天故宅／白家／白家池／白公祠／白傅祠／白太傅祠／乐天祠／白居易祠／白文公祠／白文公庙／白公草堂／白傅草堂／白公影堂／白公堂／醉白堂／醉白楼／醉白池／白园／白径／白亭／景白亭／景白轩／花径／花径景白亭／白居易墓／白墓／白公墓／香山墓／

陶白祠／陶白二公祠／陶白庵／白苏祠／白苏二公祠／琵琶亭／琵琶洲／浸月亭／唤渡亭／冷泉亭／三游洞／三贤祠／四贤阁／五老堂／七老堂／九老堂"等关于遗迹者；"醉白／思白／尊白／崇白／追白／景白／仰白／敬白／爱白／慕白／效白／仿白／拟白／沿白／袭白／摹白／学白／酬白／和白／祖白／法白／宗白／友白／师白"等关于心态行为者。一一搜索以避免遗漏，仔细筛选以避免误收，再充分提取并统计化用或暗用乐天诗文语句典故的各种情形，这样，尽管仍未必能毫发无遗，但较纸本阅读而言，大大减少了工作强度，缩小了遗漏比例。

当然，电子文献远未能取代纸本文献。例如目前收书数量和字数首屈一指的《中国基本古籍库》，拙编《白居易资料新编》颇受惠于此，但亦深感其难以据信；虽几经完善，此库仍存在大量讹脱衍倒、银根亥豕，以笔者使用情况而论，几乎每页都会遇到程度不同的各类讹误，远未达到可直接引用的精度。最离谱者，此库居然将清人李鼎元（1751～1814）《师竹斋集》张冠李戴为明人王祖嫡（1531～1591）《师竹堂集》。[①]因屡屡发现古籍库在文字录入上远未做到精校，所以常常需要核对原版影像，但目前看，一一对应费时费力，往往不如直接对照《续修四库全书》《四库全书存目丛书》《四库未收书辑刊》《四库禁毁书丛刊》，因为除《文渊阁四库全书》《四部丛刊》之外，《中国基本古籍库》选目基本不出于此。当然，若说中国基本古籍库只是提供了检索的线索，也不免有所低估。

总之，一方面，电子文献尚未足完全可靠可信，纸本出版物尽管亦然，但其历史更为悠久，因而略胜一筹；另一方面，上述从电子文献检

[①]《师竹斋集》十四卷，《续修四库全书》影印复旦图书馆藏清嘉庆刊本，第1475册，集部；《师竹堂集》三十七卷目录二卷，《四库未收书辑刊》影印明天启间刊本，集部第五辑第23册。

索出来的结果，还需要人工加以筛选鉴别，去除重复与无效部分。打个比方，纸本文献恰如"庙列前峰迥，楼开四望穷。岭巉岚色外，陂雁夕阳中"（李商隐《登霍山驿楼》），历历在目，直观性强，然须登顶，还得辅以综合索引，庶可一览无余。[①]电子文献则恰如"见说路岐崄，不通车马行。瘴烟迷海色，岭树带猿声"（孟贯《送人游南越》），岭树瘴烟，直观性弱，唯有寻声，端赖辅以人工智能，方能不迷其色。人脑与电脑，在这段不会很短的过渡期还需要互帮互补，彼此扶持。

有上述文献整理作为基础，白居易接受史研究可望展示其对后世影响力的全貌。至于接受史的具体研究范围，则至少应顾及以下六个方面：

其一，文集编纂史。历代书目提要、版本序跋中有关白集的著录，可见白集流传之脉络，编纂之历史。白居易在世时，他的集子曾经历十次编集整理（参见拙著《元白诗派研究》附编，社科文献出版社2007年版）。宋初，白体流行，引领白集由抄本向印本过渡，但数量尚有限。据周必大《文苑英华序》："是时印本绝少，虽韩、柳、元、白之文尚未甚传，其他如陈子昂、张说、张九龄、李翱等诸名士文集，世尤罕见。"今日有幸存世的白居易集，有南宋初的绍兴刻本，其中收诗三十七卷、文三十四卷，尽管已失原编面貌，却是存世最早的白集刊刻本，保存了不少白集原注，文字讹误也较少。

明代最早的白集刻本，是正德八年（1513）锡山华坚兰雪堂铜活字本《白氏长庆集》七十一卷(目录二卷)。六年后的正德十四年(1519)，郭勋（1475～1542）将诗文分开编集，分别编订为《白乐天诗集》四十卷，《白乐天文集》三十六卷，惜前者早已失传。嘉靖十七年

---

① 参见陈冠明等《李商隐诗集综合索引·自叙》，中州古籍出版社2018年版，第20～21页。

（1538），有伍忠光龙池草堂刊本及姑苏钱应龙重修本《白氏文集》七十一卷。而流传较广、影响较大的刊本，是后来入选《四库全书》的万历三十二（1604）至三十四年（1606）云间马元调（1576～1645）刊《白氏长庆集》七十一卷，前有嘉定文人娄坚（1567～1631）序。有鱼乐轩、宝俭堂两种刊本。

清康熙四十一年（1702），汪立名编有《白香山诗集》，次年由汪氏一隅草堂付梓。这部诗集单行椠本，是近千年来第一个对白集加以一番比较系统整理的本子。据明胡震亨编《唐音丁签》所收白居易诗，汪立名将原《白氏文集》前20卷诗置为前集，卷二一至卷三七共17卷诗编为后集，将原附见的应制诗、试作诗、谣吟歌篇11首编为别集一卷；又收集逸诗85首编为补遗二卷，合计四十卷，参校众本，加以校正，附以宋陈振孙撰年谱旧本、己撰年谱等，除原注外另增笺释，同时采诸相关记载引录于各诗之下。其主要特色在于校雠文字，收集逸诗，而笺注性质的文字并不太多，还偶有疏漏，但毕竟在陈振孙所编年谱基础上，"披榛莽而扫芜秽"，"溯其源流之分合"（《白香山诗集》自序），前修未密，后出转精，对白诗编年进行了初步考订，并尝试复原白集前后集分编的原貌，于白诗之编集、校勘、考证、辑轶而言，程功甚伟，故王渔洋称赞其"极精审"。宋代以来，笺注之学渐盛，李、杜、韩、柳和王维等集，都不止一种注本，注韩集甚至号称五百家，而白集注本则仅此一种，这一现象值得玩味。

传承于日本的和刻本白集，价值较高者有两种，第一种是17世纪江户时代的那波道圆（1595～1648）刊活字本《白氏文集》七十一卷，这个版本是以朝鲜半岛所传本为底本复刻而成的，《四部丛刊》据以影印，其刊刻年代为后水尾天皇元和四年（1618），仅相当于中国明万历末年，不算早，但其所据覆宋本约为南宋高宗时刻本，其源出自五代东林寺本，卷帙顺序与中国通行的"前诗后笔本"有很大不同，保存了白集原编"前集后集本"原貌，即前集五十卷，先诗后文，皆长庆四年（824）春以前作品，是《白氏长庆集》第一次结集时的原貌；其后卷五十一至卷六十、卷六十一至卷七十，分为两个单元，均先诗后文，保存了白氏《后集》前十卷和后十卷分次编辑的面貌。与绍兴刻本相比，那波本校勘质量要略逊一筹，而且那波本还有一大缺点，就是原夹行小注概行刊落，大概是由于活字排版的技术关系，而非所据原本没有注文。第二种是金泽文库旧藏本《白氏文集》，现存二十多卷，已散藏于金泽文库之外。开成四年（839），白居易编定《白氏文集》六十七卷，送苏州南禅院收藏。会昌四年（844），日本僧惠萼于南禅院抄写《白氏文集》携归。各卷后往往有惠萼跋语，后转抄时亦得到保留。镰仓时期，丰原奉重主持转抄校勘《白氏文集》，始于宽喜三年（1231），完成于建长四年（1252）。据各卷后丰原奉重跋语，其转抄主要依据博士家菅原家传本，而菅原家传本又系惠萼本之转抄，所以金泽文库本虽系唐抄本之转抄本，但文献价值可与唐抄本相媲美。例如，《琵琶行》诗序，绍兴刻本之"元和十年"，金泽文库本作"元和十五年"，因此，日本学者下定雅弘据以推断，《琵琶引》不是元和十一年白居易在江州遇到琵琶女所作，而是从贬地回到长安不久的长庆初年创作的虚构作品。历代白居易文集编纂的历史，是白居易接受史研究的基础和起点。

其二，选本沉浮史。和他推崇的前辈诗人杜甫相比，白居易诗歌的经典化比率相形见绌。这不能尽归因于数量太多，拣择不严。选本的因素也很重要。作为古老的古典文学批评方式，选本与评点、序跋、诗话等，共同构成中国文学批评的形态，其影响力不可小觑。"选书者非后人选古人书，而后人自著书之道也。"（谭元春《古文澜编序》）

层出不穷的各类选本中，作家作品的入选比率，是作家地位高低的晴雨表，作品关注程度的显示器，对接受者的阅读趣尚有很大的导向和牵制作用，正如锺惺《诗归序》所言："选者之权力，能使人归。"

　　唐以来的选本及评点中，选编白诗者，有唐人韦庄《又玄集》、韦毂《才调集》等，宋人《分门纂类唐宋时贤千家诗选》（署刘克庄）、《注解章泉涧泉二先生选唐诗》（赵蕃、韩淲选，谢枋得注）、《诗林广记》（蔡正孙编撰）、《唐宋千家联珠诗格》（于济、蔡正孙编，徐居正增注）；元人《瀛奎律髓》（方回）、《唐音》（杨士弘）；明人《唐诗品汇》《唐诗正声》（高棅）、《唐诗纪》（黄德水等）、《删补唐诗选脉笺释会通评林》（周珽）、《唐诗归》（钟惺、谭元春）、《唐诗解》（唐汝询）、《唐诗镜》（陆时雍）、《石仓历代诗选》（曹学佺）；清人《贯华堂选批唐才子诗》（金圣叹）、《唐诗快》（黄周星）、《雅伦》（费经虞）、《诗法醒言》（张潜）、《而庵说唐诗》（徐增）、《唐诗评选》（王夫之）、《唐诗评三种》《增订唐诗摘钞》（黄生）、《唐七律选》（毛奇龄）、《唐诗别裁集》（沈德潜）、《中晚唐诗叩弹集》（杜诏、杜庭珠）、《网师园唐诗笺》（宋宗元）、《初白庵十二家诗评》（查慎行）、《唐诗三百首》（孙洙）、《唐宋诗醇》（弘历）、《唐诗成法》（屈复）、《唐诗合解笺注》（王尧衢）、《五七言今体诗钞》（姚鼐）、《（朱选）玉台新咏》（朱存孝）、《十八家诗钞》（曾国藩）、《唐诗选》（王闿运）、《历代诗评注读本》（王文濡）、《诗境浅说》（俞陛云）等。考察其所选白诗篇目和具体评点，是研究白诗接受史的重要一端。

　　其三，接受效果史。白居易的科试文章，当时曾被士人当作学习仿效的程式。白诗当时广泛流传于宫廷和民间，歌伎唱他的诗，寺庙、旅舍贴有他的诗，僧侣、官人、寡妇、少女读他的诗，宫中妃嫔甚至以诵得他的《长恨歌》而自负。相传写有白诗的帛可以当钱用。荆州市民葛清文身，在身上刻满白诗，称为白舍人行诗图，围观的人十分羡慕。四明人胡抱章作《拟白氏讽谏五十首》，行于东南；后孟蜀末杨士达亦撰五十篇，颇讽时事。不但如此，白诗还远播朝鲜、日本、越南、暹罗（泰国）。今敦煌所见抄本白居易诗及托名"白侍郎"诗作，晚唐出现、后世多有翻刻的白居易《新乐府》单行本《白氏讽谏》，日本《文德实录》、圆仁《入唐新求圣教目录》、藤原佐世《日本国见在书目》中的记录，以及现存源自平安时代抄本的多种古抄本《白氏文集》，可以印证上述说法。白居易身后，其诗仍广为流行，晚唐五代的罗隐、皮日休、陆龟蒙、聂夷中、黄滔、杜荀鹤、贯休，宋代的晁迥、王禹偁、梅尧臣、苏轼、张耒、陆游，元代的王恽，明代的宋濂、吴宽、唐寅、文徵明、袁宗道，一直到清代的吴伟业、赵执信、俞樾、黄遵宪，等等，都是受到白居易影响很深的文人。白居易声名传播历久未衰，与这些重量级文学接受者的拥趸和推崇密不可分。

晚唐张为《诗人主客图》将中晚唐 84 位诗人分为广大教化、高古奥逸、清奇雅正、清奇僻苦、博解宏拔、瑰奇美丽六派，每派都有主有客，客分上入室、入室、升堂、及门四格。白居易为"广大教化主"，可见晚唐诗坛对白居易品第之一斑。明人江盈科《雪涛小书》云："前不照古人样，后不照来者议；意到笔随，景到意随；世间一切，都着并包囊括入我诗内。诗之境界，到白公不知开扩多少。较诸秦皇、汉武，开边启境，异事同功，名曰'广大教化主'，所自来矣。"褒奖之至矣，而王世贞《艺苑卮言》卷四却说："张为称白乐天'广大教化主'。用语流便，使事平妥，固其所长，极有冗易可厌者。少年与元稹角靡逞博，意在警策痛快；晚更作知足语，千篇一律。诗道未成，慎勿轻看，最能易人心手。"至清代翁方纲《石洲诗话》又反其道而称扬："白公之为广大教化主，实其诗合赋、比、兴之全体，合风、雅、颂之全体，他家所不能奄有也。"仅就"广大教化主"而言，历代评论之褒贬即悬隔如云泥。

　　誉满天下，谤亦随之。再以元和体为例，其指称对象最早是元和年间"江湖间新进小生"之"自谓"，"巴蜀江楚间泪长安中少年"之"自谓"，长庆三年白居易《余思未尽加为六韵重寄微之》又用来指称元白之诗，此后在不同读者的不同视域下，指称对象愈加纷纭复杂，莫衷一是，或扩指韩愈、樊宗师、张籍、孟郊、白居易、元稹，或斥言"当时轻薄之徒"，或仅指白居易的全部诗歌。可见有不同的接受者，便会有不同的期待视野和接受取向，便会形成接受过程中的错位和变异。白居易接受史上的元和体这一个案，正如一柄双刃剑，既扩大元白的影响，也产生了意想不到的杀伤力，使元白之清名反受其累。因此白居易自己在不以为然与矜持自恃之间，也不免显出游移徘徊。

　　其四，作品模仿史。没有谁的成功可以复制，但没有哪部名作不可以模仿。模仿者越多，经典化概率越大。作品模仿的形式，既有创作过程中的效仿、模拟，也有唱和，且往往不限于体式体裁、艺术风格、写作技法、词语典故等的学习，有时还采用主题沿承的形式。以《琵琶行》为例，除仿拟扩续与唱和之外，即有《衍琵琶行》这样的扩写，《琵琶行分句吟草》这样的改作，不限于体式体裁上的继承。至于在主题上沿承《琵琶行》天涯沦落之感，或在自己的诗歌创作中，学习《琵琶行》的艺术风格、写作技法、词语典故等，则数不胜数。

　　其五，作品阐释史。历代文学批评家撰写的诗话诗论、序跋笔记中，富含着大量有关白居易作品的评论与考释。评论多为概括性，如李肇所谓"浅切"，苏轼所谓"白俗"，王若虚所谓"情致曲尽"，李东阳所谓"浅俗"，钟惺所谓"浅俚"，周敬、施闰章、姜宸英、徐煜所谓"真率"，叶燮所谓"春容暇豫"，赵翼所谓"坦易"，潘德舆所谓"率易"。考释内容则或针对具体作品，或围绕生平事迹。

篇幅较多较为集中者，有宋晁迥《法藏碎金录》、葛立方《韵语阳秋》、阮阅《诗话总龟》、胡仔《苕溪渔隐丛话》、计有功《唐诗纪事》、洪迈《容斋随笔》、明何良俊《四友斋丛说》、胡震亨《唐音癸签》、清贺裳《载酒园诗话》、吴景旭《历代诗话》、宋俊《柳亭诗话》、赵翼《瓯北诗话》、翁方纲《石洲诗话》、潘德舆《养一斋诗话》、方东树《昭昧詹言》等。

其六，以文学家为主体的接受影响史。接受影响史，以文学家为主体，当兼顾其文与其人。在这一点上，白居易接受史并不仅仅是其文学主张、诗文风格的继承，还应包括对其思想情趣、性情风仪、人格范式的接受，两者在接受史之位置同等重要。其中后世文人中屡见不鲜的五老会、七老会、九老图、五老堂、真率会、耆英会、后耆英会，均与白居易密切相关。白居易其人与其文的历史价值，最终实现于其接受过程，创作主体与接受对象的不同，往往会使其作品风貌发生变化。明人袁宗道钦慕白居易、苏轼，其书斋取名"白苏斋"，了解其志向的弟弟袁中道称为"以示尚友乐天、子瞻之意"（《白苏斋记》）。影响史，还应兼顾影响与接受双方，其间因果有如水洒在地上，浸湿附近的土壤是水的本性，但被浸湿的程度则需要视土壤具体情况而定。影响有的直接，有的间接；有时是单一的，有时则是多元的；有些是显见的，有些只是暗合；有的具有事实联系，有的则只是神思共通，性之所近，貌亦相随而已，常常并非"步亦步，趋亦趋"。还有的则是接而未受，影而未响，生根而未发芽，或发芽而未开花，因此，其间未易轻断因果，只宜摆明条件。毕竟影响与接受也是一种缘分——接者，缘也；受者，分也。影响亦如是。完美的接而受之，理想的影之随形、响之应声，自是因缘合适之际的水到渠成，而更多场合下，一定还有更为多元的影响与接受样态。有时，既有影响之焦虑，也有

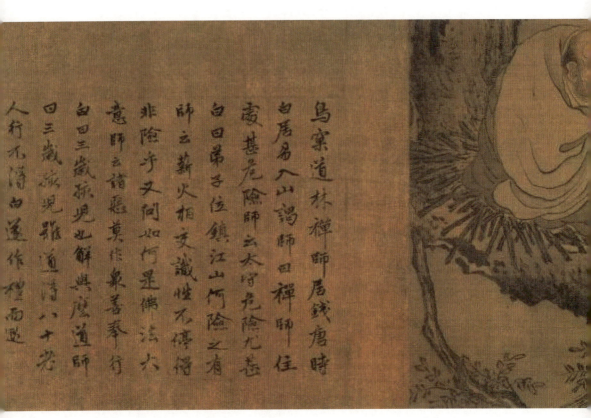

鳥窠道林禪師居錢唐時

白居易入山謁師曰禪師住

處甚危險師云太守危險尤甚

白曰弟子位鎮江山何險之有

師云薪火相交識性不停得

非險乎又問如何是佛法大

意師云諸惡莫作衆善奉行

白曰三歲孩兒也解與麼道師

曰三歲孩兒雖道得八十老

人行不得白遂作禮而退

〔南宋〕梁楷绘《八高僧图卷》（局部）

接受之快意，还有在某种环境之下的互逆反仿。因此，白居易接受史研究，必须兼顾接受与被接受，并观影响与被影响，系统揭示文学发展中影响→接受→容纳→熔铸→自立的全过程，这样，故事才完整。

综上，包含以文集文献整理者为主体的文集编纂史，以历代诗文选本与评点为主体的选本沉浮史，还有以普通读者为主体的接受效果史，以文学作品为主体的作品模仿史，以文学批评家为主体的作品阐释史，以文学家为主体的接受影响史，这六个方面，并非截然隔离，或各自独立，而是经常相互、彼此交叠互渗的，而总体上则大致涵盖了白居易接受史研究的范围。这样从时间线索上展开的接受史研究，与上述从空间领域展开的诗迹研究加在一起，一纵一横，正是未来白居易研究需要拓展的方向。

回二　陈寅恪先生的白居易研究

近代几位学界大家，从不同角度，留意到白居易。开风气之先者，是胡适（1891～1962）。白居易诗歌浓郁的平民化色彩和白话化风格，正与"五四"的平民化运动、胡适倡导的白话文学思潮相契合。嗣后，1920年，梁启超撰《晚清两大家诗钞题辞》，认为白香山是"专描写社会实状"一派的代表。但影响最大的，则是陈寅恪。于陈寅恪而言，白居易研究也是奠定其学术成就的重要组成部分。上海古籍出版社印行的《陈寅恪文集》中，印数最多者即《元白诗笺证稿》。而在白居易研究史中，陈寅恪所占有的重要地位，不仅源于其历史学家的独特角度，源于其比较分析方法的发覆与娴熟运用，更源自其诗史互证的文化史研究范式，影响深远，沾溉至今。其态度之谨严，用思之绵密，学识之博深，考据之精深，见解之独到，亦堪称超拔，罕有其匹，晚近以米，尤为后学者所艳称。这里意在勾勒陈寅恪先生的白居易研究成就，在此基础上，对其研究范式的价值和意义提出一些浅见。

（一）

陈寅恪（1890～1969），江西修水人，生于湖南长沙。其白居易研究，可以追溯至1932年开始讲授的相关课程。1932年，陈寅恪任清华大学中文、历史两系合聘教授，为中国文学系和研究所开设"唐诗校释"，内容主要是校释白居易和元稹诗。三年后，1935年秋季，为中国文学系所开设的课程，干脆即改称"刘禹锡、元稹、白居易"。1940年春季，任昆明西南联大中文、历史两系合聘教授时，又缩小定位为"白居易研究"。1944年春季，在成都燕京大学，则称为"元、白诗"。6月16日，陈寅恪致信史语所同事，"元白诗应用教材，姑先以《元氏长庆集》《白氏长庆集》及《全唐诗》为主。以后，在教室再酌量告知。弟拟首说《长恨歌》《莺莺传》《连昌宫词》"。秋季又改回"元、白、刘诗"。1949年，在岭南大学所授，再次简化为"白居易诗"。1952年全国院系调整后，岭南大学并入中山大学，1953～1958年，在中山大学所授则标明"元白诗证史"。名称之改换，亦可见兴趣之趣尚。

至于相关论著的发表，始于1935年10月的《元白诗中俸料钱问题》，刊载于《清华学报》第10卷第4期，后收入其《金明馆丛稿二编》。1942年，曾由北平国立清华大学刊印《白香山新乐府笺证》。1944年8月10日，陈寅恪致陈槃信中即说道"弟近草成一书，名曰《元白诗笺证》，意在阐述唐代社会史事，非敢说诗也。弟前作两书，一论唐代制度，一论唐代政治，此书则言唐代社会风俗耳"。并云书已脱稿，向史语所要稿纸重誊清稿，可见此著当时业已成稿。1947年至1950年，陈寅恪又陆续在《清华学报》《岭南学报》发表《〈长恨歌〉笺证》（1947）、

《白香山〈新乐府〉笺证》（1948 年）、《论元白诗之分类》（1949 年）、《元和体诗》（1949 年）、《白乐天之先祖及后嗣》（1949 年）、《白乐天思想行为与佛道之关系》（1949 年）、《白居易与刘梦得之诗》（1949年）、《白香山〈琵琶行〉笺证》（1950 年）等。

在此基础上，陈寅恪先生修订前文，于 1950 年 11 月，由岭南大学中国文化研究室（广州）线装印行《元白诗笺证稿》这部专著，列为"岭南学报丛书"第一种。再经修改，由文学古籍刊行社（北京）1955 年 9 月正式出版。此后，古典文学出版社（上海）1958 年 4 月重印；再经校正错误，增补材料，中华书局上海编辑所 1959 年 11 月重版。香港商务印书馆 1962 年 5 月翻印；台北世界书局 1963 年 1 月翻印，1976 年重印。

《元白诗笺证稿》乃患难发愤之著。早在 1946 年春，陈寅恪远涉重洋，漂泊万里，到英国医治眼疾，却未能治好，失望之际，赋诗曰：

> 眼昏到此眼昏旋，辜负西来万里缘。杜老花枝迷雾影，米家图画满云烟。余生所欠为何物？后世相知有别传。归写香山新乐府，女婴学诵待他年。[1]

诗题为《来英治目疾无效将返国写刻近撰元白诗笺证留付稚女美

---

[1]《陈寅恪集·诗集》，生活·读书·新知三联书店 2001 年版，第 57 页。胡文辉《陈寅恪诗笺释》云，"眼"字重出，疑第二处当为"益"。（广东人民出版社 2008 年版，上册，第 408 页）1948 年，沈祖棻有《浣溪沙》词，序云："前岁寅恪丈赴英伦医治眼疾无效，将归国写定元白诗笺证，付美延世妹读之，赋诗云：眼昏到此眼昏旋，辜负西来万里缘。杜老花枝迷雾影，米家图画满云烟。余生所欠为何物？后世相知有别传。归写香山新乐府，女婴学诵待他年。伏读增感，亦成小词，戊子三月。"词曰："哀乐人间奈此情，聊凭蠹管写新声。何年习诵待娇婴。未定相知期后世，已教结习误今生。有涯难遣况时名。"（《沈祖棻诗词集》，江苏古籍出版社 1994 年版，第 185 页）

延读之》，昔左丘失明，厥有《国语》，孙子膑足，始成《兵法》，司马迁遭腐，乃著《史记》，贾谊不左迁失志，则文彩不发；扬雄不贫，则不能作《玄》《言》，世间佳著，每出于佗傺困穷，困厄悲愁；无所告语，遂只得奋发于撰述文章，所谓发愤著书，穷而后工，前人之述备矣。陈寅恪有关白居易的几篇论文，大都撰写于1944年的成都，"时先生生活最困难，亦眼疾日益恶化之时"。1944年12月一个早晨，陈寅恪忽然感到眼前一片漆黑，经医院检查，左眼视网膜脱落。至此，双目完全失明。这一悲剧，除了个人方面的原因外，与半个多世纪颠沛流离，抗战后期生活更加艰苦，生计困窘，教学劳累，营养匮乏也紧密相关。如今在目疾医治无效的境况中，陈寅恪自抒心情："余生所欠为何物，后世相知有别传"，他要"归写香山新乐府"，完成有关元白诗研究的专著，亦堪称发愤著书，穷而后工；而"女婴学诵待他年"，即唐笺所录诗题"留付稚女美延读之"之意，也颇有以此著传后人之意，可见他对这部著作的重视。

对白居易诗，陈寅恪非常精熟，而且一直颇有感情，早年有好几篇史学论文中曾引用白诗来考证史事。俞大维是他亲上加亲的同学和朋友，曾回忆陈寅恪"诗推崇白香山"，"特别喜好平民化的诗，故最推崇白香山。所以在他《论再生缘》中有'论诗我亦弹词体'之句"。"白居易歌行纯似弹词"（王闿运《论唐诗诸家源流答陈完夫问》），而弹词中恰恰颇有咏写白居易者，如咸丰同治间马如飞（1817？~？）之《白乐天》（葭盦主人藏本），清代佚名之《浔阳琵琶》。可谓体趁其用。1927年陈寅恪撰《王观堂先生挽词》，亦采元白长庆体，以抒发深切悼念之怀。王国维1912年曾作长庆体长诗《颐和园词》述清朝一代兴亡，寓其家国之思，为其生平最得意最杰出之作。明此以表其志是一方面；而咏人兼述史、抒情融议论，唯有元白长庆体可以擅场，则是更重要的选择之因。

陈寅恪《元白诗笺证稿》盛赞白居易，尤推重其《新乐府》，誉为"洵唐代诗中之巨制，吾国文学史上之盛业也"。以"唐代钜制""文学盛业"之高誉，而无视李杜，曾引起异议，萧公权《陈寅恪著〈元白诗证稿史〉》即云："岂以杜公之技巧未逮元白耶？窃谓诗歌之体与散文有别，其特殊之功用在以优美之词藻音韵，以及充沛之情感，打动读者。少陵乐府如《石壕》《新安》诸篇正具有此种力量，故能脍炙人口。乐天之《新乐府》五十篇中殆无一篇在技巧上足以抗衡杜作，而趣味索然之句则不乏其例……陈君于洋洋十万言长篇中未尝一论技巧品质，而仅详考《新乐府》某篇依据某某史实……遂断然欲令元白夺少陵之席。如此评论文学，吾人实不敢阿好苟同矣。"实则陈寅恪并无意抑李杜而扬元白，其《书杜少陵哀王孙诗后》就曾称许"少陵为中国第一诗人"，虽撰于 1953 年，但足以代表其一贯态度，而偏重考史，鲜论文学技巧，则仅仅是扬长避短而已。论文学技巧者也有，如高度评价《新乐府·新丰折臂翁》，说："此篇为乐天极工之作。其篇末老人言君听取以下，固《新乐府》大序所谓'卒章显其志'者，然其气势若常山之蛇，首尾回环救应，则尤非他篇所可及也。"该著以诗文证史，诗史互证，着眼点不在诗文而在历史。名曰"笺证"，亦可见其用意。

（二）

《元白诗笺证稿》共六章，分别笺证"长恨歌""琵琶行""连昌宫词"、艳诗及悼亡诗（附：读《莺莺传》）、"新乐府"、古题乐府。

第一章"长恨歌"，从文体关系和文人关系的角度进行阐说。认为陈鸿《长恨歌传》与《长恨歌》有不可分离的关系。在赵彦卫所云"文备众体"中，白氏之歌相当于"诗笔"部分；而"史才""议论"部分，

"陈氏之传当之"。因此，二者"必须合并读之、赏之、评之"。唐明皇与杨贵妃的关系，虽为唐世文人公开共同习作诗文之题目，而增入汉武帝、李夫人故事，添加升天的情节，则为白居易、陈鸿之所特创。

　　文中所考，涉及杨玉环的身世之谜，针对朱彝尊等清代学者力证杨贵妃"以处子入宫"一事，重新辩证史传小说所称唐玄宗开元二十八年娶寿王妃杨氏之说最为可信。关于其入宫始末，《笺证》引述朱彝尊《书杨太真外传后》有关武惠妃薨年之考证，结合两《唐书》《唐会要》《资治通鉴》《大唐新语》等史籍，断定惠妃于开元二十五年薨，而非开元二十四年。杨妃亦非于开元二十五年入宫，而在开元二十八年。史料翔实，考证精确。

　　此外，从"云鬓花颜金步摇"句，证明其中所包含的唐代贵族妇女的时妆实录；从"惊破霓裳羽衣舞"句中的"破"字，考见一个重要的唐代乐舞术语及白居易用语之"浑成"；从"西出都城百余里"的"西"字，考见白居易对于史实的稔熟与下笔之不误；从"风吹仙袂飘飘举"一句，考出白居易所写杨妃亲舞霓裳羽衣舞，实有其事，等等，从而证明此诗写作在社会生活与习俗层面上确有可称得上严谨的事实根据。至于有关唐明皇在杨玉环死后是否相思不已这一重大史实关节问题，唯一一个传说根据正是他在往返蜀地之时雨中闻铃音而伤心肠断。陈寅恪从新旧《唐书》中唐玄宗幸蜀的记载，以及"雨霖铃"曲调的源流，考证此一传说的种种来源，以及种种材料之间比较而言的可信性。其可信者，正是白居易"夜雨闻铃肠断声"一句所本。

　　对于李杨故事的核心，即李杨相思的真实性问题，该著做出颠覆性考证。根据《长恨歌传》文及异本校读，证明开篇"汉皇重色思倾国"一句"实暗启此歌下半段故事"，即白居易实受汉武帝故事之启发，而虚构了一段相似的人仙相恋的爱情故事。关于"七月七日长生殿，夜半无人私语时"，材料证明唐代温泉的作用在于祛寒去风，详检两《唐书》，无一次有关玄宗驻跸温泉的记载，由此证明玄宗与杨妃绝无可能在夏季到达华清宫之理。而长生殿乃唐代祀神沐浴之斋宫，绝无曲叙儿女私情之理。

第二章"琵琶引"，从《唐摭言》记载的唐宣宗李忱吊白乐天的诗"童子解吟长恨曲，胡儿能唱琵琶篇"谈起，联系张戒《岁寒堂诗话》"《琵琶行》虽未免于烦悉，然其语意甚当，后来作者，未易超越也"的评论，加以辨析。

接着，运用比较研究的方法，与元稹《琵琶歌（寄管儿兼诲铁山）》、刘禹锡《泰娘歌》、李绅《悲善才》等同一性质题目的诗作相互比较，考定作成年代，于同中求异，异中见同。认为"元作先而白作后，此乐天得以见元作，而就同一性质题目，加以改进也"。指出元稹、刘禹锡诗在白居易诗前，李绅诗在其后，四首诗因创作者的交往而互有异同。其中白诗"既专为此长安故倡女感今伤昔而作，又连绾己身迁谪失路之怀，直将混合作此诗之人与此诗所咏之人二者为一体。真可谓能所双亡，主宾俱化，专一而更专一，感慨复加感慨，岂微之浮泛之作所能企及者乎"。充分肯定《琵琶行》的历史地位和价值，成就最高。不过在白诗中仍可找到演变扩充元稹诗歌以及自己旧作的痕迹，可见《琵琶行》的成功并非偶然。

然后，反驳洪迈《容斋随笔》涉及文字叙述和唐代社会风俗方面的不妥之处，针对《容斋随笔》所谓白居易移船听曲颇涉瓜田李下之疑，及洪迈就此为白居易所作辩护之辞详加辩证，指出洪迈之误，一在未通白诗文意，二在不了解唐代士大夫极轻贱等级低下女子，进士进身之新兴阶级大都放荡不拘礼法的社会风俗。又辨析白居易元和十年贬谪江州司马的真正原因，并非如史书所云"先谏官言事"，而是与当时政府主要政策，即用兵淮蔡有关。至于中书舍人王涯上疏论及白居易所犯"不宜治郡"之"状迹"，也并非如史书所云"其母以看花坠井而死，而居易作《赏花》《新井》诗，甚伤名教"，实际上是因为白居易父母乃舅甥婚配，不合礼法，方为王涯落井下石之藉口。

最后，就七处《琵琶行》诗与序的文本加以笺证和辨析。（一）序中"凡六百一二言"应为"凡六百一六言"。[①]（二）"幽咽泉流水下滩"应作"冰下难"。（三）驳沈德潜《唐诗别裁集》"诸本'此时无声胜有声'，即无声矣，下二句如何接出？宋本'无声复有声'，谓住而又弹也。古本可贵如此"，认为"无声胜有声"是正确的。（四）由"家在虾蟆陵下住"谈琵琶女身份，推测自称"京城女"的善弹琵琶妇人可能就是史籍中所谓的"酒家胡"。（五）考论"秋娘"。（六）考论"前日浮梁买茶去"。（七）考论"青衫"，认为"江州司马青衫湿"中"青衫"的出典，在唐制服色不视职事官，而依阶官之品，白居易作此诗时，散官之品为从九品下的将士郎（唐代最低之文散官），故着青衫。这些有关诗句的具体考释，正是传统笺证之学的沿承与发扬。

第三章"连昌宫词"，主要研究此诗的写作时、地，认为元稹此作，深受白乐天、陈鸿《长恨歌》及《长恨歌传》之影响，乃合并融化唐代小说史才、诗笔、议论为一体而成，是元稹取白居易《长恨歌》的题材，依照白氏"新乐府"的体制改进创造的产物。文中对元稹可能经过连昌宫的五个年份进行了逐条辩驳，陈寅恪考证，此诗作于元和十三年暮春，即元稹任通州司马时；它不是元稹经过其地所作，而是元氏依题悬拟。其所依之题，可能为韩愈的七绝《和李司勋过连昌

---

① 陈寅恪《元白诗笺证稿》及《元白诗证史讲义》，均以汪本《白香山诗集》为底本。参见张求会《陈寅恪丛考》，浙江大学出版社 2012 年版，第 220 页。

宫》。对诗中"老翁此意深望幸，努力庙谟休用兵"二句，陈寅恪引正史元和间上属官宦"消兵"之说为证，说明此诗特受唐穆宗喜爱的原因。同时指出"上皇正在望仙楼，太真同凭栏干立"等句为附会传说，杨贵妃从未侍伴唐玄宗到过连昌宫。

第四章"艳诗及悼亡诗"，联系元稹及其家庭的社会地位，及当时风习道德对元稹的影响，分析其艳诗和悼亡诗，肯定它们"哀艳缠绵，不仅在唐人诗中不可多见，而影响及于后来之文学者尤巨"，同时指出：

> 纵览史乘，凡士大夫之转移升降，往往与道德标准及社会风习之变迁有关。当其新旧蜕嬗之间际，常呈一纷纭综错之情态，即新道德标准与旧道德标准、新社会风习与旧社会风习并存杂用。各是其是，而互非其非也。斯诚亦事实之无可如何者。虽然，值此道德标准社会风习纷乱变易之时，此转移升降之士大夫阶级之人，又有贤不肖拙巧之分别，而其贤者拙者，常感受苦痛，终于消灭而后已。其不肖者巧者，则多享受欢乐，往往富贵荣显，神泰名遂。

这样对士大夫在道德标准、社会风气变迁之际不同命运的探讨，已超越元白研究乃至对一朝一代文学探讨，上升为具有广阔视野的文化阐释，显示出陈寅恪先生宏大的学术眼光。

第五章"新乐府"，是篇幅最长，也是最重要的部分。这一部分从比较元、白二人有关"新乐府"的主张入手，叙述元、白诗论共同之处，探讨新乐府产生的背景、元白二人的诗歌主张与创作成就，然后分四十九节笺证《七德舞》《法曲》《立部伎》《上阳人》《缚戎人》等五十首"新乐府"诗之含义，兼释元稹的同题之作。认为"新乐府"

五十篇"洵唐代诗中之巨制，吾国文学史上之盛业也"，"乃一部唐代《诗经》，诚韩昌黎所谓作唐一经者。不过昌黎志在《春秋》，而乐天体拟《三百》"。

不过，对元白新乐府不可作等同的估价。体裁上，元作以七字句为常则，而白作多重叠三字句后接以七字句，即三三七格式。敦煌俗曲多此格式，故白作乃吸收并改良民间歌谣，通俗易懂，广泛流传，开一时风气。结构上，白诗系按时代顺序来讽咏唐创业后至玄宗前事、玄宗时事、德宗朝事、宪宗朝事，最后两篇乃总括前作。可见它是极有层次、首尾相应的作品，总结太宗朝的创业、玄宗朝的兴衰变化，针对时政而发，是讽谕诗的榜样。陈寅恪指出，以作品言，白的成就不仅比元高，而且为元后来所效仿；而以创造此诗体的理论言，则元较白为详。

关于《新乐府》五十篇的具体论述，亦各有胜论，如论《七德舞》云："乐天此篇旨在陈述祖宗创业之艰难，以寓讽谏。其事尊严，故诗中不独于叙写太宗定乱理国之实事，一一采自国史，即如'速在推心置人腹'等词语，亦系本之实录。"论《捕蝗》云："考贞元元年乐天年十四，时在江南，求其所以骨肉离散之故，殆由于朱泚之乱。而兴元贞元之饥馑，则又家园残废之因。……乐天于此，既余悸尚存，故追述时，下笔犹有隐痛，其贞元十四五年间所作《寄家人》诗，实可与元和四年所作此《捕蝗》诗互相证发也。"论《牡丹芳》云："据上引唐代牡丹故实，知此花于高宗武后之时，始自汾晋移植于京师。当开元天宝之世，犹为珍品。至贞元元和之际，遂成都下之盛玩，此后乃弥漫于士庶之家矣。李肇《国史补》之作成，约在文宗大和时，其所谓'京师贵游尚牡丹三十余年矣'云者，适在德宗贞元朝。此足与元白二公集中歌咏牡丹之多，相证发者也。白公此诗之时代性，极为显著，洵唐代社会风俗史之珍贵资料，故特为标出之如此。"论《卖炭翁》云："盖宫市者，乃贞元末年最为病民之政，宜乐天新乐府中有此一篇。且其事又为乐天所得亲有见闻者，故此篇之摹写，极生动之致也。""《顺宗实录》中最为宦官所不满者，当是述永贞内禅一节，然其书宫市事，亦涉及内官，自亦为修订本所删削。今传世之《顺宗实录》，乃昌黎之原本，故犹得从而窥见当日宫市病民之实况，而乐天此篇竟与之吻合。于此可知白氏之诗，诚足当诗史。比之少陵之作，殊无愧色。"凡此，多自出己见，至今仍可供读者参考。

第六章"古题乐府"，讨论元白诗中相互关联的两组诗。认为他们的诗相互效仿，各自改造，既为诗友，又为诗敌。其新乐府之作"乃以古昔采诗观风之传统理论为抽象之鹄的，而以唐代杜甫即事命题之乐府，如《兵车行》者，为其具体之楷模"。白居易一吟咏一事，不杂不复，词句又自然流畅，成就在元作之上。元稹的古题乐府以复古之形造创新之辞，希望超越白居易。针对元稹新乐府不及白居易新乐府的实际情况，陈寅恪指出，元稹创作古题乐府19首的动机，是"欲改创以求超胜"于自己的诗友和诗敌白居易。元氏的古乐府，或题古而词意俱新，或意新而题词俱古。虽内容创新而形式却要袭古；足以表现文心工巧之能事，所以比形实俱新的新乐府"似更难作"。

书后另附有《白乐天之先祖及后嗣》《白乐天之思想行为与佛道关系》《论元白诗之分类》《元和体诗》《白乐天与刘梦得之诗》五篇论文，亦各有新见。例如，《白乐天之先祖及后嗣》认为，白居易并非北齐五兵尚书白建的后裔，其祖先是后周的一位白姓弘农郡守，乃西域之胡人。文章详细考证了白居易父母以舅甥相婚的事实。《白乐天思想行为与佛道关系》论述白居易的"丹药之行为"与"知足之思想"。《白乐天与刘梦得之诗》考证白居易与刘禹锡的往来诗歌。《元和体诗》一文对"元和体诗"作了界说，提出"元和体诗"可分为两类：其一为"次韵相酬之长篇长律"；其二为"杯酒光景间之小碎篇章"。

（三）

《元白诗笺证稿》结合中唐时代的社会政治、科举制度、佛道文化、生活习俗、民间歌谣和古文运动等各种因素，来研究元、白的诗歌创作，其最突出的意义即在于"诗史互证"的文化分析方法上。陈寅恪把文学研究与历史学的研究结合起来，透过文学作品中的个性，抓住其反映出来的现实生活的共性，开辟了一条历史和史料学研究的新途径，他充分发挥兼通文史之长，别具以诗与小说证史的理论，形成一种跨越文史、亦文亦史的独特新颖的文化阐释方式。

第一，"诗史互证"是指以史证诗。以史籍印证诗歌，以史事解释诗歌，体会作者的心思，通解诗歌之原意，更深刻、更透彻地领会其涵义。如分析《新乐府·卖炭翁》，小序中提到"苦宫市也"，关于宫市的事情，陈寅恪便择录史籍记载以供参证，其中包括韩愈《顺宗实录》，《旧唐书·张建封传》"当士大夫同恶宫市弊害之事证"，并引《容斋随笔》《旧唐书·代宗纪》《南部新书》有关记载，说明"自天宝历大历至贞元五六十年间，皆有宫市，而大历之际，乃至使邬谟哭市，则其为扰民之弊政，已与贞元时相似矣"，勾勒出唐代宫市的基本面貌，这对于领会此诗意旨显然很有帮助，其效果正如《新乐府》序所云："其事核而实，使采之者传信也。"

《陵园妾》的笺证也是运用以史释诗，陈寅恪首先注意到此篇小序"托幽闭喻被谗遭黜也"，其旨意"实与陵园妾并无干涉"，而与朝廷官员之迁转有关，然后又根据诗中"山宫一闭无开日，未死此身不令出"一联，及"唐家之制，京官迁移，率以二十五个月为三岁考满"

的惯例，认为此诗不是泛指一般"被谗罢黜"的官员，如宪宗朝元和三年四月为宰相李吉甫所斥而遭外贬的韦贯直、王涯、杨於灵，而是隐指贞元年间被窜逐的韦执谊、韩泰等八个司马。论文引证《旧唐书·宪宗纪》"永贞元年十一月壬申，贬正议大夫中书侍郎韦执谊为崖州司马。己卯，再贬抚州司马刺史韩泰为虔州司马。元和元年八月壬午，左降官韦执谊、韩泰、陈谏、柳宗元、刘禹锡、韩晔、凌准、程异等八人纵逢恩赦，不在量移之限"，认为白居易这首诗是"以随丰陵葬礼，幽闭山宫，长不令出之嫔妾，喻随永贞内禅，窜逐永州，永不量移之朝臣，实一一切合也"。在指出该诗隐喻的对象后，还进一步指出白居易这样写的原因："唯八司马最为宪宗所恶，乐天不敢明以丰陵为言，复借被谗遭黜之意，以变易其辞，遂不易为后人觉察耳。"永贞元年，唐顺宗支持王叔文及八司马等人策划革新，史称"永贞革新"，主要内容有抑制地方割据势力，加强中央集权，打击宦官气焰，举贤才，斥奸邪，废止苛政，减轻剥削等。"永贞革新"时，白居易34岁，正在秘书省校书侍郎任上。他对"二王八司马"的革新行动持欢迎支持态度，尤其是在罢宫市、出宫女等方面完全一致。所以"永贞革新"失败之后，白居易深感悲愤。他用曲笔为"八司马"申冤在情在理。陈寅恪结合唐代史事、典章制度深测《陵园妾》的真实用意，是为了八司马，可谓发前人所未发之言，很有说服力。

又如在"长恨歌"一章，就《杨太真外传》所言杨氏"号太真，住内太真宫"一事，考证长安城中于宫禁之外，实有祀昭成太后的太真宫，而禁中亦或有别祀昭成窦后之处，与后来帝王于宫中建祠庙以祠其先世者相类，即所谓内太真宫。否则杨妃入宫，无从以窦后忌辰追福为词，且无因以太真为号。未可以传世唐代宫殿图本中无太真宫之名，而遽疑之也。

关于《长恨歌》中"七月七日长生殿，夜半无人私语时"的诗句，有两个问题：一是时间问题，玄宗至温汤疗疾必在冬季春初寒冷之时节，两《唐书·玄宗纪》无一次于夏日炎暑时幸骊山。二为唐代宫中长生殿虽为寝殿，独华清宫之长生殿为祀神之斋宫。神道清严，不可阑入儿女猥琐。白居易未入翰林，犹不谙国家典故，习以世俗，未及详察，遂至失言。而胡三省为史学专家，亦混杂征引，转以为证，实在粗疏。

第二，更以诗证史。以诗文证史料或补证史书，或别备异说，或相互引发。以白居易《新乐府》为代表的叙事诗中，包含许多历史性的真实内容，运用合理，可以做历史的证明，因其别具时、地、人、事等特点。20 世纪 50 年代"元白诗证史"课上，陈寅恪谈及"诗"的史料价值时，曾指出："唐人孟棨有《本事诗》，宋人计有功亦有《唐诗纪事》，但无系统无组织。《本事诗》中只说到一个人，一件事，一首首各自为诗。即使是某人之年谱附诗，也不过把某一个人之事记下来而已，对于整个历史关系而言则远不够。有两点不综合：此诗即一件事与别事不综合，地方空间不综合，于历史上不完备。作者个人与前后之人不综合，作品也与别人之关系不综合。……综合起来，用一种新方法，将各种诗结合起来，证明一件事。把所有分散的诗集合在一起，于时代、人物之关系、地域之所在，按照一个观点去研究。联贯起来可以有以下作用：说明一个时代之关系。纠正一件事之发生及经过。可以补充和纠正历史记载之不足。最重要的是在于纠正。元白诗证史即是利用中国诗之特点来研究历史的方法。"[1]

白居易《阴山道》的笺证，就是典型的例证。此诗讲回鹘与唐朝

---

[1] 唐筼：《元白诗证史第一讲听课笔记片段》，《陈寅恪集·讲义及杂稿》，生活·读书·新知三联书店 2002 年版，第 483 ～ 484 页。

进行实物交换，以回鹘马换取唐绢的事实。主旨是"疾贪虏也"。其中有这样四句"缯丝不足女工苦，疏织短截充匹数。藕丝蛛网三丈余，回鹘诉称无用处"。陈寅恪先引用《旧唐书·食货志》说明唐制丝织品之法定标准为阔一尺八寸，长四丈，然后借助白诗指出唐王朝"付回鹘马价者，仅长三丈余，此即所短截也。其品质之好坏，应以官颁之样为式，而付回鹘马价者，则如藕丝蛛网，此所谓疏织也。又史籍所载，只言回鹘之贪，不及唐家之诈也，乐天此篇则并言之。是篇在新乐府五十首中，虽非文学上乘，然可补旧史之阙，实为极佳之史料也"。中国旧有史书多为汉族统治阶级组织修纂，往往站在汉族统治阶级立场说话，贬损少数民族，所以会出现"不及唐家之诈"的情况。陈寅恪从白居易的诗中捕捉到具有史料价值的信息，体现出他对于史籍的熟稔，也见出其细致和敏锐。

再以《元白诗中俸料钱问题》一文为例。唐代官俸情况，今存典制史料，如《唐会要·内外官料钱门》《册府元龟·邦计部俸禄门》《新唐书·食货志》等，所载极不完备。洪迈曾据白乐天诗中所提俸禄数目，考知其"立身廉清，家无余积"（洪迈《容斋五笔》卷八），而陈寅恪却利用元白歌诗唱和中隐而未彰的史实信息，考出唐代官俸"随时随地互不相同"、地方官俸每与史籍记载相悖等"特殊性"问题，进而由唐代京官外官俸禄之不同，揭出肃代以后"内轻外重与社会经济之情势"[1]。文章以元白诗涉及俸料钱者，与《唐会要》《册府元龟》所载贞元四年京文武及京兆府县官元给及新加每月当钱之数，及《新唐书·食货志》所载会昌时百官俸钱定额，进行互相比证，指出，凡关于中央政府官吏之俸料，史籍所载额数，与白居易诗文所言者无不相合。但地方

---

[1]《陈寅恪集·金明馆丛稿二编》，生活·读书·新知三联书店 2001 年版，第 67 页。

官吏俸料，史籍所载，与白氏诗文所言多不相合。白居易诗文所言之数，悉较史籍所载定额为多。由此推知唐代中晚期以后，地方官吏除法定俸料以外，其他不载于法令，而可以认为正当之收入者，为数远在中央官吏之上。另一方面，同一时间同一官职，俸料亦因人因地而互异。"考史者不可但依官书纸面之记载，遽尔断定官吏俸料之实数。只可随时随地随人随事，偶有特别之记载，因而得以依据证实之。若欲获一全部系统之知识，殊非易事。此亦治唐史者所不可不知者也。"以这样严谨的史学态度处理元白诗歌，其笺其证不仅具有跨学科意义，而且已隐然超越传统集部注疏的范畴，显露出现代学术的境界和姿态。

诗史互证是陈寅恪解读唐诗的重要方法，但是他也很明白诗歌与历史毕竟不是一样的东西，应当顾及文学自身的特点，不能以史绳诗，完全以一个史家的眼光去衡量诗歌，要求文学作品与历史真实一一对应。史家常对诗歌中不合史实处大加訾议，如沈括《梦溪笔谈》曾指出，白居易《长恨歌》有"峨嵋山下少人行，旌旗无光日色薄"一句，但"峨嵋山在嘉州，与幸蜀路并无交涉"，批评白居易所写之诗与事实不符。陈寅恪《元白诗笺证稿》第一章则引元稹"身骑骢马峨嵋下"一句，指出元稹"固无缘骑马经过峨嵋山下也，夫微之亲到东川，尚复如此，何况乐天之泛用典故乎？故此亦不足为乐天深病"。又如《长恨歌》中"夕殿萤飞思悄然，孤灯挑尽未成眠"一句，宋人邵博（？～1158）《邵氏闻见后录》卷十九讽刺白居易说："宁有兴庆宫中，夜不烧蜡油，明皇帝自挑灯者乎？书生之见可笑耳。"陈寅恪则认为："至上皇夜起，独自挑灯，则玄宗虽幽闭极凄凉之景境，谅或不至于是。文人描写，每易过情，斯亦无足怪也。"这表明，他对于历史真实与文学创作的差别十分清楚。

（四）

除了诗史互证的方法，《元白诗笺证稿》值得留意的成就，还有比较研究法的运用。书中处处将元、白对照并举，逐一加以详细地考释、分析、笺证，发覆其典故本事、写作背景，在字词语句背后寻绎其文化内涵[①]；先考并世材料之异，复合古今情意之同；对元白作品与事实不符之处多有辨正，用陈寅恪先生自己的话说就是："区分其题目体裁，考定其制作年月，详绎其意旨词句"，以"比较分析之研究"，"就同一性质题目之作品，考定其作成之年代，于同中求异，异中见同，为一比较分析之研究，而后文学演化之迹象，与夫文人才学之高下，始得明瞭"。

论"新乐府"一章，就是比较研究法具体运用的典型。该章认为，元稹《新乐府》不及白居易之处有二：一为元诗一题数意，使人不知主旨，读后印象不深，感染力不及白诗一题一意之大。二为元诗语辞晦涩，不似白诗词句的简单晓畅。白诗为改进元诗之作品。

论"琵琶引"一章，亦运用此法，首先从时间上考证题材相似的元稹《琵琶歌》、刘禹锡《泰娘歌》俱作于白居易《琵琶引》前，再从空间上说明白居易有可能于元和十年春见到刘诗，但从两人交游而论，则两诗互不相谋，故可以元诗笺白诗，而不能以刘诗笺白诗。白居易《琵琶引》的蓝本是元稹《琵琶歌》，白诗乃改进元诗而成。但在题旨明晰、寓意真切方面超过了元诗。因白诗抒迁谪之怀，有真情实感，故较元稹之仅践宿诺、偿文债者迥异。又引李绅《悲善才》加

[①] 此亦可谓考核阐义法。陈寅恪 1936 年 4 月 18 日致沈兼士函："依照今日训诂学之标准，凡解释一字即是作一部文化史。"（《陈寅恪集·书信集》，生活·读书·新知三联书店 2001 年版，第 173 页；《沈兼士学术论文集》第 202 页）

以比较，四首诗歌的演化之迹，与文人才学之高下，比较之后，乃得以鉴别高下。

此外，《陈寅恪"元白诗证史"讲席侧记》第三节专记陈寅恪在中山大学课堂讲授《琵琶引》之内容。陈寅恪认为，白居易的《琵琶行》与元稹的《琵琶歌》、刘禹锡的《泰娘歌》、李绅的《悲善才》，都有浓厚的"自悲身世"，这一见解点出"长庆体"内容上的共同取向，亦颇有见地。其中还提到"同是天涯沦落人，相逢何必曾相识"，这个意思是重要的，但是在诗中它并不是最重要的。更深刻隐晦的感情是存在于下面这句诗里："弟走从军阿姨死。"这里标明了诗人反对战争的态度。可以与其论文相互参看。

陈寅恪先生在白居易研究方面运用比较研究的典范意义，已远远超越具体作品的笺证，成为具有广阔视野的文化阐释。此亦可称为历史文化法，即在历史文化的大背景下，结合当日社会风习道德观念，作家本身及其家族在当日社会中所处之地位，当日风习道德二事影响及于作家之行为者，来对相关的文学现象作出融会贯通的理论阐释。陈寅恪在《冯友兰〈中国哲学史（上册）〉审查报告》曾说，"凡著中国古代哲学史者，其对于古人之学说，应具了解之同情，方可下笔。盖古人著书立说，皆有所为而发。故其所处之环境，所受之背景，非完全明了，则其学说不易评论"，"所谓真了解者，必神游冥想，与立说之古人，处于同一境界，而对于其持论所以不得不如是之苦心孤诣，表一种之同情，始能批评其学说之是非得失，而无隔阂肤廓之论"。

基于这一认识，陈寅恪先生的白居易研究从笺释考证出发，运用历史文化法，还原文本的历史语境，道出对作家作品的新见。第一章"长恨歌"中，陈寅恪开宗明义提出："欲了解此诗，第一，须知当时文体之关系。第二，须知当时文人之关系。"就文体而论，"中国文学史中别有一可注意之点"，即唐代古文运动与唐人小说创作的关系，"此二者相互之关系，自来未有论及之者"。陈寅恪论述"备具众体"的小说与诗歌的关系，认为陈鸿《长恨歌传》与白居易《长恨歌》"非通常序文与本诗之关系，而为一不可分离之共同机构"。关于文人之关系，当时存在着这样的文士风习："各出其所作互事观摩，争求超越"，"非徒沿袭，亦有增创。盖仿效沿袭即所谓同，改进增创即所谓异"。因此：

> 苟今世之编著文学史者，能尽取当时诸文人之作品，考定时间先后，空间离合，而总汇于一书，如史家长编之所为，则其间必有启发，而得以知当时诸文士之各竭其才智，竞造胜境，为不可及也。

书中对新兴进士集团和社会风气的分析，从社会集团升降、道德标准与社会风习在历史转变时期的纷陈和演变，来探讨社会变革时期的价值标准的变迁，同时将文化阐释与文学批评相结合，从而把握一个时代的智慧与情感的主要潮流，体现出超前性的现代意识。

以上这些融汇中西的研究方法的综合运用，使得陈寅恪以《元白诗笺证稿》为代表的白居易研究取得卓越成就。可以说，《元白诗笺证稿》不仅是一部文学研究的著作，同时也是一部历史学著作，是一部诗史互证的历史研究方法的示范之作。

陈寅恪先生将文史哲融会，并与语言文字学贯通，继承并发扬清代乾嘉学者治史重证据、重事实的科学精神，又汲取欧洲近代研究梵文、佛典的传统，及西方的"历史演进法"，运用中西结合的考证比较方法，对一些资料穷本溯源，核定确切。《元白诗笺证稿》堪称其代表，该

著充分反映了其研究中国古典文学的特点及其成就。其形式是传统的，
但思路是现代的，在繁复征引和绵密演绎的深处，有着诗的才情的潜流，
有着超越于史事证述的对人生、对社会的深刻思考，体现出一种古典
文学研究中文化史批评的倾向。尽管在个别细节、个别结论上，或有
时而可商，或后出乃转精，但其用思之绵密、学识之博深、见解之独到，
却堪称超拔，罕有其匹；而且无论在"诗史互证"的文化分析方法上，
还是在"比较分析"的发覆与论证上，其思路都具有典范意义，沾溉至今。

　　1951 年，陈寅恪先生闻杭州市政府欲迁散原老人墓，深为不安，
作《有感（辛卯旧历八月初十日）》："葱翠川原四望宽，年年遥祭
想荒寒。空闻白墓浇常湿，岂意青山葬未安。一代简编名字重，几番
陵谷碣碑完。赵佗犹自怀真定，惭痛孤儿泪不干。"颔联之"白墓"，
指洛阳龙门石窟对面的香山白居易墓，张洎（934 ~ 997）《贾氏谈录》
载："白傅葬龙门山，河南尹卢真刻《醉吟先生传》，立于墓侧，至
今犹存。洛阳士庶及四方游人过其墓者，必奠以卮酒，故冢前方丈之土，
常成泥泞。"迺贤（1309 ~ 1368）《北邙山歌》诗序亦云："白乐天
赐第履道坊，既葬北邙，敕命游人至坟所者，必酹酒，至今墓前隙地
泥潦。"此处借指诗人之墓长受祭奠。1962 年，陈寅恪先生目盲之外，
又添足膑，翌年岁末，这位倡导"脱心志于俗谛之桎梏"的大学者，在《癸
卯冬至日感赋》诗中，感慨时势和身世之际，有"十部儒流敢道贫"
之叹，仍然不忘寄情于白居易之诗，称："文章堆几书驴券，可有香
山乐府新？"40 年后的 2003 年，陈寅恪先生归葬九江庐山，此江此山，
正与白居易息息相关，而白居易景仰的陶渊明也归隐归葬于此，56 岁
写过"归写香山新乐府"的陈寅恪，在 61 岁生日那天《赠晓莹》中亦
有"稳和陶诗昼闭门"的诗句，松风明月中的庐山，有白居易草堂和
花径，旁边就是景白亭，陈寅恪尊公陈三立所撰《花径景白亭记》云："怀

贤吊古，慨慕流连，想象其时其人，精魂冥合，如亲杖履，而接謦
欬，其流风遗韵，相与荡摩吾心之哀乐。"①陈寅恪先生长眠之地，
距离景白亭只有五公里，香山流风遗韵，相与荡摩，斯可谓魂归适
得其所。

回三　陈友琴先生及其乐天研究

　　20世纪50年代的白居易研究专家，名字适与钱锺书成为对仗，
中国社会科学院文学研究所古代室享年最长的学者——这位前辈学者

---

①1930年，李凤高（1868～1949）与友过掷笔锋，见石工伐石筑室，石旁有"花径"二字，经审读考证，断为白居易手迹。于是兴建石牌坊以纪念，花径大门"花开山寺，咏留诗人"之联刻，即李凤高所书。又修建花径亭、景白亭，1932年5月立碑。邀八十老人义宁陈三立（1852～1937）撰《花径景白亭记》，南丰吴宗慈（1879～1951）霭林书丹，汉阳李凤高（拙翁）篆额。文云："匡庐山北上中下三大林寺，最著上大林寺。建于晋，迭更兴废。唐元和十二年四月，白傅乐天来游宿，有序，叹为若别造一世界，中缀寺旁观桃花绝句，自是好事者遂名曰花径。清初查初白、潘次耕游记，皆有花径名，然迷而莫知其处。前数岁己巳，汉阳李拙翁携客过寺旁，闻匠工伐石声铮然，视之，余一石，镌花径二字，径尺余，异之，戒勿伐。旁小字虽漫灭，莫辨何代人书，要留览久远，测其确为白傅咏桃花处无疑也。名贤遗迹，湮晦几千余岁，一旦得拙叟邂逅，保留残石，使彰显于世，且为山北增故实、娱游观，宁非神灵相之耶？于是拙翁向主者严君孟繁丐其余地，图筑亭其间，并遍种桃数百千株续其盛，而胡君幼腴、方君耀庭闻而跃起，咸输金为助。越二年，至辛未夏，遂兴工役，及秋，所建亭落成，题曰景白，有连屋数椽，备宴集，复筑小亭，覆镌字石上。其冬，拙叟偕吴君霭林导余往游，亭东距上大林寺数百步，寺之北，为大林峰，后承医生洼，迆西小山之北麓，西为佛手岩，西南为天池，诸山四顾，虽环蔽垤阜，无由尽收峰壑奇胜之观，然而于斯亭怀贤吊古，慨慕流连，想象其时其人，精魂冥合，如亲杖履，而接謦欬，其流风遗韵，相与荡摩吾心之哀乐，而永其趣，所获不已多乎？余老矣，倘得久留山中，俟观所补种桃花满谷，窃不自揆，尚当追白傅哦咏，为诸君子一赓和之。壬申春正月，八十老人陈三立记。"（《散原精舍文集》卷十六，辽宁教育出版社1988年版，第239页；《散原精舍诗文集》，上海古籍出版社2014年版，第1084页）此文碑刻立于景白亭前。这位同光体诗魁又有《晓抵九江作》诗："藏舟夜半负之去，摇兀江湖便可怜。合眼风涛移枕上，抚膺家国逼灯前。鼾声邻榻添雷吼，曙色孤篷漏日妍。咫尺琵琶亭畔客，起看啼雁万峰颠。"（《散原精舍诗》卷上，《散原精舍诗文集》，上海古籍出版社，第41页）自比江州司马白乐天。《见在庵集序》称："白太傅所为诗，切挚温淑，探综性本，有德人儒吏之风。"（《散原精舍诗文集》，第936页）可见陈寅恪研究白居易，亦家族宗风之遗绪。

就是陈友琴。提起他，许多青年学子已经懵然。这并不足怪，古代室
名人太多。

陈友琴（1902～1996），原名陈楚材，后改友琴。笔名陈珏人、
夏静岩、郭君曼、珏人、楚才、畸人、笠僧、琴庐。籍贯安徽当涂，
寄居安徽南陵，清光绪二十八年七月二十七日晨，出生于南陵县城关
的一个中医世家。祖父陈锦兰淳朴恳挚，是当地颇受患者称颂的中医
大夫，但在幼年陈友琴的眼里，不免严厉。父亲陈煦生则平和开明，
他是前清秀才，对国学素有根底，闲暇时曾手抄过许多古典诗词，对
陈友琴深有影响。父亲承继家业，也成了一名医生，兼营药材生意。
或许是书生气太浓，家里的小药铺一直经营得不太景气，经常赢少亏多。
陈友琴是在南陵县城南书屋读的私塾，后到宣城第八中学插班。1921
年在上海澄衷中学读三、四年级，1923 年 3 月，与王蕙洲结为伉俪。
妻子小他一岁，出身药商家庭。一年后，他考入上海私立沪江大学教
育系。作为由外国人开办的教会学校，沪江大学是当时上海有名的"贵
族学校"，学费高昂。因祖父去世，父亲负债，无法负担大学全部费用，
所以陈友琴只读了两年，1926 年 8 月便肄业离校。

辍学后，经中国公学大学部学长张东荪介绍，陈友琴在图书馆当
了一个学期的职员，后回乡在旌德县高小教书。此后，又到繁昌县三
山镇父亲的朋友、杂货店商人叶壁城家里教私塾。此间，坚持自学，
博览群籍。后来在北平中国大学文学系又读了三年插班。陈友琴曾说
过一句名言："读书一目十行，这是所谓才子吓唬人的，凡是求读书
真正有所得的，还需十目一行才是。"这句甘苦之谈被"补白专家"
郑逸梅采入其《艺林散叶》。1928 年 3 月，经朋友介绍，陈友琴到安
庆任国民党安徽省党部训练部编审科文书干事。1928 年 8 月至 1929
年 1 月，在安徽贵池的省立第五中等职业学校任国文教员。此后，他

主要投身于教育事业。1929 年 2 月至 7 月，在安徽凤阳的省立第五中学高中部任国文教员。1929 年 9 月至 1930 年 2 月，至北平任国民党河北省党部训练部文书干事。1930 年 2 月，任上海市私立建国中学文史教员。因私立学校薪水较少，又于 1930 年夏至秋，兼任国民党上海特别市党部宣传部干事，编辑《训练》半月刊。1931 年 1 月至 12 月专任建国中学教员。1932 年起，任上海市立务本女子中学文史教员，同时在敬业中学兼课。1932 年"一·二八"事变以后，学校陷于停顿，回安徽避难，在南陵县立小学代课。1933 年春，上海战事平息，携眷回到上海，在恢复了的敬业中学、建国中学教国文课，同时兼任上海民众教育馆干事。1933 年 12 月至 1934 年，任中央通讯社上海分社记者、编辑。其间，1934 年 1 月至 5 月，以中央通讯社特派员身份参加川康（当时的四川省和西康省）考察团，在上海《民报》连载《川游漫记》《川北视察记》等专题报道。1934 年 10 月，陈友琴的第一部游记文集《川游漫记》由南京正中书局出版，收入《江行初写》等二十二篇游记，由国民党要员叶楚伧题写书名。这部游记后来令四川籍作家、学者赵景深都十分叹服。

　　1935 年 3 月，陈友琴在《申报·自由谈》发表《活字与死字》，提到北京大学招考，投考生写了误字，"刘半农教授作打油诗去嘲弄他，固然不应该"，但鲁迅"曲为之辩，亦大可不必"。那投考生的误字是以"倡明"为"昌明"，刘半农的打油诗是解"倡"为"娼妓"，鲁迅的杂感，是说"倡"不必一定作"娼妓"解。文章认为"所谓'活字'者，就是大多数认识文字的人所公认的字……识字太多的朋友，搬出许多奇字僻字古字，与实际运用文字的需要全不相干，我对于这一类的字，一概谥以佳号曰'死字'"。此文引起鲁迅的注意，专门写《从"别字"说开去》^①一文，加以辩驳，认为"写别字的病根，是在方块字本身的，别字病将与方块字本身并存，除了改革这方块字之外，实在并没有救济的十全好方法"。长期担任国文教员的陈友琴自然从中得益，后来在《国文十讲》这部小册子里，继续探讨了与此相关的论题。

1935 年 8 月，由于性情和待遇等原因，陈友琴辞去记者职务，重新回到上海务本女子中学，任文史教员。在此期间，因为与同乡前辈胡朴安、胡怀琛兄弟颇有交情，得以经常在胡朴安主持的《民报》上发表文章。1937 年 8 月"八·一三"事变以后，返安徽南陵，与同学组织抗日救亡会，做抗日宣传工作。1938 年春，家里的药铺被日本飞机炸毁，为谋生，至安徽泾县东乡黄田村，在私立培风中学任国文教员。1938 年 8 月至 1942 年 1 月，任浙江省立衢州中学文史教员，教授历史地理、国音字母、论理学等。同事有后来的著名作家王西彦，学生有后来的武侠小说大家金庸（查良镛）（1924～2018）、北京大学历史系教授陈仲夫、著名力学家叶开沅（1926～2007）。1942 年 2 月至 6 月，在浙江金华任《东南日报》资料室干事。1942 年 7 月至 12 月，在安徽屯溪任私立徽州中学文史教员。1943 年 1 月至 1944 年 7 月，在安徽休宁县梅林镇任私立建国中学教导主任。1944 年 8 月至 1945 年 9 月，在江苏瑶溪任省立临时中学文史教员。1943 年至 1945 年，还兼任《复兴日报》副刊编辑。1945 年 9 月至 1946 年 1 月，在上海敬业中学代课。1946 年 2 月，任杭州之江大学国文系讲师。1946 年 8 月至 1947 年 12 月，转回《东南日报》，负责青年版和副刊《东南风》的编辑。1948 年 1 月，任浙江大学附属中学国文教员。1948 年 8 月起，

---

① 发表于 1935 年 4 月 20 日上海《芒种》半月刊第 1 卷第 4 期，署名旅隼，后收入《且介亭杂文二集》。编者注释：陈友琴"当时是上海务本女子中学教员"，误。陈友琴当时是中央通讯社上海分社记者。

兼在杭州师范学校上课。

　　陈友琴的教学在学生中留下了很深的印象。他于 20 世纪 30 年代执教的上海市立务本女子中学和 40 年代执教的浙江省立衢州中学，值 2002 年百年校庆时，都不约而同地在校刊开辟专栏纪念陈友琴，高度评价和称赞他的教学和为人。陈友琴在中学里教国文和历史等，教学中经常旁征博引，讲究灵活有趣，不局限于书本，因此深受学生欢迎。他还注意将课本同现实联系，引导学生怎样正确认识时代，懂得自己所肩负的责任。在上海务本女子中学，当蒋介石鼓吹"攘外必先安内"时，他曾为此组织了一次班级辩论会，辩论究竟是应该"攘外"还是"安内"，这场辩论使他的学生受益匪浅。1946 年任杭州之江大学国文系讲师期间，由于他在课堂上宣讲鲁迅、郭沫若、茅盾和丁玲的作品，发表针对时局的言论，被一些学生宣称是"共产党"，惹恼了这所教会学校的校长李培恩，后被校方解聘。陈友琴注重教学，更注重育人。他热爱学生，对学生的关爱无所不至，也深受学生的爱戴。"文化大革命"期间，陈友琴失去人身自由，"造反派"对他做了大量的外调，希望能得到他们所要的"材料"，但均"无功"而返。

　　20 世纪 30 年代，正在上海任教的陈友琴结识了开明书店的叶圣陶，他的才华和学问颇受叶圣陶的赏识，在叶圣陶、王伯祥的鼓励下，陈友琴编撰了《清人绝句选》（又名《清绝》）。据该书编撰凡例后的题署时间，可知这部诗选 1933 年 8 月就已确定体例，直到 1935 年 1 月才由上海开明书店正式出版铅印本。徐乃昌题签，柳亚子题字，王西神题诗，查猛济、叶圣陶两人作序，以此推重，引起学人的留意和兴趣。民国时期，学界对前清文学并无太高评价，当时大学开唐诗课比较多，宋诗课比较少，清诗课就更少了。清诗不为人重视，一是研究清诗的人比较少，一是有些人对清诗存有偏见。例如，梁启超《清代学术概论》就曾经说过，清诗衰落已极，吴伟业之靡曼，王士祯之脆薄，袁枚、蒋士铨、赵翼，臭腐殆不可向迩，龚自珍、王昙、舒位粗犷浅薄。稍可观者，反在生长僻壤之黎简、郑珍。直至末叶，始有金和、黄遵宪、康有为，元气淋漓，卓然称大家。文廷式、金天翮、章太炎等对清诗之衰也异口同评。当时只有三十几岁的青年陈友琴，认为这样的定位不公正，也不够全面。清朝从顺治入关至1912年覆亡，前后267年，诗人辈出，并非只有梁启超所说的几个大家。陈友琴认为清诗研究是一个薄弱环节，要正确评价清诗，必须掌握全部材料，细心研究，科学分析，才能得出正确结论。他治清诗，既向前人学习，也向当代人学习。在上海教书课余之暇，陈友琴常以乡里后生的身份到徐乃昌家里去看书。徐家藏书很多，自费刻书也不少，允许他出入书房，尽情浏览。陈友琴拿清诗和唐诗、宋诗对照起来研究，认为唐人绝句以神韵胜，宋人以清新胜，清人神韵兼清新。当他钻研清诗的时候，了解到宋人洪迈编过《万首唐人绝句》，清人严长明编过《千首宋人绝句》，而清诗绝句则没有人编过，于是立志填补这一空白。陈友琴的《清人绝句选》被当时的学人认为给古典文学界注入了一股清新的风。[①]这部诗选甄选五绝作家110名，七绝作家262名，将近400名清代诗人，1000多首绝句，选编在一卷，可粗略地看出：清诗（至少清代绝句）不是"衰落已极"，而是大昌；不是清代没有好诗，而是如近人王西神（蕴章）所云："皎如明月清如雪，云水光中洗眼来。"

　　1936年1月，他的第二部游记文集《萍踪偶记》，作为"创作新刊"之一，由上海北新书局出版。书名取意于"十年沧海寄萍踪"[②]，收入《上天台》等十八篇游记。书前有"卷头语"，书末有赵景深的跋。

---

① 参见陈振藩：《陈友琴和〈清人绝句选〉》，《图书情报工作》1984年第4期。
② 见《卷头语》，明王恭《初秋寄清江林崇高先辈》诗，《白云樵唱集》卷三。

1949 年 4 月，经当时杭州地下文化工作委员会审批，陈友琴加入中国共产党，成为候补党员。1949 年 5 月，杭州解放，陈友琴参加了谭震林等主持的会师大会，随后作为军事管制委员会代表，参加了接管杭州师范学校（简称"杭师"）的工作，成立校务委员会后，任副主任委员，这是他第一次担任行政职务。改校长制以后，他又被任命为副校长。1950 年，参加中国教育工会。同年秋，参加杭州新文艺工作者协会，被选为委员。1952 年，参加杭州市委举办的党员训练班，学习了三个星期。1953 年 3 月 6 日，由中国共产党预备党员转为正式党员。最初，杭师校长由教育局局长郭人全兼任，陈友琴与之配合得很好。不久，浙江省教育厅委派吴容专任杭师校长，她的作风很不民主，陈友琴难以与之共事，于是写信给北京大学的吴组缃等朋友，别寻出路。1953 年 7 月，中宣部还未下调令，浙江省教育厅已委派陈友琴至临安县，任草创中的杭州幼儿师范学校副校长兼语文教研组组长。

　　1953 年 11 月，陈友琴奉中宣部之调，依依不舍地离开杭州幼儿师范学校，北上就职于北京大学文学研究所古典文学组，从此一直在文学研究所从事研究工作，直到退休和去世。这一年陈友琴已经 51 岁，和文学研究所的许多先生一样，一家人住在中关园。因为相距不远，陈友琴常到邓之诚家去做客，讨教治学的经验。邓时任北京大学历史系教授，专攻明清史，收藏的清代诗文集、史籍很多，给陈友琴的研究提供了方便。[①] 陈友琴很敬佩邓之诚，认为他是一个读书人，治学谨严，学问踏实，知识渊博，乐于帮助志同道合的人。时隔多年，每每谈及，犹深深感怀于其真诚与亲切。陈友琴认为，邓之诚的《清诗纪事初编》是那个时期最有参考价值的成果。

---

① 邓瑞整理《邓之诚文史札记》载："正月十四日，二月二十七日，星五，阴，陈仲夫偕文学研究所买书人王蔚文来商买我藏书。"（凤凰出版社 2012 年版，下册，第 701 页）

1954年3月1日，郑振铎、陈翔鹤等提议，中国作家协会党组决定，由作协古典文学部和北京大学文学研究所主办，在《光明日报》上设置学术副刊"文学遗产"，余冠英和陈友琴被推为编委。这并非虚衔，陈友琴投入了大量精力参与刊物的审稿和编辑工作。1955年，陈友琴加入作协。1956年，文学研究所隶属关系由北大转到中科院。随后，进行了第一次职称等级的评定。文学研究所只有钱锺书、俞平伯、何其芳三人被评为一级研究员，陈友琴被评为六级副研究员。1956年7月，中国作家协会古典文学部撤销，《文学遗产》（周刊）改由中国科学院文学研究所主办，陈翔鹤继续担任主编。1956年秋，文学研究所由北京大学迁至中关村，陈友琴继续在古典文学组从事研究。

1958年秋，文学研究所又一次进行研究人员职称等级的评定工作，陈友琴仍为六级副研究员。秋冬之际，文学所由中关村迁至建国门，不久成立了资料室，由吴晓铃兼任主任，陈友琴兼任副主任。何其芳的设想是要把资料室办成全国的"资料库"，要为全国从事文学研究的工作者、大学教师、中学语文教师和大学中文系的学生服务，而且不但收集国内的，还要收集海外汉学家研究中国文学的资料。1960年2月9日，周扬到文学研究所考察工作时，也提出"研究所要大搞资料，文学所要有从古到今最完备的资料"。在这一思想指导下，文学研究所资料室从百余种报刊中挑选重要论文，按专题和作家作品分类剪贴，迄今已积累5000余册的剪报资料。同时开始"大型文学评论目录索引"的资料收集工作，时间从1901年至1949年10月，跨度大约五十年。另从1949年10月至1959年10月跨度为10年，前后共60年。后来出版了《中国古典文学研究论文索引》五册。

陈友琴的代表作《白居易诗评述汇编》，就是在当时要加强文献资料的收集和整理这一思想指导下展开的。[①] 围绕《白居易诗评述汇编》的编撰，陈友琴先后撰写了一系列论文，其中比较重要、影响较大的是《白居易作品中的思想矛盾》《白居易诗歌艺术的主要特征》这两篇长文。

20 世纪 50 年代中后期至 60 年代初，短短的几年时间里，国内涌现出多部用马克思主义理论来研究和分析白居易及其创作成就的传记类著作。陈友琴撰写的《白居易》是其中出版较晚的，收入"古典文学基本知识丛书"，1961 年 12 月由中华书局上海编辑所出版。尽管只有 3.6 万字，却是影响广泛的普及读物，多次重印。这是论说平实而准确的一部白居易传，在介绍其生平的同时，以专节分析评价代表作《长恨歌》《秦中吟》《新乐府》《琵琶行》。其评述扼要简洁，语言通俗易懂，注释详细精当，而且在学术层面上，吸收此前著作成果的同时，避免了一些过于平面化、简单化的论断。今天看来，仍不失为值得推荐的白氏小传。

1959 年 4 月 10 日，《文学评论》第一次编委会在北京召开，余冠英、陈友琴借便邀与会的夏承焘至文学研究所参观，此时文学研究所已由中关村迁至建国门。1959 年 5 月 15 日，陈友琴也和许多同事一样，自中关园搬入东四头条胡同一号学部宿舍，邻居有余冠英、钱锺书等。这一年春季，中央书记处下达任务，资料室副主任陈友琴从何其芳那里接受了编辑、注释《不怕鬼的故事》一书的工作。在酌定篇目、释文过程中，俞平伯、余冠英、钱锺书、孙楷第分别予以指导。出版后，陈友琴赠出不少样书，广泛听取意见。时在中国历史博物馆工作的沈从文收到后，很重视这本书，在书上密密麻麻写满眉批和注释，然后

---

① 详参拙撰《〈白居易资料新编〉刍议》，《北京联合大学学报》，2011 年第 1 期。

转送回陈友琴。同时专门撰写《从〈不怕鬼的故事〉注谈到文献与文物相结合问题》①，提出 11 则名物方面的修改意见。

1959 年 7 月，陈友琴的第一部论文集《温故集》，在中华书局上海编辑所编辑、友人陈向平的鼓励和支持下，由中华书局上海编辑所出版，这部 13.9 万字的集子收入《略谈〈长生殿〉作者洪昇的生平》等 22 篇札记、论文及考证文章，多数在《光明日报》"文学遗产"专刊上发表过。除前四篇是长文以外，其余篇幅都很短。其中与同行商榷之作颇多，正是当时学术界百家争鸣气氛的缩影。内容以唐诗（尤其是白居易诗）研究为多。这些或长或短的文章，是他学习运用马克思主义文艺理论研习古典文学，分析故书旧学的产物，所以名为《温故集》。1962 年 4 月，《中国文学史》出版内部铅印本，7 月，由人民文学出版社正式出版。陈友琴参加编写唐代和清代部分章节。第二年，陈友琴由六级副研究员提升为五级副研究员。

1966 年至 1979 年，和其他学者一样，陈友琴进入学术冬眠期。从发表《重读舒位〈瓶水斋诗集〉》一文（《光明日报》1965 年 6 月 13 日《文学遗产》第 512 期）以后，直到《略论清代初期诗坛上的南施北宋》（《河北师院学报》1979 年第 1 期），国内找不到他公开发表的文章。"文革"期间，陈友琴因所谓历史问题，受到留党察看处分，两年后解除处分。1969 年至 1972 年，前后三年，他同文学研究所其他人员一样，下放河南罗山、息县、明港等地的干校，接受劳动锻炼。在干校里，有一天，有人和钱锺书开玩笑：要他以钱锺书的名字，对一个"姓名对"，他们以为这是奇招，可以难倒他。谁知钱锺书脱口

---

① 载《光明日报》1961 年 6 月 18 日《文学遗产》第 368 期。收入王序、王亚蓉选编《龙凤艺术》，商务印书馆香港分馆 1986 年版；凌宇编《沈从文集·龙凤艺术》，北京十月文艺出版社 2010 年版。

而出："陈友琴"。又有一天，一位从北京探亲回到河南息县干校的同志告诉大家：北京传说陈友琴已经死掉了。陈友琴听到以后大笑，立即写下一绝：

中关园里传消息，道是琴庐早殒身。我在河南仰天笑，翻身戏作坠驴人。

钱锺书笑而和之：

严霜烈日惯曾经，铁树坚牢不坏身。海外东坡非噩耗，祝君延寿八千春。

从他们在困境下互相唱和的诗句，可以看出一种达观。从干校回来后，陈友琴一家搬到西直门外皂君庙宿舍。

1977年5月7日，中国社会科学院成立。中国科学院文学研究所随之改称中国社会科学院文学研究所。陈友琴继续任文学所副研究员。1978年4月，中国社会科学院文学研究所编《唐诗选》由人民文学出版社出版。作为白居易专家，陈友琴参加了初稿的撰写，执笔了白居易等相关诗家部分，同时也批阅其他部分的初稿。他"在资料考订方面的严谨"，对《秦妇吟》注释初稿上的长篇批语，给参加编写的王水照留下了深刻印象。1978年9月，陈友琴参撰的另一部《唐诗选注》由北京出版社出版，署名"中国社会科学院文学研究所古代组、北京市维尼纶厂小组选注"。1979年11月，《乐府诗集》由中华书局出版，陈友琴参加了卷四十七至卷七十三的校勘和标点。

1980年3月，陈友琴的第二部论文集《长短集》由浙江人民出版社出版。这部22.9万字的集子收有《论杜甫对学习、继承和批评的看法》等比较长的论文22篇，有些是第一部论文集《温故集》中收录的，另外还有比较短的小品36篇，题为诗文小语。附录《〈长恨歌〉辑评》《琵琶亭诗话》，可以与《白居易诗评述汇编》相互参看，应该是后者早期分类编辑的产物，更有利于专题研究。

1983年7月，陈友琴由五级副研究员升为研究员。在此前后，研究重心开始向清代回移。1982年，他选编出版了《元明清诗一百首》。宋振庭读后，以满腔热情，撰文给予了很高的评价（见1983年6月28日《文汇报》）。李荒芜也写信给陈友琴说："选注很好，就是少了一些。"随后，他又全力投入选注《千首清人绝句》的工作。这是20世纪30年代上海开明书店《清人绝句选》的增订注释本。这本60.8万字的大书，历时数年，终于在1985年年底完稿。新稿在篇目上作了较大调整，增选了作者，注释更加详尽，作家小传也多有修订。1988年5月，《千首清人绝句》由浙江古籍出版社出版。同年12月，他又编选了《元明清诗选注》，由北京出版社出版，共两册，选元明清诗人270家，诗歌666首。

1985年11月，陈友琴的第三部集子《晚晴轩文集》由巴蜀书社出版，书名取意于李商隐《晚晴》诗"天意怜幽草，人间重晚晴"。"弁言"云："我是从旧社会经历艰难困顿的境遇，翻腾磨炼过来的。如今真是'云开日出，有人欲天从之快'。晴窗之下，掇拾小文，名之曰《晚晴轩文集》。其中有论古代诗歌的，有谈文人轶事的，也有类似杂感随笔的，不名一体。读书札记较多，短小而并不精悍。另外还附有旧体诗数首。"这部9.1万字的集子收有《关于清代重要诗人的评介——读张维屏〈国朝诗人征略〉》等论文或散文，以及读书札记和诗抄，这是他晚年最后一部结集的著作。

　　进入 20 世纪 80 年代，陈友琴在集中精力著述之余，也参加了一些学术交流活动。1980 年秋，他参加"日本茶道文化考察团"赴日本访问。1984 年 12 月，在北京国际俱乐部参加《文学遗产》创刊三十周年、复刊五周年庆祝大会。1986 年 5 月 8 日，陈友琴还和邓绍基、杨柳等人，一道与中日人文社会科学交流协会第六次访华团代表举行学术交流会，由当时的文学研究所副所长马良春主持。1986 年 11 月，陈友琴按司局级待遇离休。1991 年 10 月，荣获国务院颁发的有突出贡献的专家特殊津贴。1996 年 5 月 17 日，在北京病故，享年 95 岁。

　　陈友琴先生称得上一位世纪老人，他前半生献身教育事业和报刊编辑，从小学老师、中学教员到大学讲师，从副刊编辑又到副校长，后半生则在古典文学研究领域默默耕耘，从清诗到白居易，再回到清诗，此外对唐代诗人杜甫、卢纶、崔颢、韦应物、柳宗元、刘禹锡、罗隐、于濆以及宋代词人李清照等，也做过深入研究，前后结集有《温故集》《长短集》《晚晴轩文集》。友琴先生一介书生，不慕虚荣，平和冲淡，朴实厚道，有学者风，无市侩气，对关系学一窍不通，在生活上淡泊为怀，整日勤耕默耘，无暇他顾。十年浩劫中被以"莫须有"罪名批斗扫地，70 岁了还下放干校劳动。其间，他和俞平伯的老实还闹出不少笑话。据说，一日见集市卖河虾，俞平伯问小贩多少钱一只，小贩皆乐，戏以一角一只，竟以六元钱数六十只。而陈友琴先生买花生，亦问多少钱一颗。1973 年回京后，原住宅早已另行分配，当时只有两间共二十平方米、无上下水道、无暖气的简易平房供年逾古稀的陈先生夫妇居住。友琴先生急于争取时间开展研究，一再向工宣队队长提出要恢复自己的工作。多次受到白眼后，先生无奈，只好将书柜、生活用品塞满房间，在床边挤进一张两屉桌，不分昼夜地默默笔耕，需查找书籍资料时，只能爬到床上打开书柜翻找。狭窄的房间，夏天闷热，冬天穿风，数年过后，陈友琴先生的右腿受寒得了风湿病，从此行走困难。直到"四人帮"粉碎后的 1985 年，他还不知道管房子的归哪个处，甚至连房产处在哪儿办公都不知晓。许多人说他有"名士气"，看来并非虚言。

1996 年 5 月 17 日是周五，那一天，陈友琴先生在北京病故，享年95 岁。那一天，我第一次来到文学所，参加博士生面试。此前，在撰写本科毕业论文时，我曾选择《长恨歌》作为论题，因《白居易诗评述汇编》得知友琴先生大名。后来获知这一巧合，颇为感慨。大家知道，在西方，葬礼仪式上的发言者往往会回顾逝者的一生，总结其成就，听到最多的大概就是——He is a MAN, GREAT MAN, BIG MAN. 其作用多少有些像我们古代的墓志铭。有时去世还会称为往生（佛教净土宗就认为，具足信、愿、行，一心念佛，与阿弥陀佛的愿力感应，死后能往西方净土，化生于莲花之中），这一辩证的说法，对至亲至近的生者而言，不仅是安慰，也是提醒——在告别逝者的同时，如何走好余生。有时，我就会想，一代又一代学者的各种学术研究，是不是也在做着类似的工作？今天研究的另一端，连接的是昨日的历史，死与生通过回头端详和评价得以联系，新闻与历史通过端详者和评价者不断转换。在文学所里读博三年，再次选择白居易作为论题，得以对白居易研究专家——友琴先生的学问有了进一步的了解，对学术的薪火承传增添了具体的感知。

1998 年着手撰写《元白诗派研究》（社科文献出版社 2007 年版），在得力于友琴先生《白居易诗评述汇编》的同时，发现它多有遗漏，于是开始留意搜辑其未备。原本计划加以补订，但做下来，发现不仅讹误需要修订，遗漏需要补充，搜集范围需要扩大，而且先后次序，均需重新编排，新加资料数量巨大，已远非补订所能容纳："汇编"29万字，而"新编"涵盖文献 676 万字，只得另起炉灶，名为《白居易

资料新编》。但无旧不成新，后之视今，亦犹今之视昔，《新编》正
接续了友琴先生的研究工作。

2002 年，为庆祝文学所成立五十周年，受命编写《古代室纪事长
编》，在收集前辈资料的过程中，有幸获得家属的支持和帮助，同时
参阅有关科研和人事档案等原始文献，得以了解到友琴先生著作之外，
其生平的整体面貌乃至细枝末节。这些面貌和细节，不仅是了解友琴
先生学术成长历程的重要背景，更是当代学术史不可或缺的有机组成。

由于这些因缘，2005 年便愉快地接受了《陈友琴集》的编辑任务。
2007 年 10 月 23 日初稿完成，2007 年 12 月 22 日改补，交中国社会科
学出版社，收入科研局 1999 年开始组织编选的"中国社会科学院学者
文选"丛书（对象为中国社会科学院资深专家）。因丛书体例对篇幅
的限制，删去 20 余万字，留存 40 万字，2008 年 1 月 1 日形成三稿，
此后又屡经修改，几番打磨，2013 年 3 月 1 日始得定稿，2014 年 8 月
24 日再加校订，同年 12 月付梓出版。

其间，撰写了《陈友琴先生古典文学研究述论》（《文学遗产》
2009 年第 4 期）和《陈友琴先生的杜甫研究》（《杜甫研究学刊》
2014 年第 4 期），并编辑整理了友琴先生早年的两部游记《川游漫记》
和《萍踪偶记》，交由中国青年出版社 2012 年 10 月出版。此间《郑
振铎集》《俞平伯集》《孙楷第集》《范宁集》《力扬集》陆续面世，
唯《陈友琴集》最后完成。出版付梓之际，曾赋俚句，述其始末。

> 友琴先生籍南陵，声名曾与锺书并。本室寿享年最长，端赖
> 效白大道行。精研香山与子美，断代兼探唐与清。为报因缘乐承命，
> 书编十载印始成。丛书体例早拟就，以公代私成定型。精装精选
> 精意编，编随著者传微名。自愧空疏恰同姓，论齿遥隔七十年。

多幸不才随履舄，愿效心远朝市喧。城外飘雪化偏晚，城内隔河人遥羡。人世俯仰成今古，逝者如水水如烟。唯缘乐天吾亦好，资料续貂为新编。万木虽承新雨露，朝阳犹在旧青山。千古文章妙必传，历久弥新静如练。

字韵尚待斟酌，但表达的意思发自内心。当我们踏上旅途，或开车上路，或骑车出游，或遨游江海，前面如果有人带领，肯定既可避免弯路，不错失美景，也会减少阻力，历陈途而避旧，履新阳于故阴。即使有一天自己独创新路，独辟蹊径，独树一帜，但从前受到的惠泽一定会积淀在新路的探索之中，所以应该铭感在心。——万木虽承新雨露，朝阳犹在旧青山。

结语

　　以上六章十六回，通过品读白居易其人其诗其文，我们也一起分享了笔者走过的醉白之路，分享了乐天之风范人格，欣赏了乐天诗歌中的风景与节气，品味了其诗歌之双璧《长恨歌》与《琵琶行》的成就与魅力，感受了其散文洁净中含静光远致之风度，还有白居易在藏书史上的贡献，他与徐州和忠州的诗缘，同时择要进行了白居易研究学术史的纵览。至此，可作结语，总括一下笔者眼中的白乐天。

　　晚唐诗人张为称白居易是"广大教化主"，可谓恰如其分。所谓广大教化，从诗歌创作上来看，首先是指白居易在诗歌创作表现领域，有重大的开掘和扩展。正如明人江盈科《雪涛小书》所说：白居易诗"前不照古人样，后不照来者议；意到笔随，景到意随；世间一切，都着并包囊括入我诗内。诗之境界，到白公不知开扩多少。较诸秦皇、汉武，开边启境，异事同功，名曰'广大教化主'，所自来矣"。

　　其次是指白居易诗歌体貌与手法的多样性。关于这一点，长庆四年（842）元稹为《白氏长庆集》作序时，就曾指出："大凡人之文各有所长。乐天之长，可以为多矣。夫以讽谕之诗长于激，闲适之诗长于遣，感伤之诗长于切。五字律诗，百言而上长于赡，五字七字，百言而下长于情。"

最后，也是最重要的一点，是指白居易诗歌风格通俗平易的艺术价值和影响广远的社会价值。陈毅元帅曾有诗云："吾读乐天诗，晓畅有深意。一生事白描，古今谁能继？"（《陈毅诗词选集》，人民文学出版社1977年版，第259页）白诗在当时广泛流传于宫廷和民间，歌伎唱他的诗，寺庙、旅舍贴有他的诗，僧侣、官人、寡妇、少女读他的诗，宫中妃嫔甚至以诵得他的《长恨歌》而自负。相传写有白诗的帛可以当钱用。荆州市民葛清文身，在身上刻满白诗，称为"白舍人行诗图"，围观的人十分羡慕。四明人胡抱章作《拟白氏讽谏五十首》，行于东南；后孟蜀末杨士达亦撰五十篇，颇讽时事。

不仅如此，白诗还远播契丹、新罗、日本、越南、暹罗（泰国）。晚唐五代的释匡白、贯休、罗隐、皮日休、韦庄、聂夷中、黄滔、陆龟蒙、吴融、杜荀鹤、郑谷、释齐己、韦縠、冯道、陶榖、孙鲂等，宋代的徐铉、徐锴、李昉、宋白、田锡、张咏、李至、晁迥、王禹偁、苏易简、魏野、李宗谔、陈从易、钱易、杨亿、释智圆、梅尧臣、欧阳修、苏轼、黄庭坚、张耒、陆游等，金元时期的王若虚、元好问、王恽、杨维桢、马祖常、迺贤，明人宋濂、吴宽、唐寅、文徵明和公安三袁等，清人吴伟业、吴嘉纪、张英、蒲松龄、赵执信、唐英、袁枚、陈文述、俞樾、王闿运、黄遵宪等，都是受到白居易影响很深的著名文人。其他许多文人和作家，也在不同方面不同程度上受到白居易的启示。

元明清三代，有许多剧作家取白居易叙事诗为题材编写戏曲，如取自《长恨歌》的白朴《梧桐雨》、洪昇《长生殿》，取自《琵琶行》

的元马致远《青衫泪》、明顾大典《青衫记》、清蒋士铨《四弦秋》、清赵式曾《琵琶行》及清佚名之子弟书《琵琶行》等。白居易的诗句词句乃至文句，也有很多被宋、元、明话本所采用。

不过，相对于白居易其诗而言，其人格范式同样有着不愧为"广大教化主"的巨大影响和当代价值。因为诗品出于人品，故"广大教化主"更为重要的一个含义，是指诗歌创作主体海纳百川、无所不容的"广大"性。白居易不仅对中国文学有突出贡献，在世界文坛上也享有很高声誉。白诗当时就远播新罗（韩国和朝鲜）、日本、越南、暹罗（泰国）。在鸡林（古国名，在今朝鲜半岛），宰相以百金换白居易的一首诗，而且能辨明真伪；在东瀛，白居易更具有至高无上的影响力，平安文士大江唯时编辑的《千载佳句》，共收集唐代153位诗人的1083联诗作，其中白居易诗就占了511联，独占半数。平安时期藤原公任（966～1041）编纂《和汉朗咏集》，精选当时日本人欣赏推崇的和歌216首和汉诗588句，后者有234句录自中国古代诗作，而其中139句都出自白居易一人之手，大部分为被贬江州后的诗作。

与白居易同时代的日本第五十二代嵯峨天皇（810～823）尤其钟爱《白氏文集》，并有以白诗考对臣工佳话传世。仁明天皇承和五年（838），藤原岳守"出为太宰少贰，因检校大唐人货物，适得《元白诗笔》，奏上。帝甚耽悦，授五位上"。从日本平安时代的汉文文献中，对白居易及其作品的推崇之风屡屡可见，《都氏文集》《菅家文草》等私家文集、《千载佳句》《和汉朗咏集》等汉诗总集、《江谈抄》等说话集、《源氏物语》《平家物语》等物语文学，其中所涉作家皆以白居易为最多。平安朝还绝无仅有地开设了《白氏文集》讲座，由大江唯时为醍醐、村上天皇侍读，此后，数代天皇都参与了这个讲座。村上天皇还开了御前举办诗会之先河。诗会诗题大都参照白氏七律。

　　有"日本文圣"之称的汉学家菅原道真特别尊崇白居易,自称"得白氏之体"。醍醐天皇在收到菅原道真的诗集后,以《见右丞相献家集》为题,作诗大加赞赏,夸菅原道真"更有菅家胜白样",并在诗后自注:"平生所爱,《白氏文集》七十卷是也。"据统计,《菅家文草》引用化用《白氏文集》就达 80 余次 500 多首。醍醐天皇把《白氏文集》置于宫殿之上,作为范本,用来考试其臣民。具平亲王(村上天皇第六子)《和高礼部再梦唐故太保之作》诗注云:"我朝词人才子以《白氏文集》为规模,故承和以来言诗者,皆不失体裁矣。"号称世界第一部长篇小说的《源氏物语》作者紫式部,不仅作为后宫女官给一条彰子皇后讲授《白氏文集》,更在其作品中引用白诗 106 处之多。清少纳言所著《枕草子》中活用《白氏文集》之处亦不在少数。

　　白居易也是西方国家最为熟悉的唐代诗人。《英译文学百科全书》对几乎所有英译中国文学作品加以统计,在"中国文学译介"这个独立的单元中,中国历代作家作品里,唐代诗人占了一半,依目录排次有:白居易、杜甫、韩愈、寒山、李白、李商隐、王维。也就是说,在英译唐代诗人作品中,白居易名列前茅。

　　在法国,来华传教的耶稣会士钱德明(1717 ~ 1793)著有《中国杂纂》(留驻北京的耶稣会士所著:中国人的历史、学术、艺术、风俗、习惯及其他),其中第五卷"中国名人肖像"部分,白居易作为博学者得到介绍,生平部分比较关注其佛教信仰。20 世纪初,曾仲鸣、徐仲年在法留学期间,都翻译过白居易作品,罗大冈则以白居易研究为其巴黎大学博士学位论文选题,1939 年在巴黎出版博士论文《诗人白居易的双重灵感》,这是第一部法语白居易研究专著。所谓白居易的双重灵感,是指其作为社会行政官员与诗人的双重身份,同时兼指穷则独善其身、达则兼济天下的双重理想和个性。戴密微主编《中国古典诗歌选集》1962 年在巴黎出版，是法国汉学重要成果，其中选译白居易诗 10 首，仅次于李白。专门的法译本《白居易诗选》则出版于20 世纪 80 年代。

　　白居易诗歌英译的第一人是英国汉学家翟理斯（Herbert A. Giles，1845 ~ 1935），他在 1883 年自费印刷、1884 年公开出版的《古文选珍》里选了白居易的 10 首诗。最早介绍和评价白居易的西方学者也是翟理斯。在两卷本《古文选珍》中，每个诗人均有简介，其中《古文选珍》散文卷的介绍是："白居易（772 ~ 846）：中国最伟大的诗人之一，一生丰富多彩的政治家。升至高位后他突然被贬谪，放逐到偏远之地，使他从此开始厌倦政治生涯。结香山九老会，与诗酒为伍。后来他被召回，官至兵部尚书。"诗歌卷则介绍说："白居易，中国最伟大、最多产的诗人之一，一位仕途上有过正常起伏的成功的政治家。孩提时代很早熟，17 岁就得到最高学历。"

　　此后，汉学大家亚瑟·韦利（Arthur Waley，1889 ~ 1966）英译有两百多首白居易诗歌，因其流畅优美和著名的"跳跃韵"而成为英美文学的经典之作，他研究白居易的结晶之作，是《白居易的生平与时代》，不仅是西方最著名的白居易研究著作，也堪称是一部有影响力的西方汉学研究经典著作。汉学家李豪伟（Howard S. Levy，1923 ~ ）陆续出版四卷本《英译白居易诗歌》，其中后两册与诗人威尔斯（Henry W. Wells，1895 ~ 1978）合译。1984 年，李豪伟还出版了《白居易与日本的回应》。

　　大卫·亨廷顿（David Hinton）、华兹生（Burton Watson）等也出版有英译本《白居易诗选》，德语、荷兰语、意大利语、俄语等其他西文语种的白居易诗文译介研究情况，可参见拙撰《元白研究学术档案》（武汉大学出版社 2018 年版）。目前来看，白居易诗歌外文译本总数，是中国诗人之冠，影响也最大。因此，白居易不愧为世界级文化名人。

为了系统梳理白居易这位世界级文化名人对后世文学的影响，有必要全面收集和整理相关文献资料。为此，我彻查现存中外文献典籍，历经廿载春秋整理编著了 676 万字的《白居易资料新编》，包括中晚唐至近代 3300 多家作者，8400 多则评述材料，参考书籍 3500 余种。除诗话、笔记、诗文集、地志、碑刻、金石、史籍、年谱、家谱、日记而外，旁涉戏曲、传奇、话本、弹词、子弟书、章回小说，及释道典籍、类书杂纂等各类记载，以对白居易生平思想及诗词文赋等各类文学创作进行评述之文献为主，亦包括白居易之世系家族、行年事迹、版本源流、作品整理、真伪考辨、字义疏证、典故诠释、本事考证、鉴赏品评、背景介绍、诗意疏解、诗旨阐发等。白居易同代人与其之唱和酬赠，可以帮助了解其交游等，亦在辑录之列。这些文献资料，有些是以白居易为主，有些是以白居易为参照，顺带提及。在处理尺度上，相关度较高的唐宋文献从宽，元明清文献则严收。这样规模的文献搜集和整理，就古代作家而言，目前尚绝无仅有。①

其体例特点有二：第一，谨依作者生年先后，以见其时代早晚、承传之序；第二，述而有作，加以按断，对所辑文献与史实违讹者加以驳正，对与资料有关者加以辨析，对所辑文献及作者加以说明，资料文字加以校勘，资料内容加以溯源。在此文献整理基础上的白居易接受史研究，可以拓宽和加深对这位广大教化主影响力的认知，并有益于对其文学史地位的准确定位，自信会在接受史个案研究领域的广度和深度上有所突破。

---

① 篇幅较大者，《苏轼资料汇编》143 万字，《王维资料汇编》140 万字，刚刚出版的《杜甫资料汇编》380 万字，而李白尚皆不全。

　　如果说拙著《元白诗派研究》意在梳理白居易之当代影响，那么白居易接受史研究，则承之而下延，意在清理白居易的后世垂范和影响；通过评点、选辑、阐说等各类相关文献的比对，来系统分析白居易其人其诗、其文其学的接受、传播和影响。前贤有云，著书不如编书，推崇述而不作，其实也暗含一种价值判断，即继承高于出新。在大力提倡创新的今日，这种论调不免迂拙。然退一步讲，就算是言必己出，毕竟难以词词语语皆君自造，出新终须来自推陈，何况"参考文献"已成今之规范。众多同侪推尊钱锺书先生，而其代表作《谈艺录》《管锥编》，即名为"录"和"编"。这里绝非强调文献整理重过理论分析，收集整理只是起步，科学的分析、综合的研究才是最终目的；但没有文献支撑的理论，恰似光鲜流丽的广告，让人不免悬心。理想之境应如有源之水、有本之花。个人成长历程中，少影响老，童年经历影响青年、中年和老年；但从群体考量，则恰恰相反，老影响少，前影响后。此乃传统之统绪所系。撰写文学史，无非是要勾画出历代层累、前后影响的轨迹。"后之视今，亦犹今之视昔"（《兰亭集序》），慨之深矣；而"已有的事，后必再有；已行的事，后必再行。日光之下，并无新事"（《旧约·传道书》），则话说得更为斩绝，但不无启迪，亦颇堪玩味。考察前人在白居易研究领域留下的足迹，相信会对今日研究提供参考和借镜，帮助大家加深对这位世界级大作家的认知，同时为白居易接受史夯就坚实基础。我相信，站在更为广大的文化视野之下，白居易的传播、接受与研究，将迎来前所未有的突破之机。随着接受史研究的深入开展，白居易其人其文的魅力，必将获得新的理解与认知。

　　今年恰逢白居易诞辰 1250 周年。回顾起来，在白居易研究领域，笔者至今已经耕耘三十载。三十年河东，三十年河西，一点一滴，一丝一毫，一枝一节，一鳞一爪，一丘一壑，好像变化很大，但相对于1250周岁的白居易而言，则如白驹过隙，忽然而已。这三十年，笔者相继出版了《元白诗派研究》《元白研究学术档案》《白居易资料新编》，编注了《白居易诗赏读》《白居易诗品汇》《白居易小品》，这几部著作成编付梓，可谓备尝"狂胪文献耗中年"之况味。深感搞文献者就像在地上走，搞理论者就像在天上飞。久行地上，倍加向往蓝天，天地之间，更望找到一条自由之途，可以心轻如气，随云逐天。遥想当年，20世纪之前天上飞机不多，学者还肯于在地上耐心耕耘；21世纪之前手机也不多，真正的学者尚俗务有限。回看今朝，昔日可以作为爱好自炫的文学和文学研究，渐被各种框架和理论所拴；蓝天之上依然白云朵朵，而蓝天之下已白云苍狗。原来天地之间，并无自由之途，唯余手中如风筝之线，摇摇欲偏。叹息之余，未敢自怨自艾，乐天岂不云乎："穷通不由己，欢戚不由天。命即无奈何，心可使泰然。且务由己者，省躬谅非难。勿问由天者，天高难与言。"姑且渺沧海之一粟，何妨寄静观云气之心于天地之间。

白居易的名句"野火烧不尽，春风吹又生"，后世所引，有将"野火"改为"野草"者，例如《东坡诗集注》引白乐天《古原秋草诗》即云"野草烧不尽，春风吹又生"（四部丛刊景宋本卷十），一字之易，而意境无别。近人袁思亮（1880～1940）亦有诗云："君不见，平原野草烧不尽，又不见，丑树合抱长山丘。无用之用天所宝，吾曹弃置宁烦忧。"（《乙丑七月廿一日散原丈书来言满觉垄桂作花正盛越一二日将剪向街头卖不得看矣余以廿三日午苷杭州舆而往则万花都尽仅寺宇及人家院落中偶有存者耳太息久之归赋此诗呈同游诸公》，《蘉庵诗集》卷上，《近代中国史料丛刊续编》影印湘潭袁氏家集本。据李开军《陈三立年谱长编》，中华书局2014年版，第1307页，作于1925年）具有无用之用的野草，虽然很不起眼，但生命力极其顽强。因为草根扎于泥土。即便干旱缺水，也可利用光合作用制造所需养分。野草的呼吸性能较差，相对消耗的能量也就少。秋冬时节，为除野草而火烧，只是破坏了枯叶，而不能伤害其根。到了春天，野草就又焕发了生机。正如鲁迅《野草·题辞》所言："生命的泥，委弃在地面上，不生乔木，只生野草"，"我以这一丛野草，在明与暗，生与死，过去与未来之际，献于友与仇，人与兽，爱者与不爱者之前作证"。吸取着露与水的野草生生不息，是中华文化古今相承的最佳象征。白居易的世界级影响力，以及与生生不息的中华文化之关系，正像野草与大地一样，亦如李白名句"海风吹不断，江月照还空"一般。中外与今古之间，造化之妙如此，颇堪深思。

当今社会，城市工业化速度加快，商品经济迅猛发展，生态失衡，环境污染，资源破坏，个体的孤独、焦虑、困顿等负情绪，日益蔓延；人与人之间的隔膜、疏离、对立的张力，日益加大。因此，对闲适安宁的渴望与追求，相应更为强烈。在白居易经历了人生的宦海浮沉之后，还能以闲情雅趣来淡然相对，人如其名其字，乐天知命，安闲顺事，其处变不惊的人生态度，善于自我调节的处世之道，其中所独具的智慧富于启迪，令人深思。白居易其人其诗所独具的知足保和的人生观念、闲静适世的志趣选择、和光同尘的哲学思想，如清风之息，明月之辉，正愈来愈显现出令人珍惜的当代价值。白居易的时代，距今已经遥远，他所生活着，并为之喜为之怒为之哀为之乐的环境，也已成为历史陈迹，但他的诗文还活着，著述长存，没有失去生命力，既属于未来，也属于当今，且其神日新。正所谓——

野草烧难尽，春风吹又生！

参考书目

《白氏长庆集》，影印宋绍兴刊本，文学古籍刊行社，1955 年6 月

《宋本白氏文集》，北京：北京图书馆出版社，2017 年 12 月

《白氏长庆集》，《四部丛刊》影印日本那波道圆翻宋本，上海：商务印书馆，1919 年

《白香山集》，《四部丛刊·白氏长庆集》排印本，上海：商务印书馆，1933 年 12 月

《白氏长庆集》，影印台湾文渊阁本四库全书，上海：上海古籍出版社，1987 年 8 月

《金泽文库本白氏文集》，川濑一马监修，东京：勉诚社，1983 ～ 1984 年

《白居易集》，顾学颉校点，北京：中华书局，1979 年 10 月

《白居易集笺校》，朱金城笺校，上海：上海古籍出版社，1988年12月

《白居易全集》，刘明杰点校，珠海：珠海出版社，1996年11月

《白居易全集》，丁如明、聂世英校点，上海：上海古籍出版社，1999年5月

《白居易诗集校注》，谢思炜校注，北京：中华书局，2006年8月

《白居易文集校注》，谢思炜校注，北京：中华书局，2011年1月

《白香山诗集》，〔清〕汪立名编订，《四部备要》本，国学整理社，1935年12月

《白氏讽谏》，光绪十九年武进费念慈影刻宋本《新雕校证大字白氏讽谏》影印本，上海：中华书局上海编辑所，1958年12月

《王凤洲先生校选白乐天长庆集》，〔明〕王世贞辑，张学礼校订，明万历三十一年徐氏宁寿堂刻本

《香山诗选》，〔清〕曹文埴选，北京：文物出版社，2020年7月

《白香山诗选》，佚名选编，上海会文堂民国石印本

《白居易诗》，傅东华选注，上海：商务印书馆，1928年9月

《白居易诗选》，顾肇仓、周汝昌选注，北京：作家出版社，1962年12月

《白居易选集》，王汝弼选注，上海：上海古籍出版社，1980年10月

《白居易诗品汇》，陈才智撰，武汉：崇文书局，2022年4月

《白氏六帖事类集》，北京：文物出版社，1987年5月

《白居易散文校记》，罗联添主编，台北：学海出版社，1986年2月

《白居易小品》，陈才智编注，郑州：中州古籍出版社，2020年

12 月

《白居易生活系年》，王拾遗著，银川：宁夏人民出版社，1981年 6 月

《白居易年谱》，朱金城著，上海：上海古籍出版社，1982 年 6 月

《白居易家谱》，白书斋续谱，顾学颉编注，北京：中国旅游出版社，1983 年 3 月

《白居易评传》，郭虚中著，南京：正中书局，1936 年 10 月

《白居易传论》，苏仲翔著，上海：上海文艺联合出版社，1955年 4 月

《白居易》，范宁著，上海：新知识出版社，1955 年 8 月

《白居易》，王拾遗著，上海：上海人民出版社，1957 年 3 月

《白居易》，陈友琴著，上海：中华书局上海编辑所，1961 年 12 月

《白居易评传》，褰长春著，南京：南京大学出版社，2002 年 5 月

《白居易研究》，王拾遗著，上海：上海文艺联合出版社，1954年 8 月

《白乐天研究》，堤留吉著，东京：春秋社，1969 年 12 月

《白居易研究》，花房英树著，京都：世界思想社，1971 年 3 月

《白居易研究》，朱金城著，西安：陕西人民出版社，1987 年 4 月

《白居易研究讲座》第 1–6 卷，东京：勉诚社，1993 年 6 月至1995 年 12 月

《白居易研究年报》第 1–19 号，东京：勉诚社，2000 年 12 月至2018 年 12 月

《〈白氏文集〉读解》，下定雅弘著，东京：勉诚社，1996 年 10 月

《白居易集综论》，谢思炜著，北京：中国社会科学出版社，1997 年 8 月

《以旧抄本为中心的〈白氏文集〉本文研究》，太田次男著，东京：勉诚社，1997 年 2 月

《白居易——生涯与岁时记》，平冈武夫著，京都：朋友书店，1998 年 6 月

《白居易论稿》，蹇长春著，兰州：敦煌文艺出版社，2005 年 8 月

《白居易写讽谕诗的前前后后》，静永健著，刘维治译，北京：中华书局，2007 年 10 月

《白居易诗歌国际研讨会论文选》，郑州：河南文艺出版社，2009 年 3 月

《白乐天》，下定雅弘著，东京：角川学芸出版，2010 年 12 月

《白居易生平与创作实证研究》，文艳蓉著，上海：上海古籍出版社，2016 年 11 月

《白居易研究——闲适的诗思》，埋田重夫著，王旭东译，西安：西北大学出版社，2019 年 6 月

《白居易诗评述汇编》，陈友琴编，北京：科学出版社，1958 年 10 月

《白居易资料新编》，陈才智编著，北京：中国社会科学出版社，2021 年 1 月

《元白诗选》，苏仲翔选注，上海：春明出版社，1956 年 2 月

《元白诗笺证稿》，陈寅恪著，上海：上海古籍出版社，1982 年 2 月

《元白诗派研究》，陈才智著，北京：社会科学文献出版社，2007 年 5 月

《元白研究学术档案》，陈才智编著，武汉：武汉大学出版社，2018 年 8 月